LES LUMIÈRES EN EUROPE

DANS LA COLLECTION
« FAIRE L'EUROPE »
DIRIGÉE PAR JACQUES LE GOFF

L'Europe et la Mer
par Michel Mollat du Jourdin

La Ville dans l'histoire européenne
par Leonardo Benevelo
Traduit de l'italien
par Sophie Gherardi et Jean-Luc Pouthier

ULRICH IM HOF

LES LUMIÈRES EN EUROPE

Traduit de l'allemand par Jeanne Étoré
et Bernard Lortholary
Préface de Jacques Le Goff

ÉDITIONS DU SEUIL
*27, rue Jacob, Paris VIe*

Titre original : *Das Europa der Aufklärung*

La collection « Faire l'Europe » est publiée simultanément par cinq maisons d'édition :

ISBN de l'édition française 2-02-012593-5

Préface

L'Europe se construit. C'est une grande espérance. Elle ne se réalisera que si elle tient compte de l'histoire : une Europe sans histoire serait orpheline et malheureuse. Car aujourd'hui vient d'hier, et demain sort du passé. Un passé qui ne doit pas paralyser le présent mais l'aider à être différent dans la fidélité, et nouveau dans le progrès. Notre Europe, entre Atlantique, Asie et Afrique, existe depuis très longtemps en effet, dessinée par la géographie, modelée par l'histoire, depuis que les Grecs lui ont donné son nom, toujours repris depuis. Son passé n'est intelligible que dans le contexte du monde entier. Et l'avenir doit s'appuyer sur ces héritages qui, depuis l'Antiquité, voire la préhistoire, ont fait de l'Europe un monde d'une exceptionnelle richesse, d'une extraordinaire créativité dans son unité et sa diversité.

La collection « Faire l'Europe », née de l'initiative de cinq éditeurs de langues et de nationalités différentes, Beck à Munich, Basil Blackwell à Oxford, Critica à Barcelone, Laterza à Rome et à Bari, Le Seuil à Paris, veut éclairer la construction de l'Europe et ses atouts inoubliables, sans dissimuler les difficultés héritées. Dans ses efforts vers l'unité, le continent a vécu des dissensions, des conflits, des divisions, des contradictions internes. Cette collection ne les cachera pas : l'engagement dans l'entreprise européenne doit s'effectuer dans la connaissance du passé entier, et dans la perspective de l'avenir. D'où ce titre actif de la collection. Le temps ne nous semble pas venu en effet d'écrire une histoire synthétique de l'Europe. Les essais que nous propo-

sons sont l'œuvre des meilleurs historiens actuels, européens ou non, déjà reconnus ou non. Ils aborderont les thèmes essentiels de l'histoire européenne dans les domaines économique, politique, social, religieux, culturel, en s'appuyant à la fois sur la longue tradition historiographique issue d'Hérodote et sur les nouvelles conceptions qui, élaborées en Europe, ont profondément renouvelé la science historique au XXe *siècle, notamment dans les dernières décennies. Par leur volonté de clarté, ces essais sont largement accessibles.*

Et notre ambition est d'apporter des éléments de réponse à la grande question de ceux qui font et feront l'Europe, et à ceux qui dans le monde s'y intéressent : « Qui sommes-nous ? D'où venons-nous ? Où allons-nous ? »

Jacques Le Goff

CHAPITRE I

L'époque

Des lumières nouvelles

Le terme allemand désignant les Lumières est le titre d'une gravure sur cuivre de Daniel Chodowiecki, l'un des artistes allemands les plus productifs du XVIIIe siècle. Cette *Aufklärung* (reproduite p. 11) montre un chariot que précèdent un piéton et un cavalier et qui avance, sur une route déserte dans l'ombre d'une forêt obscure, en direction d'un bâtiment aux allures de château, dont on aperçoit à travers les arbres une grande tour et une plus petite. Ce bâtiment est déjà plongé dans la vive lumière que jette un soleil surgissant à l'horizon derrière de lointaines montagnes, un soleil matinal dont les rayons traversent un ciel encore sombre et s'apprêtent à dissiper le voile de brume qui s'étend encore au-delà du bâtiment.

Cette image des Lumières, Chodowiecki la commente lui-même en ces termes : « Cette tâche sublime de la raison n'a pas encore (peut-être parce que la chose est trop récente) d'emblème allégorique qui soit universellement compris, sinon celui du soleil levant. Et sans doute ce symbole restera-t-il d'ailleurs longtemps le plus pertinent, à cause des brumes qui toujours monteront des marécages, des encensoirs et des victimes brûlées sur des autels idolâtres et qui risqueront d'en voiler la lumière. Mais pour peu que le soleil se lève, peu importent les brumes [1]. »

Pour poursuivre le commentaire de cette gravure représentant le soleil des Lumières, voici un jugement qui en est contemporain, et qui se rapporte à la réforme de l'époque : « Nous sommes toujours convaincus qu'elle est d'abord lumière – souvent une lumière qui, comme celle de l'aurore, semble produire du froid et finalement produira une bienfaisante chaleur. » Quand la chaleur est réellement intervenue, l'on peut recourir à une comparaison, formulée en anglais, entre la raison et le soleil, « *Of which the light is constant, uniform and lasting* » – dont la lumière est constante, uniforme et durable. Le concept de lumière se voit affecté au XVIIIe siècle d'une valeur nouvelle et importante. La lumière est désormais évoquée sans cesse dès qu'on parle de raison, de liberté ou de bonheur. Ce concept à son tour se reflète dans ceux qui désignent ce siècle.

Le concept anglais d'*enlightenment* n'apparaît certes sous cette forme qu'au XIXe siècle, en concurrence avec l'expression *age of reason*. A l'époque même, le philosophe Berkeley parle par exemple de « *that ocean of light, which has broke in and made his way, in spite of slavery and superstition* » – cet océan de lumière qui a fait irruption et qui a fait son chemin en dépit de l'esclavage et de la superstition. Un autre Anglais dit que ce siècle est « *enlighten'd beyond the hopes and imaginations of former times* » – éclairé bien au-delà de ce qu'espéraient et imaginaient les époques antérieures. Enfin, le poète Alexander Pope, évoquant souverainement la grande synthèse philosophique et scientifique, déclare :

Nature and Nature's law lay hid in night.
God said, let Newton be! and all was light[2].

– La nature et les lois de la nature étaient cachées dans l'ombre. / Dieu dit : « Que Newton soit ! », et tout devint lumière.

Dès lors, on a pu dire : « *Ex occidente lux !* » C'est de

Aufklärung

l'Ouest et non plus de l'Est que vient la lumière – non plus seulement de la libérale Grande-Bretagne, mais également de la France qui s'émancipe de l'absolutisme.

Le concept français de « Lumières » signifie intelligence, connaissance, clarté d'esprit, et devient le concept spécifique de l'époque : « Les seules lumières de la raison naturelle sont capables de conduire les hommes à la perfection de la science et de la sagesse humaine. » Vers 1750, Turgot dit : « Enfin, toutes les ombres sont dissipées ; quelle lumière de toutes parts, [...] quelle perfection de la sagesse humaine. » Ce qui donne, sous forme poétique :

> Et ce qu'avait produit l'ignorance grossière
> Disparaît au grand jour d'un siècle de lumière.

La plupart de ces citations sont postérieures aux citations anglaises, et ce n'est pas un hasard. Car il fallut attendre le « Dieu seul est grand ! » de Massillon sur le catafalque de Louis XIV pour qu'éclate enfin tout ce qu'avait voulu réprimer la monarchie de droit divin. L'Europe, qui s'était mise à emprunter aux Français l'élégance, les mœurs et la langue, fut de même éclairée par une lumière parfois très froide qui n'épargna pas le moindre recoin d'obscurité. Ce fut en français dorénavant, et sur le modèle français, qu'on formula les pires horreurs et impiétés, qu'on fût la favorite d'un prince allemand ou bien un abbé italien.

Le terme allemand d'*Aufklärung*, qui n'avait à l'origine que le sens météorologique d'« éclaircie », ne se trouve d'abord que dans des emplois verbaux synonymes d'« éclairer ». Ce n'est qu'à partir des années 1780 qu'on le rencontre comme substantif pour désigner l'époque. Mais ce n'est qu'au cours du XIXe siècle qu'il est définitivement adopté en ce sens.

Le concept de lumière se trouve parallèlement dans diverses combinaisons : « *Aufklärung* et lumière », « liberté et lumière » – « Éclairer, [...] c'est ôter des yeux tous les bandeaux et toutes les taies, c'est faire place à la lumière dans l'entendement et dans le cœur, de sorte que celui-là soit illuminé, celui-ci réchauffé, et c'est pénétrer dans les domaines de la vérité et de l'ordre, où trône la destination de l'homme, le véritable bonheur. » Wieland parle des libertés de pensée et de la presse, « qui sont pour l'entendement humain ce qu'est la lumière pour nos yeux ». Caractérisant son époque dans ses premiers écrits, Herder parle de « notre siècle éclairé, ce plus lumineux des siècles ».

Le terme italien d'*illuminismo* est récent sous cette forme et ne devient courant qu'au XXe siècle. Au XVIIIe, on se contente de *luce*, *i lumi*, *illuminato*, qui semblent empruntés au français. « *Un secolo cosi illuminato come il nostro* » – un siècle aussi éclairé que le nôtre –, ou bien : « *la legislazione, il commercio, la pubblica gloria e sicurezza dipendono da'lumi delle nazioni*... » – la législation, le commerce, le prestige de l'État et sa sécurité dépendent des Lumières (*lumi*) qu'ont les nations. A-t-on le droit de placer l'Italie sur le même plan que l'Angleterre, la France et l'Allemagne, en ce siècle de raison et de lumière ? Il faut se rappeler que l'italien est encore une langue que doit connaître l'Européen cultivé, et qu'il maîtrise mieux que l'anglais. L'Italie n'a pas oublié l'âge de liberté que fut la Renaissance !

L'Espagne recourt au concept moderne d'*ilustración*, qui a remplacé le terme ancien d'*iluminismo*. Même si l'Espagne passe en Europe pour un exemple d'archaïsme, elle n'en compte pas moins d'importants tenants des Lumières, et des efforts de réforme y sont faits par des administrateurs avisés de la monarchie bourbonienne. Mais un intellectuel espagnol de l'époque est bien forcé de dire « *que* [...] *estudian a Newton en su cuarto y explican a Aristoteles en su catedra*[3] » : chez soi, dans le privé, on poursuit des recherches newtoniennes, mais pour s'épargner d'inutiles difficultés, on continue, du haut de sa chaire d'université, d'enseigner Aristote. C'est là une situation qui se retrouve dans plus d'un pays catholique. Néanmoins, Rousseau constate qu'à la différence des Français, des Anglais et des Allemands, « l'Espagnol est le seul des quatre qui, rentrant chez lui, rapporte de ce qu'il a vu quelques observations utiles à son pays ».

Les Lumières brillent naturellement aussi dans d'autres domaines linguistiques. Même dans le Portugal d'un marquis de Pombal, premier pays à expulser les jésuites. Nous pourrions parler de la Suisse, qui joue des possibilités, tant françaises qu'allemandes, que lui donnent Réforme et rationalisme. Ou des Pays-Bas qui, avant même l'Angleterre, étaient depuis longtemps devenus un monde d'intense liberté intellectuelle. Il faudrait évoquer les monarchies scandinaves, élaborant sous des formes originales les impulsions venues de France et d'Allemagne, ou encore la Pologne influencée par la franc-maçonnerie, et enfin la Russie de la Grande Catherine. Il ne faudrait pas oublier les deux Amériques, où la lumière commence de se répandre à la mode espagnole, portugaise et anglo-saxonne.

Il s'agit du monde de l'homme blanc, reposant sur une base à la fois chrétienne et gréco-latine, à vrai dire différenciée depuis déjà plusieurs siècles selon les nations et les confessions.

Il était dès lors question, sous la lumière nouvelle, et pour reprendre les passages déjà cités, d'« ôter tous les bandeaux et toutes les taies ». La lumière doit faire disparaître « esclavage et superstition », elle doit chasser « les ombres ». Mais les fanatiques, comme le dit l'anticlérical italien Pilati, « veulent maintenir les ténèbres, l'aveuglement, l'ignorance, et ils n'ont que haine pour la lumière qui se lève ».

Lorsqu'on se retournait vers les époques antérieures au XVIIIe siècle, on avait effectivement le sentiment qu'elles avaient été privées de cette lumière. L'histoire de l'humanité apparaissait à présent comme une longue marche la conduisant, à partir de frustes débuts, vers une existence de plus en plus développée, et non plus comme un itinéraire inéluctable aboutissant à la fin du monde et au jugement dernier. Vers le milieu du siècle, Voltaire, Ferguson et Iselin entreprirent de développer une historiographie du progrès humain. Ils sont au début d'une longue série de philosophes de l'histoire dont l'inspiration est analogue : elle passe par Wieland, Home, Herder, Lessing, Mably, Kant et Condorcet.

Mais la lumière n'est pas censée seulement éclairer de façon neuve les représentations intellectuelles du siècle, elle doit pénétrer absolument tous les domaines de l'activité et de la vie humaines. Nous avons déjà cité cet Italien pour qui législation, commerce et sécurité publique dépendent des lumières qu'ont les nations. De même, Wieland loue toute contribution « à l'économie nationale, à la politique, à l'organisation civile et militaire, à la religion, aux mœurs, à l'instruction publique, aux sciences et aux arts, à l'industrie, à l'agriculture, qui répand quelque lumière dans chaque secteur de notre commune patrie ». Wieland donne là une véritable vue d'ensemble des domaines où doit être répandue *quelque lumière*.

Cet *emblème allégorique* auquel Chodowiecki donne les couleurs de l'aube, Montesquieu déjà en goûtait la beauté : « Je m'éveille le matin avec une joie secrète de voir la lumière ; je vois la lumière avec une espèce de ravissement ; et tout le reste du jour je suis content[4]. »

Le XVIIIe siècle, arrière-plan des Lumières

Le mouvement des Lumières tombe dans une période déterminée. Tout mouvement doit compter avec les données d'une époque historique de sens souvent contraire : l'humanisme, avec les idées religieuses d'une Église omniprésente ; le libéralisme, avec l'explosion des forces nationalistes et militaristes ; les Lumières elles-mêmes, avec les traditions anciennes de domination séculière et spirituelle.

Néanmoins, les Lumières marquent leur siècle comme le ferait un état d'âme. On parle et l'on écrit autrement qu'auparavant, et l'on continuera quelque temps encore. Si despotique que soit un souverain, il fait bien désormais de se donner pour éclairé et de jouer plutôt le « maître d'école » que le « tyran ».

Les Lumières apportent la transition de la théorie à la pratique, de la critique à une action réformatrice d'amélioration, aussi bien dans l'éducation que dans l'économie quotidienne, la vie sociale ou la politique. Elles rendent l'absolutisme éclairé, et engendrent les deux grandes Républiques, celle d'Amérique du Nord et celle de France.

Les Lumières sont une réaction au baroque, à l'orthodoxie, à la Contre-Réforme. On y voit resurgir les courants qui persistaient de façon souterraine : ceux de l'humanisme érasmien, de la liberté de parole et d'écriture, de la critique inspirée de l'Antiquité. Cela dans l'esprit que traduit la formule d'un Albrecht von Haller : « Celui qui a le droit de penser librement, celui-là pense bien. »

Les Lumières insufflent un extraordinaire dynamisme dans des formes traditionnelles et figées. On regarde vers l'avant et non en arrière, ou alors c'est vers le modèle d'épanouissement que fut la Renaissance, ou vers la Grèce antique à redécouvrir, quand ce n'est pas vers l'image idyllique du *bon sauvage*.

Mais on recherche aussi une nouvelle stabilité après les crises du XVIIe siècle, après les dernières grandes pestes ou les dernières déportations massives pour motifs religieux. Ce qui commence là est « la quête d'une nouvelle stabilité – sur la base de règlements raisonnables de la vie sociale et politique, depuis la morale des individus jusqu'aux relations entre États. Les démarches qui sont recommandées, projetées et effectuées sont loin de l'être toujours au nom d'un programme explicitement "éclairé" ; elles s'opèrent au contraire dans le souci de mieux connaître et de critiquer la tradition. C'est la multiplicité de ces démarches diversement motivées, c'est leur combinaison souvent pleine de tensions et c'est la dynamique qui en résulte qui constituent le processus des Lumières [5] ».

La pensée, le style, l'attitude de l'âge des Lumières ne s'expriment naturellement pas que par l'écrit, dans des formulations idéologiques et littéraires, mais aussi, de manière visible et audible, par les arts de l'époque. La musique d'alors est aujourd'hui encore et plus que jamais vivante grâce aux œuvres de Corelli, Vivaldi, Albinoni, Haendel, Bach et ses fils, Telemann, Rameau, Stamitz, Haydn, Mozart, Gluck, Boccherini – pour n'en citer que quelques-unes : chaque année l'on découvre dans quelque bibliothèque des partitions oubliées qui datent de ce siècle. Le concerto, la symphonie, le menuet (avec leurs mélodies lisibles et souvent chantables, avec leurs structures limpides) donnent sans doute l'accès le plus direct au charme de cette époque.

La peinture peut être considérée comme un prélude à l'impressionnisme, qu'il s'agisse des natures mortes d'un Chardin ou des portraits des Lawrence, Gainsborough, Latour ou Graff, ou encore de ces paysages d'une exactitude enjouée, sans parler des scènes galantes d'un Watteau ou d'un Fragonard. Le monde ainsi représenté n'est pas sombre et mystérieux, violent et surhaussé comme à l'époque de la peinture baroque. Le rococo transfigure également l'architecture, qui n'est plus que formellement et apparemment baroque. Ce sont structurellement les mêmes espaces des mêmes églises, mais avec une autre légèreté, traitée en tons lumineux comme un ciel inondé d'un éternel soleil du soir, sans le moindre amas menaçant de nuages noirs. Et les *putti* s'y ébattent avec davantage de grâce, d'insolence et d'insouciance dans l'or des arabesques. Ils s'amusent des livres, des trompettes et des harpes, voire des insignes du pouvoir souverain comme les couronnes et les sceptres.

CHAPITRE II

La société en transformation

Le monde des monarques

Les rois

La couronne et le sceptre, voilà ce qui régissait les destinées du monde, de mémoire d'homme. Les rois étaient là depuis toujours, vicaires de Dieu sur terre pour ce qui y était d'ordre terrestre, et héritiers des empereurs romains [1].

Les couronnes dominent l'Europe du XVIIIe siècle. Une douzaine de monarques y portent la couronne d'empereur ou de roi. C'est Louis XIV, en France, qui sut le mieux donner l'image de la splendeur et de la magnificence royales, tout en les faisant sentir par un pouvoir et une puissance réellement accrus. Lui et sa cour de Versailles étaient devenus le modèle d'à peu près tous les monarques. Son règne s'achève au début du siècle. Louis XV lui succède et reste à son tour plus d'un demi-siècle sur le trône. A sa mort, lorsqu'il fait place à Louis XVI, bien des choses ont changé et la France n'est plus la seule puissance dominante en Europe.

Louis XIV avait pu faire en sorte que les Bourbon soient à la tête d'un autre royaume encore : ils avaient remplacé les Habsbourg en Espagne (1700-1714). A Philippe V succèdent ses fils Ferdinand VI et Charles III, puis son petit-fils Charles IV. Ces deux derniers règnes se retrouvent dans l'œuvre de Goya. La splendeur des Bourbon d'Espagne se reflète chez les vice-rois d'outre-mer : Mexique, Pérou, Nouvelle-Grenade, La Plata, Philippines. Ce sont encore des Bourbon qui tiennent le royaume des Deux-Siciles, avec sa cour à Naples (Charles III et Ferdinand VI).

Jusqu'au début du XVIIIe siècle, les Habsbourg avaient contrôlé une partie du monde, depuis Vienne et Madrid ; désormais, c'était bien encore un Habsbourg qui régnait à Vienne et portait la couronne auguste d'empereur du Saint Empire romain germanique, en successeur des Césars, premier parmi tous les princes, même si depuis longtemps les rois ne se souciaient guère de cette primauté. Il continuait de porter les couronnes royales d'Allemagne, de Bourgogne et d'Italie, même si la dernière partie de la Bourgogne était à la couronne de France depuis 1678 et qu'en Italie seuls quelques territoires dépendaient encore de Vienne. Plus réels étaient le titre de roi de Hongrie, celui de roi de Bohême, réelle aussi la suzeraineté sur le sud des Pays-Bas (l'actuelle Belgique), et sur une Lombardie considérablement réduite, ainsi que sur la Toscane. Dans sa cour autrichienne, où se perpétuait le cérémonial espagnol, Charles VI s'efforçait de maintenir les acquis de la tradition et surtout d'assurer la succession à sa fille Marie-Thérèse. Mais, en 1740, se produisit ce qu'on redoutait depuis longtemps : un autre souverain allemand, le prince électeur de Bavière, fut élu empereur sous le nom de Charles VII (1742-1745). A sa mort, la couronne impériale revint aussitôt à la maison de Habsbourg, en la personne de l'époux de Marie-Thérèse, l'empereur François Ier. Quant à Marie-Thérèse elle-même, elle s'affirma dans ses fiefs propres et, en qualité d'*impératrice*, elle devait redonner à Vienne tout son poids.

Paris et Vienne étaient sans conteste les grandes cours de deux puissants États. Venaient à leur suite les autres cours, parfois plus anciennes. A Londres résidait le roi qui réunissait les couronnes d'Angleterre, d'Irlande et d'Écosse. Depuis l'extinction des Stuart protestants en 1714, c'étaient les George, de la maison allemande de Hanovre, qui régnaient à Londres. La métropole commerçante y était plus importante et plus intéressante que le palais royal de Saint-James.

A Copenhague, les rois de Danemark et en même temps de Norvège (Frédéric IV et V, Christian VI et VII) se reposaient après les épopées héroïques du passé, tout comme à Stockholm les monarques suédois, la reine Ulrique-Éléonore, les rois Frédéric et Adolphe-Frédéric. Dans ces deux capitales, on sut instaurer avec élégance une variante scandinave du style de la cour française.

Après soixante années d'administration espagnole, Lisbonne jouissait à nouveau, depuis 1640, d'une vie de cour qui lui était propre, sous les rois de la maison de Bragance, qui sont, au XVIIIe siècle, Jean V, Joseph Ier et la reine Maria.

Ce siècle avait créé deux nouveaux rois : le prince électeur de Brandebourg était devenu roi de Prusse en 1701, et le duc de Savoie roi de Sardaigne en 1720 ; Berlin et Turin avaient désormais aussi leurs cours royales.

Enfin, il y avait toujours un roi en Pologne : dans la première moitié du siècle, ce furent des princes-électeurs de Saxe (1697-1763), si bien que la pompe royale se trouvait à Dresde. Et, très loin au nord-est, l'empereur de Russie, le tsar, était peu à peu devenu l'un des grands de l'Europe.

Parmi ces empereurs et ces rois, quatre sont encore connus aujourd'hui comme de « grands » monarques ; connus surtout parce qu'ils rompirent avec l'image traditionnelle du monarque absolu de droit divin à la Louis XIV, connus parce qu'ils entendirent gouverner effectivement et non par leurs ministres. Le plus brillant d'entre eux, du fait de son « ascension », fut Frédéric II « le Grand » de Prusse (1740-1786), le « philosophe » de Sans-

Souci : son château de Potsdam était plus un cabinet de travail qu'une cour. Il n'avait que railleries pour les pompes traditionnelles des cours monarchiques. On pouvait dire de lui : « Le roi n'aime ni la chasse, ni aucun plaisir dispendieux. » Il se donnait pour le *« premier serviteur » de l'État.* Il était son propre Premier ministre. « Sa théologie est celle de la raison et son droit canon est dans les arsenaux[2]. » Car il était aussi son propre chef d'état-major. Mais, parallèlement, l'impératrice Marie-Thérèse sut gérer la monarchie dans un style différent, mais aussi peu louis-quatorzième, en mère de ses sujets au sens traditionnel, sans que cela l'empêchât d'effectuer d'intelligentes réformes. Son fils, le « révolutionnaire couronné » Joseph II (1765-1790), curieux mélange d'autoritarisme monarchique et d'allures « démocratiques », fut un travailleur comme Frédéric II, mais il mit davantage de fièvre dans des réformes précipitées, ce dont le roi de Prusse se garda sagement. Et, pour finir, il faut citer la princesse Sophie d'Anhalt-Zerbst : issue d'une petite principauté allemande, elle se retrouva à Saint-Pétersbourg par son mariage avec le tsar Pierre III et, sous le nom de Catherine II, étonna l'Europe pendant plus de trente ans (1762-1796) par un programme « éclairé » qui n'eut pas son pareil.

Ces quatre souverains instaurèrent des *régimes personnels*, que tentèrent aussi d'appliquer les Savoie à Turin, tout au moins Victor-Amédée et Charles-Emmanuel III, mais de manière paternelle. Plus éclairés mais malchanceux furent Stanislas-Auguste de Pologne et Gustave III de Suède. En Grande-Bretagne, George III lui aussi (1760-1820) s'essaya au *régime personnel*, mais depuis sa « glorieuse révolution » le pays était habitué à ce que la couronne fût dans le Parlement et non au-dessus de lui, et le troisième Hanovrien ne put que voir échouer son programme des « amis du roi ».

La plupart des monarques laissaient le pouvoir à des Premiers ministres de qualités diverses, ou bien encore à leur maîtresse, voire au favori de celle-ci. Ce fut le cas en particulier dans la France de Louis XV, où l'on peut parler d'un règne de Mme de Pompadour. D'humble extraction, Jeanne-Antoinette Poisson détermina les destinées du royaume, en sa qualité de *maîtresse en titre*, de 1745 jusqu'à sa mort. Elle fut remplacée par Mme du Barry, dont les ambitions politiques furent moindres.

Il est frappant qu'au cours de ce siècle le hasard des successions amena des femmes sur le trône de nombreuses monarchies, et pas seulement les deux impératrices Marie-Thérèse et Catherine II. Le siècle commence avec la reine Anne en Grande-Bretagne (1702-1714) et la reine Ulrique-Éléonore en Suède (1718-1720), et se termine avec la reine Maria au Portugal (1777-1816). Dès avant Catherine II, ce sont des femmes qui dominent en Russie, succédant à Pierre le Grand : Catherine Ire, Anne et Élisabeth. Il faut aussi évoquer les épouses influentes de certains rois : Élisabeth Farnèse, la femme du roi d'Espagne Philippe V ; Caroline-Mathilde au Danemark, épouse du souverain incapable qu'était Christian IV ; ou Marie-Caroline dans la Naples de Ferdinand IV. Les femmes avaient toujours joué un rôle important dans les monarchies, comme épouses des rois, comme leurs maîtresses ou comme reines mères ; mais il semble que ce siècle qui vit le début de l'émancipation des femmes leur ait été favorable également dans le cadre des cours.

Un roi avait autre chose à faire que de gouverner, et beaucoup préféraient les distractions royales aux ennuis de l'administration. Le monarque se consacrait alors aux divertissements de la cour et allait à la chasse. Berlin et Turin étaient les seules capitales où ces occupations royales étaient moins appréciées : on travaillait.

Trois monarques furent temporairement écartés de ces réalités par des troubles mentaux : Philippe IV et Ferdinand VI d'Espagne, et Christian VII du Danemark. George III d'Angleterre manifesta très tôt des signes de maladie mentale, mais c'est seulement très tard (en 1811) qu'il fut remplacé par le prince régent, le futur George IV.

La plupart des monarques vivaient pour la représentation, fort éloignés des affaires politiques et du peuple qu'il s'agissait de gouverner, et pouvaient continuer de s'appuyer sur une inébranlable tradition de loyauté et de dévouement ; intronisés par Dieu, ils n'étaient responsables que devant lui. Ils pouvaient tous s'enorgueillir d'une généalogie remontant à la nuit des temps et, même si dans la plupart des États les familles royales étaient obligées de se relayer en l'absence d'héritier mâle, la lignée nouvelle n'était pas moins ancienne, et le mariage garantissait l'égale noblesse du sang. Quand des Allemands (comme les Holstein-Gottrop) régnaient en Suède, ou les Bourbon en Espagne, il y avait toujours une mère, une grand-mère ou une aïeule pour faire le lien avec la dynastie du pays. C'est donc une vaste parentèle qui occupe les trônes, et elle est proprement européenne. Seul Jonathan Swift a l'insolence, dans *Gulliver*, d'évoquer une fois une douzaine de rois avec leurs « vrais » aïeux. Il voit alors, au lieu d'une longue série de têtes couronnées, dans telle dynastie deux violonistes, trois courtisans calamistrés et un prélat italien, et dans telle autre un barbier, un abbé et deux cardinaux. Mais Swift met un terme à cette vision affligeante en notant qu'il a trop de respect pour les princes et préfère ne pas s'étendre plus longtemps sur un si beau sujet...

Même un Swift n'entendait pas ébranler les institutions traditionnelles. Rares étaient ceux qui songeaient à demander aux monarques de rendre des comptes, comme cela avait encore été le cas au milieu du XVIIe siècle avec Charles Ier d'Angleterre, que le Parlement avait fait décapiter. On refoulait le souvenir effroyable de ce cas isolé. Il faut attendre un siècle et demi pour rencontrer coup sur coup deux cas de *régicide*, en 1792 et 1793. Gustave III de Suède meurt victime d'un complot nobiliaire au cours d'un bal masqué, et en France la Convention fait guillotiner en place publique Louis XVI, qu'elle avait déjà déposé.

Mais cela se passe à la fin du siècle. Jusqu'au début de la Révolution française, le monde des rois était intact. Lorsque, en 1762, le tsar Pierre III est étranglé, il s'agit d'une anomalie, lointaine et barbare. Quand, en 1776, les États-Unis d'Amérique déposent leur roi George III, cela se passe de l'autre côté de l'océan, dans un univers colonial, et le roi en question conserve ses trois royaumes en Europe.

Mais l'univers monarchique n'était pas représenté seulement par une douzaine de couronnes royales. Deux pays, l'Allemagne et l'Italie, avaient vu se développer une multitude de principautés souveraines. C'était particulièrement le cas de l'Allemagne. L'Italie ne comptait que quelques entités souveraines – grand-duché de Toscane, duchés de Modène, Parme, Plaisance, Mantoue, royaume des Deux-Siciles, et le cas particulier de l'État pontifical –, tandis que le Saint Empire romain germanique en comportait plus de deux cent cinquante : à côté de l'empereur et du roi de Prusse, et des princes électeurs de Saxe, de Hanovre et de Bavière, on y trouvait toutes sortes de ducs, margraves, comtes palatins, princes et comtes tout court, sans parler des princes évêques et des princes abbés, qui revendiquaient une entière souveraineté et entretenaient palais, cours, chasses, etc. On les appelait en allemand les « princes in-douze », en raison du format réduit de certains principicules. Ce qui parfois ne les empêchait pas d'être assez importants pour donner fort belle allure à leurs petits Versailles, même si politiquement ils ne pesaient pas lourd et si l'on pouvait dire d'eux ce que Goethe écrit dans une épigramme à propos de son duc de Saxe-Weimar :

> Des princes allemands c'est un des plus petits,
> Sa terre n'est pas grande et son pouvoir réduit.

Pourtant si tous se démenaient pareillement,
Ce serait une joie que d'être un Allemand.
Mais pourquoi le louer quand ses actes s'en chargent?
On te dira flatteur de qui pour toi fut large.
De fait il m'a donné plus qu'aurait fait un roi :
Son amitié, du temps, sa confiance et un toit[3].

La cour princière

L'image même de la magnificence et du pouvoir du prince, c'est sa cour. Et la manifestation primordiale de cette cour, c'est la résidence princière. On a quitté le vieux palais de la capitale, car on entend être plus libre de ses mouvements que dans une vieille ville ou une cité trop grande. A la ville étouffante on préfère la nature champêtre, qu'à vrai dire on remodèle de manière fort artificielle. Ainsi, le roi de France, au XVIIe siècle, quitte le Louvre et s'installe à Versailles; le couple impérial, à Vienne, abandonne la Hofburg et se transfère à Schönbrunn; les princes électeurs de Hanovre quittent leur capitale pour Herrenhausen, et le duc de Wurtemberg délaisse Stuttgart pour Ludwigsburg : on pourrait multiplier les exemples. En pleine campagne, on peut concevoir et construire à sa guise, sans que rien ou presque vous limite dans l'espace. Versailles est partout copié, et pas seulement dans son architecture et ses parcs. La nouvelle résidence et ses jardins exigent un tout autre personnel. Il faut une garde qui veille sur l'ensemble : à Versailles et ailleurs ce sont les gardes suisses en habits rouges. A Ludwigsburg, l'uniforme des légionnaires du duc copie celui de la garde de Frédéric II : ce sont d'immenses gaillards en longue vareuse rouge à revers noirs et, sur leur tête poudrée à la natte dure comme pierre, ils arborent le haut bonnet pointu des grenadiers, revêtu de métal jaune. Le cérémonial de cour comporte tout naturellement les parades, démonstrations de la puissance militaire du monarque.

Dans le bâtiment même, avec ses vastes ailes, la place de choix revient aux salles réservées à la représentation et à son cérémonial rigoureux. Mais on y trouve beaucoup de pièces plus petites, permettant une sociabilité plus intime. Ainsi, à Versailles, les plus importants personnages de la cour se réunissent chaque soir dans la chambre de Mme de Pompadour et y passent de longues heures à jouer et à deviser. Les nouvelles du jour, et surtout les événements de Paris, y sont commentés avec plaisir. Les rumeurs concernant le conseil du roi fournissent souvent le principal sujet. C'est une intimité charmante d'où l'étiquette est bannie, et la conversation y est « dégantée », comme on disait alors. « Louis XV apporte dans ces réunions un front serein, un esprit libre de soucis, une bonhomie simple et franche ; rien n'y rappelle son rang[4]. »

Les bals de la cour revêtent un éclat tout particulier. Par exemple à Schönbrunn : à la lumière des bougies, dans la grande salle à manger dégagée pour la circonstance, le couple impérial ouvrait le bal par un menuet. Puis c'étaient les hôtes de marque, par exemple les ambassadeurs étrangers, qui invitaient à la danse. L'orchestre était placé à une extrémité de la longue salle relativement étroite, tandis qu'à l'autre bout étaient disposés des fauteuils pour les princesses et les princes du sang. Les autres invités, quand ils n'étaient pas en train de danser, pouvaient s'asseoir sur des rangées de banquettes ou des tabourets bas. Les dames étaient en grande toilette : aux bras, autour des cous et sur les hautes coiffures, les plus précieux joyaux étincelaient sous les candélabres. Leurs cavaliers arboraient des pierres précieuses comme boutons et sur les boucles de leurs chaussures. Qui n'aimait pas danser pouvait se distraire aux tables de jeu.

Le bal était ordinairement suivi d'un grand repas, où les places étaient attribuées selon une stricte étiquette et provoquaient les jalousies qu'on imagine. Près de Leurs Majestés prenaient place les ambassadeurs ou bien aussi les personnes de rang princier. Les dames de la cour et les jeunes gens étaient servis à l'étage inférieur, où les choses se passaient sans doute avec moins de raideur. Le plan de table pouvait varier, prendre la forme d'un fer à cheval ou – si le prince s'appelait Frédéric – celle d'un F.

La société de cour aimait à jouer la comédie. En règle générale, le château comportait en effet un théâtre. Les courtisans y répétaient et y donnaient des ballets et des pièces de théâtre.

Une place éminente revenait à la musique. Celle-ci retentit de toutes parts : « C'est en musique que s'éveillait le prince-électeur ; la musique l'accompagnait à table, résonnait pendant ses chasses ; c'est elle qui à l'église inspirait sa piété ; c'est elle encore qui le berçait jusqu'à un sommeil réparateur, et c'est la musique qui a certainement accueilli ce prince véritablement bon à la porte du ciel. » Voilà ce que dit Daniel Schubart du prince électeur palatin Charles-Théodore, qui fit de sa cour de Mannheim un centre musical à nul autre pareil.

Bien vivante est encore aujourd'hui la *Water-Music* que Haendel composa pour le roi d'Angleterre. Le 17 juillet 1717, George Ier et quantité de nobles anglais s'embarquèrent sur des bateaux sans pont et remontèrent la Tamise depuis Whitehall jusqu'à Chelsea, pour y souper. Une embarcation emmenait cinquante musiciens, avec leurs trompettes, cors, hautbois, bassons, flûtes traversières et flûtes à bec, violons, etc. Les trois suites furent reprises deux fois à l'aller. Elles plurent tellement au roi qu'au retour, qui ne s'effectua qu'après minuit, il les fit jouer encore trois fois.

La cour était donc loin de se divertir uniquement dans le château. Le parc était une grande attraction supplémentaire, avec ses jeux d'eau. La nuit, on pouvait tout illuminer, et conclure par un grandiose feu d'artifice. A Ludwigsburg, le duc Charles-Eugène de Wurtemberg créa souvent, « en hiver, saison de son anniversaire, des jardins merveilleux semblables à ceux des *Mille et Une Nuits*. Au milieu de l'automne, il faisait construire au-dessus de la plus belle orangeraie un immense édifice de verre de mille pieds de long et cent pieds de large, destiné à protéger ses orangers de l'hiver. A l'intérieur, d'innombrables poêles répandent de la chaleur. Toute la voûte de ce grand édifice était portée par la plus belle des végétations et se trouvait suspendue en l'air de sorte qu'on ne voyait pas un seul pilier. Les orangers y ployaient sous le poids de leurs fruits. On y traversait des vignes pleines de grappes comme en automne, et les arbres fruitiers donnaient. D'autres orangers se courbaient pour former des tonnelles. Le jardin tout entier n'était que verdure fraîche. Plus de trente bassins faisaient jaillir leur eau limpide, et cent mille lampions, comme une splendide voûte étoilée, éclairaient d'en haut les plus beaux parterres de fleurs».

Lorsqu'il y avait suffisamment de neige, on pouvait organiser des parties de traîneau. Le grand divertissement royal était la chasse. C'est là qu'excellait tout particulièrement le roi d'Espagne Charles III. «S[a] M[ajesté] [...] passe la plus grande partie de la matinée comme aussi de l'après-midi à la chasse, dont Elle s'est fait une telle habitude que ni les pires intempéries ni la complète absence d'un quelconque gibier ne saurait l'en détourner un seul jour de l'année. S.M. rentre tard dans la soirée et passe alors une petite demi-heure en compagnie de toute la famille royale [5].»

On vit à la cour dans un tourbillon de distractions. Il faut d'abord soigner son apparence, surtout lorsque l'on est une dame : corsets, jupons à cerceaux, coiffure qui doit être préparée la veille par la femme de chambre et parachevée au fer à friser. A l'heure de la toilette succède la réception de diverses créatures de la cour, du fonctionnaire ou de l'officier jusqu'à l'archevêque. La tête couverte, munie du manchon ou de l'éventail et surtout du missel, on part en chaise pour la messe, que le roi a coutume d'entendre. Ensuite, on aura peut-être un moment pour écrire quelques lettres à des amis ou amies à qui l'on veut faire part des nouvelles de la cour. Mais il faut aussi répondre aux requêtes..., et voici que déjà roule le tambour de la garde suisse, annonçant qu'il est temps de paraître au repas. On pourra y goûter avec tel ou tel convive « le brillant de sa conversation, sa gaieté charmante, le tour facile qu'il donnait à ses idées, une causticité qui l'amusait aux dépens de leurs ennemis communs[6] », comme il est dit tout au moins de Louis XV au temps de la marquise de Pompadour.

Accessoirement, on gouverne. Quand il rentre tard de la chasse, Charles III a coutume de recevoir brièvement celui des ministres qui doit rendre compte ce jour-là de ses affaires. Il en allait néanmoins différemment sous Marie-Thérèse qui, même à Schönbrunn, veillait au gouvernement de ses nombreux sujets.

Que fait la cour quand elle ne vaque pas à ces activités grandes ou petites ? On y joue beaucoup, on perd et l'on gagne gros : c'est plus d'une fois la ruine d'une existence. On boit moins au XVIIIe qu'au XVIIe siècle. L'amusement est moins grossier. Les plaisirs s'affinent. On ne fait pas que jouer, on lit, la vie littéraire est possible. Il est des princes cultivés, et surtout des princesses. Leibniz fut protégé par deux d'entre elles, et la landgrave Caroline de Hesse correspond avec les meilleurs écrivains allemands. Il est de bon ton, pour les princes du XVIIIe siècle, de fonder une académie. Chaque monarchie de quelque importance s'enorgueillit d'en posséder une. N'oublions pas enfin l'église ou la chapelle de la cour, où les sermons ne sont pas nécessairement prononcés par quelque charlatan. Le modèle de la grande cour se reproduit jusqu'aux plus petites, comme les cours secondaires des frères cadets ou des veuves.

Pour exemple de ce dernier cas, prenons la petite cour que tient à Erlangen Sophie-Caroline-Marie, veuve du margrave de Brandebourg-Bayreuth. Cette cour est administrée par un chambellan, le baron von Künssberg. La margrave est entourée de deux dames de la cour et de deux pages nobles, qui poursuivent en même temps des études à l'université, ainsi que d'un intendant corse, Matheo Cella. La maison compte vingt et un domestiques : dames d'atours, camériers, laquais, coursiers, heiduques, cuisiniers, cochers, filles de chambre et de vaisselle. Au total, une quarantaine de personnes, soumises pour les petits délits à la juridiction personnelle de la margrave. Tout cela est entretenu par les rentes de quatorze charges, ressortissant entre autres à l'administration des forêts et à des corporations marchandes.

Voyageant à travers la Souabe, la Franconie et la Westphalie, un écrivain italien s'étonne « de la manie qu'ont tous les petits princes & et les petits seigneurs de l'Allemagne d'avoir des Grands-Chambellans, des Grands-Maîtres-d'Hôtel, des Grands-Échansons, des Grands-Veneurs, des Grands-Cuisiniers, des Capitaines des Gardes, des Troupes de Cavalerie & d'Infanterie, quand même toute la Cavalerie & toute l'Infanterie du petit Comte ou du petit Baron ne dût consister qu'en trois housards, quatre grenadiers & six fusiliers[7] ».

Les cours ont beaucoup fait pour l'architecture, l'art des jardins, les beaux-arts de toutes sortes, depuis le théâtre et l'opéra jusqu'au portrait : elles ont mis du mouvement et de la couleur dans la monotonie quotidienne des villes petites ou grandes où les princes fixèrent leur résidence. Le service à la cour était recherché pour s'y former à l'élégance du monde. Mais déjà à l'époque, le luxe et la dépense sont durement blâmés, et surtout l'oisiveté de ces parasites de cour qui, sans véritable travail, se font une vie fort agréable aux frais de la principauté.

Les cours purent être les lieux d'une culture raffinée, comme le Weimar de la duchesse Amalia et du duc

Charles-Auguste du temps de Goethe. En revanche, elles étaient aussi le théâtre d'affaires scabreuses et d'intrigues déplaisantes. Des ambitieux de tout poil pouvaient y faire carrière à bon compte, et des femmes habiles y passer de la condition la plus basse aux positions les plus influentes, la Pompadour n'étant pas un cas unique ! La chronique scandaleuse des cours compte plus d'un prince coureur de jupons, plus d'une princesse adultère. Une foule de couples princiers vivaient séparés, leurs alliances purement diplomatiques n'étant guère favorables à de vraies unions. L'image idyllique de la galanterie « rococo » a son envers de brutalité et de détresse.

Les victimes en étaient naturellement souvent les femmes. Mais le destin pouvait aussi frapper les hommes, comme ce comte Königsmark poignardé tandis qu'il allait rejoindre la princesse Sophie-Dorothée de Braunschweig-Lunebourg. L'adultère commis par l'épouse du futur George Ier d'Angleterre la fit consigner dans le château d'Ahlden pour les trente-deux ans qui lui restaient à vivre. On se montra par la suite un peu plus tolérant : ainsi, Élisabeth de Braunschweig, épouse adultère du futur Frédéric-Guillaume II de Prusse (qui ne l'était pas moins qu'elle), commença elle aussi par être séquestrée, mais on lui rendit par la suite sa liberté.

Nous conclurons ce chapitre sur la vie des cours en évoquant une histoire jadis célèbre qui comporte plusieurs traits typiques, avec de surcroît un certain charme exotique. C'est l'histoire de la Périchole, rendue célèbre par Mérimée, Offenbach et Thornton Wilder. Elle se situe à Lima, l'élégante capitale du vice-roi du Pérou. Vers 1760, l'actrice Mariquita Villegas y fait fureur et le vice-roi, don Antonio Amat, tombe amoureux de cette belle et ardente *chola*, issue pourtant du peuple méprisé des Indiens et des métis. Elle devient sa maîtresse et lui fait subir tous ses caprices de théâtreuse, si bien qu'un jour le bon don Amat se laisse aller à la traiter de *perra chola*,

« chienne de *chola* ». Désormais, la favorite n'est plus appelée autrement que la Périchole. Elle en arrive à exiger de participer aux côtés du vice-roi, dans son carrosse, à une cérémonie officielle. Toute la société aristocratique de Lima s'indigne. Le vice-roi ne se tire d'affaire qu'en offrant à la Périchole un carrosse d'or, où elle peut dès lors parader dans les rues de la capitale. Au retour de la cérémonie, le carrosse d'or croise un simple prêtre apportant l'extrême-onction à un mourant. Cette rencontre provoque la conversion de la pécheresse, qui fait don à l'Église de son carrosse d'or, lequel servira dorénavant à transporter dignement le saint sacrement, tandis qu'elle se consacrera à des œuvres pieuses.

La stricte véracité de l'histoire importe moins que les traits typiques de la vie de cour qui y sont mis en lumière : possibilité d'ascension, liberté des mœurs, rôle des différences de castes et présence de la religion à l'arrière-plan de cette agitation mondaine. Même à Lima, le palais n'est pas loin de la cathédrale.

Haute noblesse et petite noblesse

La vieille noblesse terrienne

Rois et princes constituent le sommet de la première classe de la société humaine, la noblesse. Nous avons vu qu'en Allemagne, avec deux cent cinquante principautés souveraines, la noblesse disposait d'un vaste champ d'action. Mais, socialement, il faudrait ajouter à ces petits monarques allemands la haute aristocratie des autres monarchies, les lords anglais et écossais avec leurs immenses châteaux et domaines et leurs sièges attitrés à la Chambre haute, les grands seigneurs de France (Rohan,

Condé...), et les grands d'Espagne. Cette haute noblesse se sentait de même naissance et de même essence que les rois, d'ailleurs ses arbres généalogiques comportaient fréquemment des princes et princesses de sang royal. De vastes propriétés foncières, des charges lucratives à la cour, ainsi que des évêchés dans les pays catholiques lui assuraient une position sociale éminente.

Eugène de Savoie, « le prince Eugène » de la tradition populaire, issu d'une branche collatérale de la dynastie de Savoie, chef de guerre et homme d'État autrichien incontesté, fut pendant tout ce siècle l'éblouissant modèle de cette haute noblesse.

Mais de ces hauteurs partait toute une échelle de titres, jusqu'aux simples petits nobles, barons et chevaliers quasi innombrables qui peuplaient toute l'Europe. Depuis leurs origines médiévales, ils étaient toujours là, avec leur vieux château fort et le village qui en dépendait. Sur ce domaine, tels des patriarches bibliques, ils avaient droit de justice et de police : c'était leur patrimoine. Dans la région, ils avaient part à l'administration traditionnelle. Ils siégeaient dans les diètes et parlements des provinces, pour autant que ceux-ci existassent encore. Ils encaissaient les redevances ancestralement dues par leurs paysans. C'étaient eux qui nommaient les prêtres, ou les proposaient à l'évêque. Ils géraient leurs terres, et obtenaient les brevets d'officier dans l'armée de leur prince. Chez eux, ils avaient commerce avec leurs pairs, les seigneurs du voisinage. C'était avec eux qu'ils partaient à cheval, avec leurs filles qu'ils dansaient, avec eux qu'ils pratiquaient l'escrime et la chasse.

La chasse était le véritable symbole de leur classe. Dans ses *Georgica curiosa, ou la Vie noble et champêtre* de 1682, Wolf Hermhard von Hohberg souligne déjà la signification profonde de la chasse : « La chasse est exercice vaillant et chevaleresque, et aux nobles elle est un *praeludium belli*, pour ce qu'ils y apprennent à ingénieusement et promptement attaquer, forcer et abattre une bête sauvage, à user de leurs armes blanches et à feu habilement tant à pied qu'à cheval, à subir et supporter froid, chaleur, pluie, orage et rais ardents du soleil, à souffrir soif et fatigue, enfin à débarrasser campagne et voisinage de bêtes nocives et dévorantes. C'est pourquoi toujours fut aimée et pratiquée la chasse par les grands et illustres potentats ; tant est que c'est réconfort de l'âme, remède à mélancolie, ennemie d'oisiveté et de tous vices en découlant, nourrice de la santé, exercice du corps, prélude et miroir de la guerre, outre bonne et riche cuisinière, qui pourvoit notre table en mets bons et magnifiques. »

Dans ce milieu aussi – et non seulement à la cour –, on organisait volontiers des fêtes, souvent aussi avec les paysans. Les jeunes gentilshommes aimaient le jeu et la boisson, et couraient volontiers les filles de toute condition. On était galant homme, et la culture n'était pas exclue. Quand on lisait, c'était sur le modèle de sa classe, des ouvrages traitant de généalogie, de droit foncier, de privilèges familiaux ou nationaux, des biographies et des livres d'histoire militaire. C'est à cette fin que les érudits posthumanistes composèrent, jusque dans les premières années du siècle, leurs fastidieux ouvrages traitant de l'histoire universelle ou locale. Plus d'un château possédait une bibliothèque bien constituée, et des peintures ornaient les salles. On était au mieux avec le prêtre ou le pasteur du village, on entretenait un séminariste ou un théologien frais émoulu comme précepteur de ses enfants des deux sexes.

A vrai dire, la base financière, purement agricole, s'amenuisait. Il y avait des nobles réduits à une véritable pauvreté. Heine parle de la « maigre chevalerie ». A force d'héritages partagés, on n'avait plus de quoi doter dignement tous les enfants. Les possibilités d'autres revenus étaient maigres. Car enfin l'on n'avait pas de métier au sens bourgeois du terme ; hors de la cour et de l'armée, on ne pouvait que déchoir. En pays catholique, les fils et les filles en surnombre pouvaient trouver place dans les couvents, y devenir abbé ou abbesse. Les filles de la noblesse allemande protestante avaient une solution analogue dans les institutions sécularisées. L'une des meilleures solutions, et la plus honorable, restait l'armée, avec ses nombreux emplois d'officier, et la possibilité d'y accéder à d'importants commandements.

La petite noblesse avait des formes typiques qui variaient naturellement d'un pays à l'autre. En Angleterre, c'était la *gentry*, grand propriétaire terrien et force économique ; dans son confortable *manor house* qui n'avait plus rien d'un château fort, le *squire* conversait, le verre à la main, avec le vicaire anglican du village. Au Parlement, cette classe peuplait la Chambre basse. En France, du fait du centralisme parisien, cette petite noblesse ne jouait plus de rôle politique que dans quelques parlements de province, et son poids était réduit. Au contraire, à l'est de l'Elbe, les grands propriétaires prussiens avaient une position économique et politique très forte. Dans le royaume de Pologne, tout noble – si pauvre fût-il – siégeait à la Diète et pouvait influer sur le destin de cette république nobiliaire. Les patriciens suisses qui étaient propriétaires fonciers – surtout à Berne et à Fribourg –, dotés de certains pouvoirs de justice, représentaient une variante républicaine de la petite noblesse à l'anglaise ou à l'allemande.

Cette couche de chevaliers et de barons gardait une forte conscience de classe. Être baron (en allemand *Freiherr*), c'était être libre (*frei*) et maître chez soi. Si l'on allait à la cour, on devenait un courtisan qui pouvait certes faire carrière, mais qui perdait son indépendance.

La Révolution allait en partie couper l'herbe sous le pied d'une telle noblesse, et la niveler politiquement. Elle n'a pourtant pas disparu, même en France. Dans l'est de l'Allemagne, en Autriche-Hongrie et en Angleterre, elle devait se maintenir encore longtemps sous la forme de partis conservateurs agrariens. Des livres comme le *Stechlin* de Fontane, *Charwells of Condaford Grange* de Galsworthy et *Au plaisir de Dieu* de Jean d'Ormesson témoignent de sa robuste survivance au XIXe et même au XXe siècle.

La noblesse de robe

Depuis le XVIe siècle environ, on avait vu surgir à côté de l'ancienne noblesse une nouvelle noblesse de fonctionnaires, que le développement des États rendait nécessaires. Des juristes bourgeois commencèrent à s'infiltrer dans l'administration, car il fallait avoir fait des études ; il fallait savoir le latin pour comprendre le droit romain, qui commençait à compléter ou à remplacer peu à peu le droit coutumier, désormais insuffisant. Ces juristes, on était obligé de leur donner un titre de noblesse, car chez les princes il n'était pas concevable qu'un roturier exerçât d'aussi hautes fonctions. Ainsi naquit le noble de robe, le nouveau noble en robe de magistrat, qui vint prendre place en parvenu à côté des nobles d'épée. Dans bien des cas, l'ancienne noblesse comprit la leçon et se mit à envoyer ses fils dans les universités, où, adeptes de la boisson et des duels, ils fournirent le gros des mauvais sujets dans les facultés de droit. Fritz Wagner dit de la fonction publique en cette époque de transition : « Le long chemin tortueux de la charge-prébende au service public salarié n'est pas sorti pour autant, même en Prusse, des structures patrimoniales. La couche des fonctionnaires d'État resta partout fort mince, et pas seulement en Angleterre : toute l'Europe se caractérise par d'innombrables formes, fussent-elles rudimentaires, d'administration localement autonome ; on vit persister des mélanges d'administration étatique et aristocratique, l'exigence de l'*indigenat* (l'emploi des gens du cru ou fixés là) renforçant encore ce régionalisme. »

Ces nouveaux fonctionnaires s'imposèrent surtout dans la France de Louis XIV. Un observateur de la fin du siècle parle encore avec admiration des parlements français, « de la décence, la gravité et la noblesse que les avocats de Paris mettent dans leurs déclamations, d'entendre la force de leur raisonnement et l'éloquence qu'ils savent déployer[8] ».

L'exemple français fut suivi par l'Espagne des Bourbon, et plus tard par l'Autriche de Marie-Thérèse. En Prusse, la transition s'effectue sous le règne de Frédéric-Guillaume Ier (1713-1740). On commence à ouvrir des écoles spéciales pour fonctionnaires : dans l'Empire, on les appelle « académies de chevaliers » ou « écoles camérales ». On se rappelle la *Hohe Karlsschule* créée par le duc de Wurtemberg Charles-Eugène en son château « Solitude » : c'est l'école d'administration d'où s'enfuira Schiller.

En Allemagne, la carrière d'un représentant de cette noblesse de robe se déroule généralement selon le schéma suivant : fils de fonctionnaire local, études de droit à l'université locale et éventuellement à d'autres (Göttingen de préférence), puis entrée au service d'un prince ; si possible, quelque temps à Vienne dans l'administration impériale et, pour finir, entrée au service d'un monarque souverain. Là, en qualité de ministre, tentative de mettre de l'ordre dans le maquis du droit coutumier et de donner aux finances une base solide, voire de réaliser des réformes économiques et sociales. Avec un peu de chance, on conserve la faveur du prince et l'on peut mener sa tâche à bien ; sinon, vient le moment où le souverain éclairé meurt et où l'on est livré à son héritier, lequel, influencé par la cour et ses intrigues, peut fort bien vous congédier de façon ignominieuse.

On trouve des variantes de ce destin de fonctionnaire dans la vie du juriste Johann Jakob von Moser (1701-1785). Issu de la vieille noblesse de robe du Wurtemberg, il est quelque temps professeur de jurisprudence à Tübingen et à Francfort. En 1747, il entre dans l'administration du landgrave de Hesse-Hombourg, pour être ensuite conseiller auprès des États de Wurtemberg. Dans cette fonction, il tente en vain de s'opposer aux tendances absolutistes de son souverain, le duc Charles-Eugène. Le conflit va si loin que le duc le fait interner à Hohentwiel de 1759 à 1764, jusqu'à ce qu'il soit libéré sur intervention impériale. Il reprend aussitôt son travail, consistant à tenter de concilier l'*ancien droit* avec la politique d'un État moderne. Dans la somme considérable de ses publications à caractère juridique, on trouve des phrases très caractéristiques de cette noblesse de robe :

« Dans mes offices et mes écrits, je n'ai jamais été partisan et jamais de ma vie je n'ai fait mien le principe proverbial selon lequel il faut chanter la chanson de qui vous nourrit ; mais chez moi le droit est le droit, et l'injustice l'injustice, quand bien même devraient en pâtir mon souverain, mes mandants ou n'importe qui ; de sorte que ni dans le service du prince ou celui des états ni par des promesses ni par des ordres je ne me suis laissé forcer la main, ni par des menaces intimider de telle manière que je défende quelque chose que je tinsse pour injuste ou excessif.

« Par honnête homme j'entends ici qui en tout temps et dans tous ses actes sans exception aucune s'est montré juste, sincère et droit, et ainsi a toujours agi sans fausseté, sans intentions secondes intéressées ou autres, sans complaisance ni crainte, en toute connaissance et conscience. »

La liste des importants représentants de la noblesse de robe est longue. On en trouve à presque toutes les cours, petites et grandes. Que l'on songe seulement au rôle difficile et ingrat des ministres éclairés sous les Bourbon d'Espagne, à l'esprit pourtant ouvert, que furent Charles III et IV. Il faudrait citer par exemple le grand réformateur de l'économie Campomanes, inspirateur des *Sociedades de los amigos del país*, ou Aranda, chez qui se combinaient la libre pensée, la volonté de progrès et la foi en la mission de la noblesse, mais qui, après une courte période d'action en matière d'enseignement et de finances, se voit écarté du pouvoir et expédié comme ambassadeur à Paris.

Celui qui, jusqu'à nos jours, est resté le plus célèbre représentant de cette noblesse de robe n'est autre que Montesquieu. Pendant un temps président du parlement de Bordeaux, il donne en 1748 à un public enthousiaste la somme de ses réflexions pratiques et théoriques : *De l'esprit des lois*. Il tentait d'y définir pour la France un ordre légitime qui ne dépendît pas de la personnalité du roi.

On pourrait aussi évoquer un autre Français issu de la vieille noblesse de robe, René-Louis d'Argenson (1694-1757). Son père avait été à la tête de la police, son grand-père conseiller de Colbert ; il fut lui-même secrétaire d'État, siégea au conseil des Finances et fut en charge des Affaires étrangères ; sa carrière fut difficile, pris qu'il était entre des conceptions intelligentes et les cabales de la cour. Ses *Considérations sur le gouvernement ancien et présent de la France*, parues après sa mort en 1764, eurent le retentissement d'un second *De l'esprit des lois*. On y trouve cette considération sur la situation des sujets du roi :

« On n'a peut-être jamais pensé à cette mesure de liberté dont je viens de parler ; c'est celle que les lois doivent laisser à ceux qui leur sont soumis, pour qu'ils conservent tout l'effort naturel qui conduit aux grandes choses, mais qui réprime là où il faut la licence qui trouble l'ordre général. »

C'est là non seulement la pensée des Lumières, mais aussi la conception de la liberté d'un membre de la noblesse de robe, voire de la noblesse en général, qui pensait par lui-même.

Le clergé

Le clergé était originellement le premier des états. En vérité, il occupe une place à part dans leur hiérarchie, puisque le célibat le contraint à se recruter dans les autres états. Comme ce recrutement puise à la fois dans la noblesse, la bourgeoisie et la paysannerie, le clergé se trouve donc refléter la structure de la société. D'autre part, depuis la Réforme, le clergé est scindé en deux groupes, catholique et protestant, qui diffèrent en bien des points, mais n'en conservent pas moins des traits communs.

Le clergé a toujours eu sa place dans la vie politique. Il conservait ses sièges attitrés dans les parlements qui subsistaient. La Diète du Saint Empire avait son « banc du clergé », occupé par des évêques et des abbés, et il en allait de même dans les subdivisions de l'Empire. En France, le clergé était le premier des trois « ordres » et encore actif dans les parlements provinciaux. En Angleterre, la Chambre haute compte des lords d'Église : les évêques anglicans y sont représentés.

Tous les États, qu'ils fussent catholiques ou protestants, avaient une Église établie. Partout, elle était fortement organisée, et même les réformés calvinistes ou zwingliens connaissaient, sous le nom d'*antistès* ou de doyen, une fonction analogue à l'épiscopat.

Chaque village possédait son presbytère et son église, financés par un système de prébende qui avait survécu à la Réforme. Le curé, ou le pasteur, continuait d'être regardé comme le berger de sa paroisse, où il contrôlait croyants et incroyants. La fréquentation de l'église était un devoir qui allait de soi. L'école et l'assistance étaient supervisées par le curé, ou le pasteur. Il lui incombait, à ce niveau de base, de représenter la morale chrétienne et de veiller à son respect. L'église était partout le centre du village, même si elle était souvent concurrencée par l'auberge ou le manoir. Dans les villes, cette structure se retrouvait dans les paroisses de quartier.

Le curé, ou le pasteur, était en général le seul intellectuel en milieu rural. La théologie venait toujours en tête des études et les membres du clergé étaient les principaux porteurs de la culture ; les juristes étaient rares, les médecins encore plus – et ces derniers y voyaient moins clair qu'aujourd'hui. C'étaient des diplômés de théologie qui avaient en charge l'enseignement en même temps que le sacerdoce.

Même si beaucoup de structures étaient analogues d'une confession à l'autre, le schisme européen n'en avait pas moins créé de grandes différences ; accentuées surtout au XVIIe siècle, elles restaient ancrées dans le peuple au XVIIIe siècle. « Papistes » et « hérétiques » continuaient de se faire face dans une hostilité et un mépris réciproques.

Là où ils devaient cohabiter – dans l'Empire, en Suisse et, jusqu'en 1685, en France –, les possibilités de conflits locaux étaient innombrables, jusqu'à ce qu'on trouvât des solutions plus ou moins chrétiennes : par exemple, en installant dans l'église du village une seconde chaire ou de seconds fonts baptismaux, en tirant un rideau devant le chœur catholique pour en épargner la vue aux protestants ; en réglementant strictement l'usage des cloches ; en délimitant soigneusement les deux parties du cimetière.

Voltaire évoque ainsi la situation dans la France du XVIIe siècle : « Le Conseil du roi était occupé à rendre des arrêts pour un cimetière que les deux religions se disputaient dans un village, pour un temple bâti sur un fonds appartenant autrefois à l'Église, pour des écoles, pour des droits de château, pour des enterrements, pour des cloches, et rarement les réformés gagnaient leur procès [9]. » Cette situation, Louis XIV y mit un terme en 1685 en révoquant l'édit de Nantes, ce qui causa l'émigration spectaculaire et massive du protestantisme français. Les Vaudois furent parallèlement expulsés par le duc de Savoie. Ces exilés trouvèrent refuge dans les pays protestants voisins et en particulier dans certaines principautés allemandes. Par exemple, on construisit à cet effet un quartier huguenot à Erlangen, ou la cité commerciale de Karlshafen en Hesse. A proximité, le landgrave fonda les deux villages vaudois de Gewissenruh et Gottstreu (dont les noms signifient littéralement « tranquillité de conscience » et « fidélité à Dieu ». D'autres installations vaudoises se trouvèrent dans le Wurtemberg.

En 1711, les protestants furent expulsés de Pologne. Une dernière expulsion spectaculaire se situe en 1732 et concerne les luthériens de l'archevêché de Salzbourg. La plupart de ces quatorze mille Salzbourgeois protestants furent accueillis par le Roi-Sergent en Prusse orientale. Une partie accepta l'invitation de la *Society for the Promotion of Christian Knowledge* et traversa l'océan pour s'installer dans la Géorgie anglaise. En France comme dans le Piémont, en dépit des persécutions, il resta des protestants, qui se réorganisèrent clandestinement en « Église du désert » ou en « Israël des Alpes ». Leurs pasteurs étaient formés à Lausanne. A partir du milieu du siècle, la France se montra progressivement plus tolérante. En 1781, c'est le célèbre « édit de tolérance » de Joseph II qui fait ressortir de leurs cachettes les nombreux groupes de non-catholiques, et l'on voit aussitôt s'édifier à Vienne une église luthérienne et une église réformée.

Le pendant de ces vagues de persécution catholique au début du siècle est constitué par l'oppression que les catholiques irlandais ont à subir de la royauté anglaise. L'Irlande avait largement résisté à la protestantisation et, au XVIIe siècle, la situation se durcit du fait que l'Irlande servit de base aux tentatives de reconquête catholique de l'Angleterre. La liberté religieuse promise en 1691 par

Guillaume III resta lettre morte. Les écoles catholiques, l'enseignement catholique, la fréquentation d'écoles étrangères restaient interdits. Ce n'est que vers la fin du siècle que ces dispositions s'assouplirent, avec, en 1778, l'autorisation des tenances héréditaires, et, en 1783, la liberté du culte catholique et la suppression de l'obligation d'assister au culte anglican. Mais, dans l'intervalle, la partie nord-est du pays, l'Ulster, avait été systématiquement protestantisée, ce qui faisait peser une lourde hypothèque sur l'avenir de l'île.

Le clergé catholique

L'Espagne et le Portugal (avec leurs vastes colonies en Amérique latine), toutes les monarchies et républiques italiennes, la France, l'Autriche proprement dite et le royaume de Pologne constituaient des territoires uniformément catholiques. Dans l'Empire allemand, étaient catholiques : la Bavière, les évêchés des bords du Main et du Rhin, et de nombreuses principautés moins vastes, surtout dans le Sud. Même variété en Suisse, où la majorité des cantons est catholique – encore qu'il s'agisse des plus petits et des plus faibles économiquement.

C'était là l'Europe catholique. On s'y situait délibérément dans la tradition vénérable qui remontait à la première christianisation. Les saints faisaient toujours l'objet d'un culte fervent. Les monastères bénédictins témoignaient de la culture médiévale, les châteaux des ordres de chevalerie rappelaient les croisades et les couvents franciscains et dominicains manifestaient l'activité sociale dans les villes de la fin du Moyen Age. Certes, les capucins dans la paysannerie et les jésuites chez les gens instruits avaient fait souffler un vent nouveau, et bien des églises romanes et gothiques avaient été soit remplacées par des églises baroques, soit au moins transformées dans leur style. C'était le signe extérieur d'une orientation nouvelle du catholicisme. Le monde laxiste, relativement libéral et extraordinairement bigarré de la fin du Moyen Age avait fait place à un monde d'une structure plus sensible et d'une orientation plus marquée. Car enfin, l'on avait perdu le Nord, de grands pans de l'Allemagne et de la Suisse, et l'Angleterre et l'Écosse tout entières, et du même coup une composante désormais étrangère, ne fût-ce que du point de vue de la « mentalité des peuples ». Enfin, que la France, en dépit du sort réservé aux huguenots, fût contaminée par le protestantisme, c'est ce qui allait se marquer dans le puissant mouvement des Lumières !

Tous les rois étaient catholiques, à l'exception de deux en Scandinavie, du roi d'Angleterre et du roi de Prusse. Mais c'étaient justement ces rois catholiques qui faisaient des difficultés à l'Église romaine. Depuis longtemps déjà, les monarques avaient rechigné contre Rome, et su s'arroger progressivement toutes sortes de privilèges. On avait bien tenté, au concile de Trente de 1563, de restaurer l'ancien pouvoir du pape ou de la curie, on avait essayé de discipliner les évêques, et partout on disposait d'un clergé passablement docile envers la curie ; mais dès le XVIIe siècle s'affirmait, surtout en France, la tendance à examiner d'abord les décisions de Rome avant de les transmettre au peuple. Au XVIIIe siècle, ce fut au tour des monarchies latines de jeter leur gourme. Toutes connurent leur période d'opposition délibérée à la curie. Certains ministres, d'abord Pombal au Portugal, puis Aranda en Espagne, Tanucci dans les Deux-Siciles, tentèrent en particulier de soustraire l'école à l'Église, d'assurer à l'État le contrôle de la formation des prêtres et à long terme celui des biens d'Église. Enfin, sous Marie-Thérèse et Joseph II, l'Autriche prit la même voie, y entraînant ses vastes dépendances. Non seulement Joseph II promulgua l'édit de tolérance de 1781, mais, avec l'aide d'évêques zélés et dévoués, il tenta de placer l'Église catholique sous le contrôle de l'État. Il s'agissait tout simplement de rattraper le mouvement lancé deux siècles et demi plus tôt par les princes protestants, et dont la manifestation la plus visible avait été la suppression des « inutiles » couvents.

Même si ce mouvement hostile à la curie représentait une tentative d'emprise de l'État sur l'Église, cette dernière conserva intactes ses structures traditionnelles. Pendant tout le XVIIIe siècle, elle offre le même tableau qu'au cours des siècles précédents.

A la base du clergé séculier, on trouve le curé de campagne, dans sa cure de village. Ce « bas clergé » est fréquemment d'origine paysanne et, de ce fait, il est souvent très proche du peuple. Il est formé dans les séminaires des évêchés. Sa fonction essentielle consiste à dire la messe et à entendre ses ouailles en confession. La liturgie latine avait plus d'importance que la culture intellectuelle, dont l'insuffisance est souvent déplorée par les clercs instruits et par les laïcs. Péguy lui-même dit, encore au début de notre siècle : « Les Juifs lisent depuis trois mille ans, les protestants depuis quatre siècles, et moi seulement depuis ma grand-mère. » Cette constatation amère vaut pour les paysans et le petit peuple des villes. Dans le haut clergé, il en allait autrement.

Les évêques, les prêtres de leur cour ou des chapitres, ceux des grandes paroisses citadines et, encore plus, de la cour du prince, tout ce haut clergé était nécessairement d'un plus haut niveau. Le siècle fourmille d'abbés cultivés et spirituels, et une bonne partie de la littérature française, espagnole et italienne est l'œuvre de gens d'Église. L'abbé Nollet était par exemple considéré comme le meilleur professeur de physique de Paris. L'abbé Mably était l'auteur d'ouvrages de philosophie politique et morale qui jouèrent un rôle important dans la préparation de la Révolution française. Ces ecclésiastiques cultivés se recrutaient dans la bourgeoisie des villes et dans la noblesse. En Allemagne, il s'ajoutait à cela que les évêchés conservaient leur double statut, spirituel et temporel. Ils comportaient, dans leur diocèse spirituel et parfois au dehors, un pouvoir souverain hérité des temps anciens sur des territoires qui, pour les trois archevêchés de Mayence, Cologne et Trèves, comme à Liège, Münster, Wurtzbourg, Bamberg et Salzbourg, avaient la taille du Palatinat ou du Wurtemberg. Lorsque, par exemple, l'archevêque de Salzbourg se rendait à Vienne, il se déplaçait avec toute la pompe d'un prince souverain : « Il n'avait pas seulement avec lui ses serviteurs personnels, mais aussi son chambellan, le directeur de son conseil, son conseiller en matières religieuses, ainsi que son équipe personnelle de cuisiniers, sans oublier le pâtissier confiseur. En outre, l'escorte comportait un petit ensemble de musiciens [10]. »

Le nonce apostolique à Vienne – c'était Domenico Passionei, de tendance janséniste – a dit un jour : « *Episcopi Germaniae non sunt episcopi, sunt domini* » – les évêques allemands ne sont pas des évêques, ce sont des princes –, à la manière par exemple de Franz Konrad Kasimir von Rodt-Bussmannshausen, cardinal et prince évêque de Constance, que l'un de ses curés de campagne dépeint en ces termes : « Ce prélat s'est acquis plus de considération par sa haute dignité, sa cordialité naturelle et sa forte corpulence que par l'érudition et la pureté des mœurs [...] comme ses ancêtres, il n'a visité son diocèse qu'en la personne de ses coadjuteurs, dont le passage ne fut pas particulièrement édifiant [...] il se laissait ordinairement guider et conduire par ces jésuites qu'il tient en estime si haute et aveugle que, quand lui fut apportée à table la bulle qui dissolvait leur compagnie, il la jeta par deux fois dans un coin, ce qu'on dit lui avoir attiré une sévère remontrance de Rome. Il avait de la chasse un goût immodéré, entretenait un nombre considérable de chasseurs et de chiens, et souvent, en carrosse, à l'arrière duquel était attaché un cerf par lui abattu, parcourait les rues entre les rangs des bourgeois affamés de la ville de Constance pour regagner triomphalement sa résidence épiscopale de Meersburg [...] Combien plus magnifique serait son souvenir s'il s'était montré aux fidèles le front mouillé de sueur apostolique et avait nourri les pauvres du surplus de ses revenus plutôt que du vain spectacle de sa pompe princière [11]. »

Il y avait à vrai dire aussi des évêques qui se rapprochaient de l'idéal apostolique esquissé ci-dessus. Le modèle en était pour beaucoup Fénelon, l'évêque français qui avait défié Louis XIV et qui était l'initiateur d'un mouvement de réforme catholique. Il y avait des évêques qui se consacraient avec zèle au mieux-être de leurs sujets, ou qui faisaient beaucoup pour hausser le niveau intellectuel de leur diocèse, comme par exemple Franz Friedrich Wilhelm von Fürstenberg, vicaire général de Münster, ou Emmerich Joseph von Breidbach-Dürresheim, prince électeur et archevêque de Mayence. Les principautés ecclésiastiques ne faisaient généralement pas mauvaise figure, comparées aux laïques.

Mais le *sunt domini* ne vaut pas que pour les évêques allemands. Ainsi, les évêques français n'avaient aucune souveraineté politique, mais ce pouvaient être de grands seigneurs tout de même, comme par exemple le cardinal prince Louis-René de Rohan, évêque de Strasbourg, que sa vanité compromit dans l'affaire du collier de la reine, vers 1785, l'une des plus fâcheuses affaires de la cour de France. Le mode de vie de tels prélats causait un mécontentement qui culminera dans la politique radicalement anticléricale et antichrétienne de la Convention en 1793-1794.

De tels dignitaires ecclésiastiques étaient simplement des aristocrates que le hasard avait habillés en prêtres et qui entendaient mener le train correspondant à leur rang social tout comme leurs frères et leurs cousins, sans bien souvent se soucier le moins du monde de leurs obligations religieuses. Ces hauts dignitaires n'étaient que les bénéficiaires de prébendes réservées à certaines familles. C'était là le moyen de pourvoir aux besoins d'enfants trop nombreux et de renforcer les politiques familiales.

Pour être admis dans les chapitres qui devaient administrer les évêchés, mais qui n'était plus que de confortables sinécures, on exigeait dans l'Empire, depuis le XVIIe siècle, non plus simplement les quatre quartiers de noblesse (les grands-parents), mais seize, voire trente-deux. Il était de bon ton de compter dans sa famille quelque prince-évêque.

Aux séculiers s'ajoutait le clergé régulier : moines et religieuses des origines les plus diverses, dans des couvents d'observances aussi très variées, comme l'étaient leurs traditions et leur importance sociale, marquée souvent par le rang des abbés et abbesses. En Allemagne, il n'était pas rare que ces derniers soient liés de près à l'Empire. Ces structures du monachisme ancien avaient été doublées, avec la Contre-Réforme, par le réseau serré des couvents de capucins et des collèges de jésuites. Étaient apparus à leurs côtés des ordres nouveaux comme les salésiens, les capucins, les eudistes et autres, représentant la catholicité baroque dans sa rigueur. Les exercices de piété des tertiaires laïcs, les instruments de macération qu'on trouve dans plus d'un château sont autant de preuves que la ferveur religieuse persistait au XVIIIe siècle, particulièrement chez les femmes. Leur éducation, à un niveau élémentaire, était assurée par l'ordre des ursulines. Les capucins, simples et rustiques, poursuivaient leur action populaire en milieu rural et auprès du menu peuple des villes, apportant ainsi une aide précieuse au clergé séculier. Quant aux jésuites, plus élégants et plus cultivés, et toujours en charge de l'enseignement secondaire et supérieur, ils furent au cours du siècle dépossédés du terrain qu'ils croyaient conquis et virent le pape dissoudre en 1773 leur compagnie, déjà bannie par plusieurs États. C'était là une victoire – à vrai dire très provisoire – des Lumières dans leur version catholique et étatique.

Qu'un pape pût être contraint par les monarques catholiques de renoncer à ce puissant auxiliaire de la curie qu'étaient les jésuites, cela montre combien la papauté était affaiblie dans ce siècle. Représentée par huit Italiens de grande famille, elle tenta en vain de s'opposer à cette sorte de gallicanisme généralisé. Dans leurs rapports avec Rome, les rois respectaient les formes, mais ils faisaient ce que leur conseillaient leurs ministres hostiles à la curie. A l'exception de Benoît XIV (1740-1758), les papes ne furent d'ailleurs pas pris au sérieux par l'Europe des savants et des lettrés. Le souverain pontife n'était guère qu'un prince italien régnant sur un État vieillot et mal administré, et qui se trouvait être le chef de l'Église. La papauté devait toucher le fond lorsque Napoléon put impunément chasser de Rome d'abord le vieux pape Pie VI, puis son successeur Pie VII, et les traiter en prisonniers.

Le clergé protestant

Face à un catholicisme extérieurement et structurellement uni, le monde protestant était divers et se divisait en trois groupes principaux.

Le groupe luthérien comprenait en Allemagne beaucoup de principautés et de villes libres, en particulier, comme territoires d'un seul tenant, le royaume de Prusse, les principautés électorales de Saxe et de Hanovre, le duché de Wurtemberg ; ensuite, les deux royaumes scandinaves, le Danemark avec la Norvège, et la Suède avec la Finlande ; enfin, les États baltes sous gouvernement russe, Estonie, Livonie et Courlande. A quoi s'ajoutaient des minorités en Alsace et en Hongrie.

Le groupe réformé (calviniste, zwinglien) comprenait

la majorité de la Suisse, la république de Genève et la république des Pays-Bas avec leurs colonies, en particulier l'Afrique du Sud. A quoi s'ajoutaient quelques principautés de l'ouest de l'Allemagne comme le Palatinat et la Hesse-Nassau, et d'autre part les presbytériens, majoritaires en Écosse et minoritaires en Angleterre. Il restait des huguenots en France, surtout dans le Midi. Les Vaudois qui pouvaient subsister dans quelques vallées alpines du Piémont furent, au XVIIIe siècle, tolérés par l'État. En Hongrie, alors sous domination turque, la majorité de la population était calviniste. Il y avait, dans ce groupe, autant d'États où la religion réformée était la religion officielle que d'États où elle était minoritaire. Du fait de l'émigration, une bonne part des provinces nord-américaines étaient marquées par le calvinisme, mais il y en avait peu (le Massachusetts, surtout) où les calvinistes déterminassent tout.

Le troisième groupe correspondait à l'anglicanisme, religion d'État en Angleterre, minoritaire en Écosse, et en position de faiblesse en Irlande. On trouvait naturellement aussi des anglicans dans les colonies anglaises.

La Réforme avait provoqué, comme on le sait, la scission de groupes plus extrémistes qui ne pouvaient se reconnaître dans les Églises nationales. Dans plusieurs pays – la Suisse, par exemple –, il existait encore des anabaptistes, qui faisaient périodiquement l'objet de poursuites. Il n'y avait qu'en Hollande et en Angleterre que l'on commençait à tolérer de telles *sectes*. Mais, dans le reste de l'Europe, c'était inconcevable, à la différence des colonies anglaises où, en revanche, les « églises libres » marquèrent peu à peu de leur sceau la vie américaine.

Si importantes qu'elles fussent pour l'histoire religieuse et sociale, ces Églises restaient tout de même, dans l'Europe du XVIIIe siècle, des groupes marginaux. Jusqu'en plein XIXe, ce qui comptait socialement, c'était la religion d'État, et il n'y avait là que trois possibilités : luthérienne, réformée ou anglicane.

Quoique les divergences doctrinales entre ces trois groupes eussent été fortement marquées à l'époque de la Réforme et surtout au cours du très dogmatique XVIIe siècle, au point que ces groupes se détestaient mutuellement presque autant qu'ils détestaient leur commun ennemi papiste, certaines structures leur sont tout de même communes.

Il s'agit d'Églises nationales. Chaque État – républicain ou monarchique, peu importe –, chaque pouvoir temporel, en tant qu'il est chrétien, est aussi responsable de l'Église. La *liberté* catholique de l'Église par rapport à l'État, l'autonomie garantie par la papauté, n'existe évidemment plus. Le clergé fait partie de la fonction publique ; il est un bras du pouvoir, dont les décrets sont lus en chaire. En même temps, le clergé a un statut spécifique, et beaucoup de responsabilités et d'influence au sein de l'État.

Les pasteurs ont un statut social bien défini. Leur corps est organisé, a son administration propre : dans l'anglicanisme, on a conservé l'organisation épiscopale des catholiques ; chez les luthériens, nous avons le surintendant et le consistoire ; chez les réformés, l'*antistès* et le *convent* des pasteurs de la ville ; dans bien des régions encore le synode de tous les pasteurs, véritables états généraux (c'est très net dans la république des Grisons ou la principauté de Neuchâtel).

Comme les couvents et les institutions semblables ont disparu et que le nombre de prêtres se trouve terriblement réduit, les responsabilités de chaque pasteur sont bien plus importantes. Sa mission est au premier chef la prédication de la parole divine, sous la forme de l'interprétation de l'Écriture. Le cathéchisme obligatoire intensifie l'enseignement primaire et fait partie intégrante de la lutte menée depuis deux cents ans contre l'analphabétisme. La réorganisation de la charité – réservée aux *pauvres méritants* – marque l'orientation vers une nouvelle éthique du travail. L'ancien tribunal ecclésiastique prend chez les réformés un aspect nouveau, celui du tribunal moral de chaque paroisse. Les laïcs y sont plus qu'associés, puisque ce sont les anciens qui y siègent et que le pasteur n'y a qu'une fonction d'assesseur. Tout ce système vise à la formation intellectuelle et à une éducation nettement orientée. Dans un XVIIIe siècle tout animé du souci pédagogique, il n'était pas difficile de développer et d'accentuer ces tendances.

Comme chez les catholiques, l'enseignement était entre les mains du clergé ; mais il était bien plus intégré au système scolaire étatique que chez les jésuites, plus cosmopolites.

La formation des ministres du culte était centrée sur les langues de la Bible et donc sur la philologie latine, grecque et hébraïque. La liturgie ayant été fortement réduite, on pouvait investir davantage d'énergie dans des études savantes. Comme chez les catholiques, la base demeurait une culture générale humaniste.

L'origine sociale de ces ecclésiastiques, encore partiellement paysanne au XVIe siècle, était de plus en plus citadine, voire bourgeoise. Le pastorat était un instrument de promotion sociale, il vous élevait au-dessus de la petite bourgeoisie des artisans. Bientôt se constituèrent de véritables dynasties de pasteurs. Les ministres du culte constituaient la couche instruite de chaque pays. Et ces théologiens étaient respectés non seulement en tant que prêtres, mais aussi en tant qu'intellectuels. Les prébendes, sagement héritées du passé catholique, assuraient plus ou moins des revenus suffisants, et suffisamment de loisirs pour travailler intellectuellement.

Les Églises protestantes ayant très délibérément aboli le célibat des prêtres – tandis que la Contre-Réforme l'imposait avec une rigueur accrue –, on avait vu naître une institution nouvelle, le *presbytère protestant*, la famille du pasteur avec sa femme et ses enfants, famille modèle de type bourgeois, qui se constitue au XVIe siècle comme une innovation, se renforce au XVIIe et s'épanouit pleinement au XVIIIe siècle. La femme, en particulier, se taille là un rôle nouveau, puisque, au sein de la paroisse, elle doit être un parangon de toutes les vertus. Souvent déjà née dans un presbytère, la femme du pasteur pouvait être pour son époux une partenaire égale. Pour quelques centaines d'habitants, il y avait toujours une famille de pasteur avec ses nombreux enfants. L'un d'eux au moins suivait généralement la même voie que son père, et il n'était pas rare que les filles épousent un pasteur. Cela assurait la transmission d'un patrimoine intellectuel de génération en génération. Ces dynasties de pasteurs sont typiques et se retrouvent dans tous les pays protestants. Le style de vie variait d'un pays à l'autre. En Angleterre, le prêtre anglican était souvent allié à la *gentry*. En France, jusqu'en 1695, les pasteurs étaient proches de la grande bourgeoisie. En Suisse, le style était plutôt citadin, marqué par la tradition bourgeoise des municipes, et parfois proche du patriciat. Il en allait de même en Allemagne et en Scandinavie, la tendance luthérienne rapprochant encore davantage le pasteur du haut fonctionnaire et le faisant se frotter à la noblesse, même si seuls le prédicateur de la cour ou le surintendant pouvaient espérer y entrer par mariage.

Il ne faut pas oublier qu'il y avait aussi des paroisses misérables dans des coins perdus, et que la période de vicariat était souvent longue et dure, dans des postes humbles et souvent astreignants de précepteur chez des nobles ou d'instituteur élémentaire. La servilité envers les puissants pouvait alterner avec la liberté fondée sur l'Évangile.

Que ce soit dans quelque comté anglais entre Cornouailles et Yorkshire ou dans la Dalarna suédoise, dans la marche de Brandebourg ou le duché de Wurtemberg, le Jura vaudois ou l'Engadine, qu'on y parle anglais, suédois, l'allemand du Nord ou le dialecte souabe, le français ou le romanche, partout se retrouve alors le même type de presbytère, idéalisé dans la *Louise* de Voss ou gentiment traité avec humour dans *Le Vicaire de Wakefield* de Goldsmith.

La bourgeoisie urbaine

La bourgeoisie en république et sous la monarchie

Par «*tiers état*» ou «*tiers ordre*» on entendait en somme tout ce qui n'était ni du clergé ni de la noblesse, c'est-à-dire l'écrasante majorité de la société. Mais il y avait longtemps que ce tiers état était différencié, la première différence qui sautait aux yeux étant celle entre le bourgeois dont l'activité se situait en ville et le paysan travaillant la terre.

Dans son étude sur la ville au XVIIIe siècle, Jerzy Wojtowicz écrit : «Les villes européennes de l'époque des Lumières entraient, après le temps des guerres, des épidémies et des famines (qui se produisent encore jusqu'au milieu du siècle), dans une phase de développement rapide. La naissance de nouvelles branches de l'industrie, l'afflux d'importantes masses de population quittant les villages, le développement de la vie politique, du commerce – tout cela favorisait le développement des villes. La croissance la plus rapide est celle des villes anglaises, à commencer par la gigantesque Londres avec ses huit à neuf cent mille habitants. La France, à la veille de la Révolution, comptait 1 175 villes, dont soixante avaient plus de dix mille habitants, tandis que Paris en avait six cent mille. Dans la péninsule Ibérique, les plus grandes villes étaient Madrid (160 000 habitants) et Lisbonne. Parmi les plus grandes villes d'Europe, on trouvait encore

Varsovie (au moment de la Grande Diète), Berlin, Vienne, Amsterdam. »

Dès les XIIe et XIIIe siècles, la bourgeoisie urbaine était devenue un facteur économique et politique avec lequel devaient compter la noblesse et le clergé. De la fin du Moyen Age datait aussi sa représentation permanente dans les parlements qui existaient encore dans les monarchies : ainsi le « banc des villes » à la Diète de l'Empire allemand, ou la représentation des *boroughs* à la Chambre des communes.

Il y avait peu de régions en Europe où les villes fussent parvenues à se constituer en républiques autonomes. D'un système d'alliances entre communes urbaines et rurales était issue au XVe siècle la Confédération suisse, comme à la fin du XVIe siècle les Provinces-Unies des Pays-Bas. Du mouvement d'affranchissement des cités italiennes, il restait comme villes-États Venise, Gênes, Lucques et Saint-Marin, et la vieille ville libre de Raguse cessa en 1718 de payer tribut aux Turcs.

Toutes les autres villes d'Europe étaient sujettes d'une monarchie. Les moins dépendantes étaient les « villes d'empire » allemandes. En 1803, on en compte encore une cinquantaine. Les plus importantes restaient Francfort, Nuremberg, Augsbourg et surtout les trois grandes villes de la Hanse, Brême, Hambourg et Lubeck. Ensuite, c'étaient des cités de moindre envergure, depuis celles qui au moins possédaient encore un vrai territoire – comme Schwäbisch Hall – jusqu'à celles qui étaient quasiment redevenues des villages, comme Buchau-am-Federsee. En position moyenne et encore assez forte, on trouvait une ville comme Lindau, sur le lac de Constance, que nous aimerions prendre comme exemple, en suivant la description qu'en donne en 1764 un homme d'État autrichien, le comte Karl von Zinzendorf :

« Le meilleur port du lac, c'est celui de la ville libre d'empire de Lindau. Elle est établie sur deux îles du lac de Constance.

« Les habitants sont pour la plupart protestants, mais on n'y trouve pas moins, consacrée à Notre-Dame, une congrégation laïque indépendante qui compte une abbesse princesse du Saint-Empire et douze demoiselles nobles, qui peuvent quitter la congrégation pour se marier.

« On compte dans la ville près de cinq cents bourgeois et quelques milliers d'habitants.

« La ville occupe le quinzième rang à la Diète d'empire sur le banc des villes libres de Souabe, mais le douzième de ces mêmes villes dans le cercle de Souabe.

« La ville d'empire de Lindau a un territoire assez considérable [...] Trois villages, hameaux et châteaux, sont sous la juridiction haute et basse de la ville ; un quatrième, avec d'autres lieux, n'est que sous sa basse juridiction. »

Ce petit paradis républicain est dépeint en ces termes par Hermann Heimpel, lorsqu'il se remémore son enfance :

« Lindau était une ville petite, mais pas une petite ville, ni assoupie ni aigrie comme ses sœurs également villes d'empire. Le lac lui donnait une respiration, et sa situation frontalière au pied des cols ne la coupait pas de l'histoire. Le commerce des céréales était remplacé par les étrangers de passage. Si xénophobes que se voulussent tous les gens de Lindau, ils vivaient avec ces étrangers. On recevait beaucoup d'hôtes, et on les recevait somptueusement. On se consacrait à eux, on faisait le travail de bon matin, et l'on faisait la fête l'après-midi. Les gens étaient riches et gais, ils faisaient en famille des parties de campagne sur le Pfänder et le Gebhardsberg, buvaient bien et modérément du vin à *La Croix blanche* de Bregenz. On vivait plus qu'on ne lisait [...] »

Cette évocation vaut tout à fait pour l'époque où Lindau était encore ville d'empire et n'était pas allée à la couronne bavaroise.

Nous pouvons comparer Lindau à l'autre ville d'empire voisine, Buchhorn, plus modeste dans la même catégorie. Zinzendorf écrit : « Buchhorn, ville libre d'empire sur le lac de Constance ; habitants catholiques romains. Les bourgeois sont environ soixante. Les habitants sont considérés comme les plus simplets de toute la Souabe, et on leur prête à peu près les mêmes bêtises qu'à ceux de Schilda. La ville en elle-même est fort pauvre ; mais le commerce du sel bavarois lui procure un peu de profit. » Il n'est pas surprenant qu'après l'abolition du statut des villes d'empire en 1803, celle-ci ait été absorbée par Friedrichshafen (au roi de Wurtemberg).

Les *boroughs* anglais jouissaient d'une indépendance un peu analogue. On trouvait parmi eux la même disparité. Londres était une métropole, de taille à donner le ton aux Communes. Les vénérables cités épiscopales étaient des centres régionaux. Mais il y avait aussi des *boroughs* retombés à l'état de villages ou qui n'existaient plus du tout : à leur ancien territoire – par exemple un pâturage, ou une saline abandonnée – était simplement encore attaché le droit de nommer un membre du Parlement. En 1832, le *Reform Bill* sonna le glas de ces « bourgs pourris », et les villes nouvelles en plein développement comme Birmingham se virent enfin attribuer des sièges aux Communes.

D'autres villes étaient des résidences royales, où la cour donnait le ton ; des centres administratifs avec les fonctionnaires du prince, des villes de garnison, des métropoles commerciales, des marchés régionaux, ou encore de gros bourgs assoupis où l'on se berçait d'une splendeur passée... Naturellement, une administration autonome subsistait. Mais par exemple en France, à partir de 1680, les maires des villes ne sont plus nommés par les conseillers, mais par le pouvoir central. Les décisions importantes ne dépendaient plus des bourgeois de la ville. Il ne pouvait plus s'épanouir de conscience et de fierté bourgeoises, étant donné que la continuité avec la grandeur « républicaine » passée était rompue et qu'à chaque pas l'on se heurtait à l'environnement de la noblesse.

Que la cité fût libre ou non, l'activité des bourgeois et la composition sociale étaient les mêmes. Les bourgeois s'occupaient des artisanats traditionnels qui avaient marqué la ville. Selon les cas, c'était le commerce qui prédominait, et les métiers pouvaient avoir produit une industrie marchande. Une partie des bourgeois participait à l'administration municipale, généralement à temps partiel. Le clergé constituait une part non négligeable des bourgeois : à Zurich, un sixième. En effet, les villes de quelque importance avaient plus d'une église, et les cités catholiques avaient les couvents traditionnels : franciscains, capucins, dominicains, clarisses, ursulines, et le collège de jésuites. A ce dernier correspondait dans les villes protestantes ce qu'on appelait « l'école latine ». Certaines villes étaient le siège d'une université ou d'un établissement de même niveau. Au clergé s'ajoutait alors un corps enseignant de théologiens, de juristes, et de quelques médecins. Avocats et pharmaciens complétaient le tableau « savant ». La bourgeoisie avait une certaine instruction. On lisait beaucoup, de préférence des ouvrages expliquant la nature à partir de la religion, des livres de morale, ou encore traitant des « curiosités » du monde entier. La conscience politique provoquait aussi un surcroît d'intérêt pour l'histoire.

La ville possédait généralement un territoire extérieur, plus ou moins étendu, qu'elle administrait. C'était Venise qui possédait, de beaucoup, le plus vaste : la *Terra ferma* qui allait du lac de Côme jusqu'au Frioul, la bande côtière de l'Adriatique et les îles Ioniennes. Gênes avait la côte ligure ; Lucques possédait un arrière-pays de dimensions moyennes. Hall, Nuremberg, Rothenburg, Ulm et Rottweil avaient la superficie d'un canton suisse moyen. Au nord des Alpes, Berne était la plus grande de ces cités : elle allait des portes de Genève jusqu'au centre de la Suisse. Au-dessus de l'ours, elle arborait dans ses armoiries la couronne princière, et son maire siégeait sur un trône. Le territoire de Berne équivalait à celui du duché de Wurtemberg.

De la démocratie corporative des XIVe et XVe siècles, il ne persistait généralement qu'un pâle reflet. Les chefs des corporations siégeaient encore au gouvernement, mais le véritable pouvoir était aux mains d'une oligarchie, soit de patriciens qui étaient propriétaires fonciers, menaient volontiers la vie des nobles et possédaient souvent de petites seigneuries, soit de négociants occupant des positions clés dans l'économie. L'histoire urbaine est pleine de mouvements internes, de réactions des corporations d'artisans contre les négociants, et des négociants contre les édiles patriciens. C'est dans la république de Genève que ces luttes furent les plus dures tout au long du siècle : les chefs d'entreprise de cette cité industrialisée se rebellèrent contre les anciennes familles détenant le pouvoir, et déjà les ouvriers intervinrent dans cette lutte. Le débat idéologique autour de Rousseau, le « citoyen de Genève », donna à ce conflit local un large écho. En 1782, une intervention armée conjointe des monarchies et aristocraties (France, Savoie, Berne) restaura le patriciat dans ses droits. Genève, comme la Hollande, fut un prélude à la Révolution : une victoire de la Contre-Révolution.

Au demeurant, les « bourgeois » n'étaient qu'une petite partie des habitants de la ville. On avait commencé dès le XVIe siècle à « fermer » le droit de bourgeoisie, et les admissions nouvelles étaient peu nombreuses. Au XVIIIe siècle, Augsbourg, sur trente mille habitants, semble avoir compté encore six mille bourgeois. La bourgeoisie était donc fermée vers le bas, et avait pris des traits aristocratiques ou oligarchiques. L'*égalité* républicaine ne valait que pour ceux qui étaient bourgeois de la ville (qu'ils fussent riches ou pauvres, d'ailleurs). La réplique à la couronne du souverain demeure comme par le passé le « chapeau de liberté », ce couvre-chef symbolique que le citoyen d'une république a le droit de garder sur la tête devant le roi : mais il a pris de l'âge, comme la couronne elle-même...

Les commerçants

Le marchand a toujours été, dans la ville, l'élément de progrès. Le XVIIIe siècle donna au commerce de nouvelles possibilités, et à l'industrie une vaste extension. Les hommes étaient devenus plus exigeants dans leurs besoins. Wojtowicz, déjà cité, écrit : « D'importants changements intervinrent dans le domaine du commerce et de l'industrie. Après la guerre de Sept Ans, l'Angleterre se retrouva au premier rang comme puissance maritime et coloniale, ses navires atteignant presque tous les points du globe ; la France conservait une grande importance dans le commerce européen, puis venait la Hollande. Outre le commerce maritime et colonial, on voyait se développer le commerce intérieur, les foires internationales jouaient un grand rôle, parmi elles la célèbre foire de Leipzig. Le développement du système capitaliste allait bon train, particulièrement en Angleterre. Mais dans d'autres pays d'Europe se dessinaient aussi des régions hautement industrialisées, par exemple autour de Verviers en Belgique, dans quelques cantons suisses, en Silésie avec l'industrie textile. En Allemagne, où le protectionnisme appliqué après la guerre de Sept Ans donna d'importants résultats, l'industrie était fortement développée, surtout en Saxe et en Prusse, où l'État favorisait certaines branches. »

Le commerçant européen pénétrait de plus en plus activement dans les régions d'outre-mer, tandis qu'en Europe les canaux datant du XVIIe siècle et l'amélioration du réseau routier créaient de meilleures conditions de transport. Le système du travail à domicile – le marchand fabricant fait filer et tisser pour son compte les gens des campagnes – tend à déboucher sur la création de grands ateliers. C'est surtout le cas pour le textile, mais aussi pour la fabrication horlogère déjà ancienne et pour des productions mécaniques plus récentes. La machine à vapeur avait été inventée et, vers la fin du XVIIIe siècle, on savait l'utiliser pour la fabrication industrielle.

Nous pouvons là encore prendre l'exemple de Lindau, ville d'empire pratiquant un commerce d'importance moyenne. Heimpel écrit en résumé : « Cette ville étendait depuis longtemps, et bien avant qu'un nouvel Empire allemand soit créé, son commerce jusqu'à la Méditerranée. On pouvait à Lindau entendre parler de Livourne et de Trieste, de Corfou et d'Athènes, sans avoir à se plonger dans de vieilles chartes. Ce monde et notre cité étaient étroitement liés. Elle avait l'éclat d'un petit Zurich, cette ville au bord de son lac de Constance, joyeuse et colorée, l'éclat d'une modeste Gênes sur la mer intérieure souabe. »

Lindau est l'exemple d'une ville surtout commerçante, mais qui, dans la toile, allie la production au commerce. Dans beaucoup de villes, artisanat et commerce évoluent vers l'entreprise moderne : achat de la matière première, travaillée ensuite à domicile dans les campagnes, puis finition en ville, et vente à l'étranger.

Le centre de cette activité demeure la maison qu'habite en ville le négociant, et dont le toit abrite aussi l'entrepôt et le comptoir de vente. Le négociant – souvent aidé par sa femme – dirige et surveille lui-même tout le processus, avec peu de personnel. A quoi s'ajoutait – surtout dans les républiques – sa participation à la vie politique de la ville. Le sens des responsabilités républicaines et l'intérêt commercial se mêlaient intimement, si bien qu'il allait de soi que l'on consacrât à la cité une part plus ou moins grande de son temps.

Un Friedrich Carl von Moser brosse de ces commerçants un tableau à vrai dire assez sombre. De retour de Hollande, il écrit : « L'air poisseux de la mer n'est pas plus étouffant que ce perpétuel bavardage, quotidien, universel et répugnant, où il n'est question que d'avoir et de donner, de gagner et de perdre, d'épargner et d'amasser, et non seulement chez les gens de boutique, mais chez ceux où l'on cherche et penserait trouver plutôt satisfaction, élévation du cœur, goût et hauteur de vues [...] L'esprit public est là-bas mercantile. De ces messieurs du gouvernement, je n'oserai pas dire comme une certaine dame : "Ce n'est plus la République, c'est un Corps de Marchands, soumis au Prince d'Orange...", mais il se pourrait que ce portrait soit ressemblant dans trente ou quarante ans. Les vieux républicains sont en voie de disparition, et avec eux leur amour de la liberté, leurs vieux principes de bon aloi ; le pouvoir du prince, qui pourvoit les offices importants et distribue les charges lucratives, fait que dès à présent la plupart des familles plient l'échine et rampent, et leurs descendants apprendront à le faire encore mieux. »

Aux yeux de ce noble de robe allemand, ces républicains négociants n'étaient plus ce qu'ils avaient été : il ne reconnaissait plus ceux qui, dès les débuts de l'indépendance des Pays-Bas, s'étaient obstinément battus non seulement contre l'Espagne catholique, mais contre les *stathouders* d'Orange et l'aristocratie qui les servait. Il n'empêche que ces vieux républicains se soulevèrent encore une fois en modernes patriotes contre le prince d'Orange en 1785. Mais, au bout de deux ans, ils durent céder à une intervention prussienne et contre-révolutionnaire, tout comme les Genevois en 1782.

En dépit des revers ainsi essuyés par deux cités aristocratiques, il est de fait que partout les négociants devenaient de plus en plus riches. Cet enrichissement faisait craquer les cadres petits-bourgeois des villes. La vieille maison de commerce des ruelles étroites ne suffisait souvent plus. Elle exigeait pour le moins des travaux d'extension et d'embellissement pour le prestige, ou bien alors était démolie pour faire place à un palais du négoce. On aspirait à une résidence de campagne comme les nobles, où l'on pût se mouvoir avec davantage de liberté et de distinction. Dans un régime républicain, l'on pouvait tirer peu à peu le pouvoir à soi et contourner les corporations. On était considéré et respecté. Mais, aux yeux de la noblesse, on restait le « parvenu ». Les négociants n'avaient pas de temps à passer comme à la cour ou chez les nobles, pour la chasse, le jeu et les femmes. Ils travaillaient dur, et leur style de vie était volontiers puritain.

Les monarchies avaient naguère encore ménagé aux hauts fonctionnaires une place dans la noblesse, mais presque aucune aux négociants, car ces « boutiquiers » étaient encore plus méprisés que les juristes. La lutte contre le vieux patriciat et la noblesse ancienne avait échoué à Genève et aux Pays-Bas, mais, à partir de la Révolution française, la couche des négociants et des industriels, sous les espèces de la grande bourgeoisie, allait mener sa campagne triomphale dans le monde entier, avec ou sans la royauté !

Les artisans

C'étaient les commerçants et les artisans qui avaient fait de la ville ce qu'elle était désormais. Cependant, nous avons vu que l'époque n'était plus où les corporations donnaient le ton et représentaient l'élément de progrès. En particulier dans les républiques, leurs organisations étaient certes encore intactes, mais souvent elles n'étaient plus que des lieux de convivialité pour leurs membres, et des centres pour la défense frileuse d'antiques privilèges. On s'efforçait de maintenir le rang de la ville par rapport à la campagne et d'empêcher que ne se développe dans les villages un artisanat indépendant, et par ailleurs on assistait avec beaucoup de jalousie à l'ascension des chefs d'entreprise, qui menaçaient de transformer les ateliers en fabriques. Dans le gouvernement des cités, les corporations étaient définitivement infiltrées par le négoce.

En règle générale, l'artisanat regardait vers le passé et

répugnait aux innovations. Des réformes étaient plus faciles à imposer dans les monarchies que dans les républiques, où l'artisanat disposait justement de moyens politiques pour les freiner.

Il restait soumis aux règles corporatives qui s'étaient instaurées vers la fin du Moyen Age. L'artisan habitait dans ses murs, qui contenaient aussi son atelier. Le maître artisan avait à sa disposition un petit nombre de compagnons. Comme la loi limitait le recours à des ouvriers non qualifiés, l'extension de l'entreprise était impossible. Elle ne pouvait changer de taille que si l'on donnait le travail à l'extérieur, dans la campagne, comme le faisaient les gros négociants. Il fallut attendre l'abolition des corporations au XIXe siècle pour que, par exemple, une forge pût se transformer en usine métallurgique.

L'aristocrate zurichois Ludwig Meyer von Knonau, dans ses souvenirs, dépeint de manière évocatrice et pertinente la situation de cette classe dans la ville de Zurich : « C'est à bon droit que les prétentions excessives de personnes de la "classe des seigneurs" provoquaient des rebuffades de la part des membres indépendants – jeunes et vieux – de la "classe bourgeoise". L'expression "je suis sire et bourgeois" était une formule redoutable, qu'on entendait utiliser en cas de frottements avec de prétendus supérieurs, qu'ils fussent des compatriotes ou des étrangers. Le plus petit bourgeois de Zurich, en tant qu'il avait voix au gouvernement, était profondément convaincu de valoir plus que n'importe quel campagnard, ou qu'un bourgeois de Winterthur et de Stein, un peu comme le plus petit noble polonais regardait de haut un négociant ou un respectable bourgeois de Varsovie et de Cracovie. Le boulanger chez qui mes parents achetaient le pain, Irminger, était un homme de talent, versé dans les affaires ; à l'époque où j'entrai en politique, c'était un maître de corporation (membre du conseil) fort considéré, et on lui parlait avec déférence. Il en allait de même avec plusieurs autres, et un grand nombre d'artisans, en tant que membres du Grand Conseil, avaient droit à cette déférence. Le choix très aristocratique des membres du Grand Conseil (qui étaient élus par les membres du conseil et les grands conseillers de chaque corporation) aurait pu donner un véritable patriciat, si les maîtres de corporation, les deux premiers présidents, n'avaient été élus par la corporation tout entière et n'avaient donc été dépendants des bourgeois. C'étaient les bouchers qui défendaient le plus le système corporatif, et, jusqu'en 1798, ils fournissaient l'un des deux maîtres de corporation et six des douze membres. Ils étaient suivis par la corporation des boulangers et meuniers, tandis que les bottiers ou les tailleurs n'avaient plus qu'un artisan qui siégeât au Grand Conseil. C'est dans certains cercles et auprès des dames qu'on percevait le mieux l'existence d'une sorte de patriciat. D'invisibles puissances décidaient là si l'on pouvait être reçu ou non. Nul n'entrait dans cette société s'il n'en faisait partie, sans parler de prendre femme dans cette classe. Ce fut un important progrès pour la famille X que de recevoir, à la fin des années quatre-vingt, le programme des concerts et, vingt ans plus tard, elle était au premier rang. Les femmes tinrent longtemps à leurs prérogatives. C'est dans le contexte militaire que la classe des bourgeois maintint le plus ses droits. Dans le régiment où je servis, il y avait comme capitaines trois tanneurs, un relieur et un tonnelier, et dans la compagnie où je fus d'abord affecté, mon capitaine était un agriculteur, premier auxiliaire du bailli, et avec cela un homme avisé qui comprenait très bien le service. »

A cet exemple zurichois, ajoutons celui de la ville allemande de Lindau, ville d'empire qui florissait essentiellement par le commerce de transit. Zinzendorf parle brièvement des artisans de Lindau : « La ville compte beaucoup de pelletiers et tanneurs, de doreurs et argenteurs, d'horlogers et mécaniciens ; environ huit tisserands, quelques chapeliers, maroquiniers, teinturiers, etc. On fabrique à Lindau des carreaux de faïence verts pour les poêles. Il y a un soyeux dont les quatre métiers travaillent pour Augsbourg. Une fonderie de cloches d'où viennent de sortir cinquante canons pour Zurich. Une poudrière et un moulin à papier, lequel arrive à peine à répondre à la commande. »

Voilà une statistique du petit monde industrieux des artisans. Voici maintenant ce qu'écrit Hermann Heimpel de leur mentalité, en rapportant une conversation avec son oncle Ernst : « Quand nous irons demain au musée, je te montrerai les peignes que faisaient tes ancêtres. Ils étaient artisans peigniers, et leurs peignes allaient jusqu'au fond de l'Italie, quand les dames avaient ces coiffures tout en hauteur de l'époque rococo. Leur atelier donnait sur le lac, à l'endroit où est aujourd'hui le Bayerischer Hof. Le dernier peignier a été le frère de Cadixer, Johann Jakob, le parrain de ton grand-père. Mais son père aussi était peignier, et leurs ancêtres devaient l'être aussi. Pourquoi ? Parce qu'en ce temps-là les corporations étaient héréditaires. Sache que nos aïeux étaient des gens simples, des artisans, des peigniers et des pêcheurs comme les Oberreit et des boulangers comme les Häberlin ; ta grand-mère a été la première fille de patriciens, et ton grand-père n'a pu l'épouser que parce qu'il était devenu un bon médecin. Il avait été le premier, dans la famille, à faire des études ; nous sommes encore tout frais, pas de la vieille élite intellectuelle des pasteurs et des maîtres d'école. Eh bien, allons-y ! »

Heimpel conclut sur la fonction de réservoir qu'avait la catégorie des artisans pour d'autres professions. Tandis qu'une partie d'entre eux persistait, avec une fierté obstinée, à préserver la tradition de l'entreprise familiale avec quelques compagnons, des individus travailleurs et ambitieux pouvaient s'élever au-dessus de cette condition et, surtout dans les cités protestantes, accéder au clergé.

Quoiqu'elles demandassent des études, les professions d'avocat et de médecin, au XVIIIe siècle, n'étaient pas encore très considérées. Elles se situaient dans la classe moyenne des bourgeois, au même niveau que les ancêtres artisans ; là aussi, le XIXe siècle allait révéler des possibilités insoupçonnées. Aussi bien deviendra-t-il, bien au-delà de l'appareil judiciaire, un siècle d'avocats.

L'artisanat verra ses privilèges balayés par les révolutions du XIXe siècle, mais il ne s'en perpétuera pas moins vigoureusement jusqu'en plein XXe siècle.

La paysannerie

Depuis le développement des villes, le tiers état se composait, d'une part, des bourgeois de ces villes, et d'autre part, des paysans. A ces derniers revenait la mission ancestrale de produire la nourriture, à la fois pour eux-mêmes et pour les deux autres « états » qui avaient vocation de veiller sur eux, la noblesse et le clergé, ainsi que les bourgeois des villes. Dans cette couche sociale travaillant la terre, nous trouvons au fil du temps de fort nombreuses différences, qui proviennent pour une part du mode de culture : un paysan n'est pas soumis aux mêmes lois économiques selon qu'il est en montagne ou dans le plat pays ; un paysan toscan n'est guère comparable à son homologue tyrolien, même s'ils relèvent tous deux de la suzeraineté autrichienne ; le planteur de Virginie et le fermier du Massachusetts sont bien différents, quoiqu'ils contribuent tous les deux activement à secouer le joug anglais.

Déjà, la simple définition du « paysan » est délicate ; la recherche, aujourd'hui, tente de le définir par rapport aux autres ruraux par le fait que, sous une forme ou sous une autre, directe ou indirecte, il peut considérer que le sol est à lui, et qu'il se conçoit au plan local comme relativement indépendant.

A vrai dire, les paysans ne jouissent plus de la liberté politique que dans quelques régions alpines ou préalpines, à savoir dans cinq cantons de la Confédération helvétique et dans les républiques (à elle alliées) des Grisons et du Valais. Dans ces pays, le père de famille propriétaire terrien vit encore en démocratie. Il a le droit, à l'intérieur de sa communauté villageoise, d'actionner les pouvoirs publics, d'y entrer lui-même par élection, et de participer librement à la gestion des affaires de sa commune et du pays. La plus haute expression politique de cette liberté est l'assemblée réunissant tous ceux qui jouissent de ce droit. Au début du XVIIIe siècle encore, le vingt et unième article des vingt-six « points » du canton de Schwyz stipule : « Que l'Assemblée doit être le suprême pouvoir et prince, et peut mettre et démettre sans condition. Et qui serait d'avis que l'Assemblée n'est pas le suprême pouvoir et prince et peut mettre et démettre sans condition, celui-là doit être mis hors la loi et sa tête mise à prix cent ducats ; l'autorité, le tribunal des maléfices et les autres instances, en revanche, doivent conserver le droit commun comme chaque citoyen doit conserver ce qui lui appartient. »

Cela signifie qu'au pays de Schwyz (subdivisé en quatorze villages ou vallées) le seul maître après Dieu est le peuple souverain réuni en assemblée. Tout citoyen, pourvu qu'il en ait le statut, participe ainsi de cette souveraineté et « se gouverne lui-même ». L'article 21 est en réalité une déclaration contre le pouvoir grandissant des conseillers, ou encore le pouvoir aristocratique que s'est arrogé depuis longtemps un patriciat de propriétaires fonciers, d'édiles et de militaires. Le petit éleveur de montagne, tout fier qu'il était d'être chez lui sur sa terre, n'en était pas moins fort dépendant des « gros bonnets » qu'à vrai dire il ne se faisait pas faute, au cours d'assemblées tumultueuses, de démettre périodiquement et, si nécessaire, d'emprisonner – ce qui au moins flattait son sens de la liberté.

Ces droits démocratiques à la manière suisse, personne d'autre au monde ne les avait. Tout au plus encore des paysans des provinces rurales des Pays-Bas. Les paysans des villages d'empire isolés étaient soumis à l'empereur. Tous les autres paysans, d'une manière ou d'une autre, étaient directement soumis à un seigneur. Le principe valait depuis le Moyen Age : « nulle terre sans seigneur ». Toute terre appartenait à la noblesse, ou à l'Église, ou plus tard à des bourgeois, et surtout à l'État ou au roi. Le détenteur d'un tel droit percevait une taxe foncière sous forme de redevance en nature. Les situations étaient d'une extrême variété.

Les situations les plus analogues à celle des libres paysans des Alpes suisses se trouvaient dans le comté autrichien du Tyrol, dans le Holstein (Dithmarsch), en Westphalie, dans le Wurtemberg, aux Pays-Bas, en Suède, en Norvège et en Islande. Auxquels il faudrait ajouter les *yeomen freeholders* anglais, ainsi que les sujets des villes suisses. Mais même ces paysans plus ou moins indépendants sont une infime minorité en Europe. Il faut cependant bien préciser qu'en général, dans l'ouest de l'Europe (France, Angleterre, Allemagne), le paysan n'est nullement un serf comme il l'était devenu particulièrement en Europe de l'Est, au-delà de l'Elbe, où le propriétaire du domaine possédait le paysan presque au même titre que ses chevaux et ses vaches. Lié à la glèbe, le paysan ne pouvait s'installer ailleurs sans autorisation, et les mariages étaient soumis à l'acceptation du maître. Mais, là aussi, les situations sont très variables selon les régions.

Pour ce qui est de la structure économique, on distingue, en Europe moyenne et du Nord, les gros paysans sur de grandes exploitations d'où ils tirent un véritable revenu, puis les paysans moyens qui tirent du sol tout juste de quoi vivre, enfin les petits paysans contraints d'avoir une seconde activité, mais qui n'en sont pas moins sur « leur » sol. Tous font partie de la communauté villageoise, qui n'englobe à son tour généralement pas tous les habitants. Les paysans les plus riches et ceux des plus anciennes familles constituent là un vrai patriciat villageois.

Du reste, de très nombreux paysans étaient fermiers. Certains d'entre eux n'en étaient pas moins des personnages importants, comme ce grand-père maternel dont parle dans ses souvenirs le célèbre Allemand d'Amérique Carl Schurz. Cet aïeul, Heribert Jüssen, était fermier du château de Gracht, près de Liblar, aux environs de Cologne :

« Mon grand-père, au moment où j'ai de lui mes premiers souvenirs, avait atteint à peu près soixante ans. C'était un homme aux proportions impressionnantes, qui mesurait plus de six pieds et avait un torse et des épaules énormes. Son instruction n'avait pas été des plus soignées. Il savait lire et écrire, mais n'en faisait pas ses occupations préférées. Il ne se souciait guère des livres ; en revanche, il jouissait d'une grande autorité auprès de la population. Du village et des environs, les gens venaient lui demander conseil ou lui soumettre leurs différends.

« Mais c'était aussi un bon cultivateur, compétent, énergique et infatigable. Il était dans les champs dès l'aube avec les valets, il ne faisait pas que commander et donner des instructions, il donnait au besoin l'exemple dans les travaux les plus durs. Je le vois encore rentrer en personne, comme c'était l'usage, le premier char de la récolte dans la grange, le fouet à la main, monté sur l'un des trois ou quatre chevaux attelés à la file devant le char. Souvent aussi j'ai entendu dire que ses conseils en matière d'agriculture étaient fréquemment requis et tenus en grande estime. Naturellement, c'était un roi dans sa maison, mais un roi auquel non seulement on obéissait, mais auquel on portait de l'affection, et dont les défauts étaient considérés comme une sorte de nécessité naturelle à laquelle on ne pouvait rien.

« A ses côtés, ma grand-mère formait un curieux contraste. C'était une petite femme souffreteuse avec un visage émacié qui avait été joli ; de santé fragile, c'était une femme d'intérieur pieuse et douce, toujours active et soucieuse. La maisonnée était de taille suffisante pour ne point lui laisser de répit. Elle était debout au point du jour en été, et à la chandelle en hiver, pour s'assurer que les nombreux domestiques, hommes et femmes, prenaient leur travail et avaient de quoi déjeuner. Il y avait bien là près de deux douzaines de valets et de servantes, sans compter les journaliers qu'on embauchait à l'occasion. »

Le monde paysan était un monde stable dans la longue durée, dominée par les conditions naturelles et leurs caprices. Mais ce monde apparemment immuable est ébranlé au XVIIIe siècle, parce que désormais l'on songe à intervenir dans le cours traditionnel des choses. La nécessité est apparue de tirer davantage du sol. Le cycle voulu par Dieu des bonnes et des mauvaises récoltes (les sept années maigres ou grasses de l'Ancien Testament) était censé faire place à une organisation plus rationnelle.

Ce siècle était pourtant pour les paysans un siècle de calme retrouvé. On en avait fini des grandes guerres intérieures : la guerre contre les huguenots en France, la catastrophique guerre de Trente Ans en Allemagne, la guerre civile anglaise. Les épidémies tendaient à disparaître et les grandes famines se faisaient rares. On se remettait de tout cela. De belles fermes en témoignent aujourd'hui encore dans certaines régions.

Néanmoins, quand la guerre passait à nouveau par une région, on en éprouvait encore une fois toutes les horreurs, car les villages n'étaient protégés par aucune fortification. A la fin du siècle encore, un soldat écrit à propos de la campagne de France : « Enfin l'ordre fut donné de faire du fourrage pour les chevaux et d'aller chercher dans les villages voisins du bois et de la paille. La plupart des moissons étaient encore sur pied, car les longues pluies de cette année en avaient retardé la récolte. Le fourrage se fit bel et bien comme à la guerre : on coupa, arracha, piétina toutes les céréales alentour et, d'une région d'où huit à dix villages auraient dû tirer leur nourriture pour toute une année, en moins d'une heure on fit un désert. »

Dans les villages, ce fut encore bien plus épouvantable. Les soldats devaient rapporter de la paille et du bois. « Mais avant de les prendre, la plupart commencèrent par fouiller les maisons, et tout ce qui avait quelque valeur était saisi : linge, vêtements, denrées alimentaires et autres, soit à l'usage du soldat, soit pour le vendre aux cantiniers. Ce qui n'était pas propre à cet usage était cassé ou gâté. »

Et quand il n'y avait pas la guerre, il restait les importants dégâts causés par la chasse des seigneurs. Le baron von Hohberg constate à ce propos, sur le mode du blâme : « On abuse aujourd'hui gravement du droit de chasse, à telle enseigne qu'à force d'excessivement protéger et multiplier le gibier, les champs des malheureux sujets, leurs fonds et leurs prés, sont gâtés et réduits au point que par incroyables tracas, vives pertes, vaines veilles et sensibles dévastations, ils sont jour et nuit tourmentés, et précipités dans la ruine et la pauvreté. Tant est qu'il serait souhaitable que les pouvoirs chrétiens modèrent quelque peu cet exercice certes loisible et noble, mais par trop nocif dans son excès, afin de ne point donner l'apparence qu'une pièce de gibier leur est plus chère que leur industrieux sujet et frère chrétien. »

Pour le paysan, la noblesse était censée représenter une protection militaire, ce qu'elle n'était souvent plus. Le même Hohberg écrit encore : « Heureux les domaines et seigneuries pourvus de sujets nombreux [...] mais aussi bons, loyaux et fortunés, surtout s'ils ont bonne demeure.

Mais il faut aussi qu'ils soient traités chrétiennement et équitablement, protégés dans leurs privilèges, assistés dans les périls, que droit et justice leur soient rendus à leur demande et que rien ne leur soit imposé contre l'ancienne coutume. Voilà ce que doit un seigneur devant Dieu et le monde. »

Cela était écrit à la fin du XVIIe siècle. Au XVIIIe, cela signifie que c'est l'État qui, par intérêt bien compris, doit se soucier de promouvoir et développer l'agriculture, et que le clergé rural et les fonctionnaires ont en charge la situation économique et spirituelle des paysans, en intervenant dans les structures caduques par des conseils ou des ordres inspirés de méthodes nouvelles. Le XIXe siècle devait poursuivre en ce sens et, libérés des tutelles, les paysans ont pu çà et là prendre leur destin en main.

Le peuple

Basse classe et marginaux

Dans la hiérarchie traditionnelle, on trouvait « au-dessous » du paysan et « au-dessous » du bourgeois une foule bigarrée de groupes sociaux qui avaient ceci de commun d'être soit au service des classes moyennes ou supérieures, soit en marge, voire à l'extérieur, de la « société ». C'était le « peuple » au sens social du terme, et non encore au sens national que magnifiera le romantisme allemand. Si l'on se rappelle que les bourgeois étaient bien moins de la moitié des habitants des villes, et qu'en général un tiers seulement des villageois étaient comptés comme véritables paysans, le « peuple » qui reste était l'immense majorité de l'humanité – sous réserve naturellement, là aussi, des différences régionales. La plupart ne possèdent rien (en particulier pas de sol) et ne savent ni lire ni écrire.

De fait, chaque classe supérieure dispose d'une couche inférieure qui la sert. La bourgeoisie des villes avait ses servantes et ses valets, souvent d'origine rurale. Les maîtres artisans travaillaient avec les compagnons – qui avaient éventuellement la possibilité de passer plus tard maître à leur tour. Les chefs d'entreprise avaient leurs ouvriers et les ouvriers à domicile. A la campagne, le paysan aisé avait non seulement ses servantes et ses valets, mais c'est tout le petit peuple rural qui était à son service. C'étaient les journaliers, sous divers noms selon les régions. Ils étaient chichement logés, souvent plus d'une famille sous le même toit, avec un peu de terrain dans le meilleur des cas, mais situé en zone inondable ou en bordure de forêt et peu fertile. On peut y ajouter les charbonniers et les colporteurs. C'est à ces gens-là que le paysan avait recours comme renfort lorsque arrivaient les récoltes ou qu'il fallait faire du bois. L'artisanat, dans les campagnes, n'était pas très considéré, ses représentants les plus habiles étaient en ville.

Dans une certaine mesure, la noblesse aussi avait sa classe subalterne à elle, si l'on songe à la noblesse militaire. L'officier, par principe, est noble ; le soldat se recrute dans les basses classes. Plus encore que les précédents, le XVIIIe siècle est celui des armées de métier, permanentes. Les milices étaient depuis longtemps déjà en recul et ne subsistaient que dans peu de pays, dont en particulier la Suisse – où, de surcroît, les pauvres partaient s'enrôler à l'étranger. La vie du soldat était alors « une misère ». Le service était dur, la vie de garnison monotone, les punitions humiliantes et cruelles (comme les « baguettes » : le puni, torse nu, courait sous les coups de ses camarades alignés sur deux rangs). Il existait des régiments d'élite où la situation était meilleure. Les Suisses, par exemple, avaient leurs règlements disciplinaires à eux, et étaient entre compatriotes. Extérieurement, ces armées avaient belle allure, le spectacle qu'elles offraient régalait nobles et bourgeois. Les beaux uniformes multicolores plaisaient à toutes les jeunes filles. Dans les villes de garnison et celles où était une cour princière, le métier militaire était un métier subalterne comme un autre. L'aventure ne commençait qu'en campagne. « Dans la vie de camp, le soldat est habituellement vif et gai ; il chante et fait mille choses pour passer le temps et oublier les tracas. » Les guerres du XVIIIe siècle se déroulaient de façon assez chevaleresque. « Messieurs les Anglais, tirez les premiers », auraient crié, dit-on, les officiers français à leurs camarades anglais, à la bataille de Fontenoy. Mais outre que cette première salve frappait le bel alignement de soldats momentanément sans défense, dont les uniformes français pouvaient habiller des Allemands, des Écossais ou des Suisses, nous avons d'autres témoignages sur la misère de l'état militaire, ainsi après Valmy : « Jusque-là, nous avions gardé notre linge encore assez propre, mais dès lors, rien ne pouvant plus se laver, il moisit dans nos sacs, et l'on vit apparaître de très désagréables petites bêtes, terrible fléau du soldat en campagne, et qui là devint insupportable. Même les officiers n'en furent point épargnés, et firent vraiment connaissance avec toute la misère de la guerre. Mais rien n'accabla plus nos gens que la diarrhée, une diarrhée générale, à laquelle fit suite l'épouvantable dysenterie. » Un autre témoin dépeint les troupes allemandes embarquées vers l'Amérique : « La vie de camp, à la fin de l'année, fut passablement dure ; mauvaise nourriture, et un froid à pleurer et à claquer des dents. Notre bataillon avait un aspect bigarré, comme un habit d'arlequin, car on y voyait des uniformes de tous les régiments. Nous n'avions ni drapeaux ni canons [...] »

La situation des soldats était désespérée pour une autre raison encore : c'est que, dans la plupart des troupes, ils n'avaient aucune chance d'être jamais promus officiers.

« Ainsi, quand enfin nous parvint la nouvelle de la paix, nous n'en fûmes pas heureux : car des jeunes gens entreprenants n'aiment pas qu'on mette un terme à leur trajectoire. On m'avait fait miroiter la possibilité de devenir officier et d'entrer dans une carrière. La paix verrouillait tout ; car le bon vieil ordre des choses interdisait en principe à un roturier d'aspirer à un grade plus haut que celui d'adjudant, emploi prestigieux où je ne me voyais guère passer ma vie. Chez nous, il fallait être gentilhomme ou avoir beaucoup d'argent pour devenir un homme dans l'État : deux mérites dont la validité philosophique est immédiatement évidente pour tout être raisonnable. Quelquefois, les relations et les recommandations y faisaient quelque chose ; et plus rarement encore il se pouvait que par hasard le talent fût remarqué. A la guerre, [...] où l'on cherche des hommes pour occuper des places et non des places pour occuper des petits bonshommes, les exceptions sont plus fréquentes et, au grand dam de l'esprit de caste, il n'est pas rare de voir appliquer de nouveau ce vieux droit de l'homme, primitif et fondamental, selon lequel chacun est estimé pour ce qu'il vaut. »

Cela est écrit vers la fin du siècle et manifeste une réaction non seulement du soldat, mais de la classe inférieure en général, au « bon vieil ordre des choses ». La plupart des gens supportaient leur destin subalterne avec une résignation docile.

Nous avons considéré le soldat un peu plus en détail, en tant que type particulier de la classe inférieure.

Un autre état, aujourd'hui tout autrement considéré, est alors à classer dans la couche populaire, c'est l'état de maître d'école ; non de l'universitaire qui a fait sa théologie et enseigne dans une « école latine » ou un gymnase, mais du maître d'école élémentaire à la campagne. Johann Gottfried Seume, le soldat que nous venons de citer, était issu d'une famille rurale pauvre et rêvait d'être maître d'école ; celui qu'il consulte s'écrie : « ''Tu ferais mieux de devenir tisserand ; un maître d'école de village est une pitoyable bête'' [...] Et il se mit à me brosser un tableau épouvantable des pauvres petits maîtres d'école de Thuringe et de Meissen. Mais je ne me laissai pas dissuader et lui dis qu'à mon sens chaque état avait ses calamités et sa paix. »

Jean Paul dépeint à sa manière ironique la vie de maître d'école de son grand-père : « Mon père était le fils du recteur Johann Richter, à Neustadt-sur-le-Kulm. On ne sait rien de lui, sinon qu'il était au dernier degré de la pauvreté et de la piété : [...] son école était une prison, certes pas au pain sec et à l'eau, mais au pain sec et à la bière ; car c'était là tout – avec un peu de contentement fort pieux en supplément – ce que rapportait une place de recteur, laquelle, toute réunie qu'elle fût avec l'emploi de *cantor* et d'organiste et en dépit de cette alliance léonine de trois offices, ne donnait pas plus de cent cinquante florins par an. Et le bonhomme resta là trente-cinq ans, à puiser dans cette source bayreuthienne de coutumière et magistrale misère. Il est vrai qu'il aurait pu monter en grade et devenir par exemple pasteur de campagne. Chaque fois que les gens d'école changent de vêtement, quittant par exemple le manteau scolaire pour le sacerdotal, ils améliorent leur ordinaire, comme le ver à soie qui est mieux nourri à chaque mue ; si bien qu'un tel homme peut augmenter ses revenus en multipliant ses travaux, au point d'égaler un haut fonctionnaire à la retraite ou pourvu de toutes sortes d'indemnités, et dont la portée est noire de notes quoique l'instrument fasse silence. »

Hors du commun, sinon de la communauté, on trouvait en partie le monde des artistes. Peintres et sculpteurs étaient des artisans particulièrement doués, et en un siècle où châteaux et demeures bourgeoises se meublaient avec raffinement, les commandes ne manquaient pas. Toute personne de quelque notoriété ne se faisait-elle pas portraiturer ?

Les musiciens trouvaient à se placer auprès des cours princières, au service de seigneurs laïcs ou de prélats, même si c'était souvent pour vivre fort chichement de leur double fonction de domestique et de musicien. Cependant, leurs possibilités s'accroissaient, car les milieux bourgeois commençaient de prendre goût aux concerts. A Londres, par exemple, on voyait fleurir les éditeurs de musique et les facteurs d'instruments. Les concerts y étaient publics et accessibles à tous. Le public qui se pressait dans les grandes salles de cette capitale présentait un éventail social plus large qu'ailleurs. Joseph Haydn, fort prisé et choyé à Londres dans la dernière décennie du siècle, note dans son journal, à propos de son dernier concert : « J'ai fait ce soir quatre mille florins. Une chose pareille n'est possible qu'en Angleterre. »

Les comédiens, dans les villes où résidaient les princes souverains, pouvaient acquérir célébrité et richesse. Nous avons déjà évoqué l'exemple de la Périchole. Les petits princes allemands faisaient volontiers venir à leur cour des actrices parisiennes, qui étaient choyées en tant que maîtresses et pouvaient jouer un rôle, comme la Clairon, l'une des plus grandes actrices de Paris dans les années cinquante, qui fut ensuite la « maternelle amie » du margrave Charles-Alexandre d'Ansbach et joua dans sa principauté un rôle politique tout à fait positif. Mais il y avait aussi les troupes itinérantes aux destinées pittoresques, dont on trouve une image dans le *Wilhelm Meister* de Goethe. Et cela descendait jusqu'aux jongleurs et aux saltimbanques, aux musiciens des rues et aux petits Savoyards, qui contribuaient en ce siècle à divertir toutes les classes de la société. Mais un monde ingrat ne les repoussait pas moins en marge ; les plus rigoureux des idéologues, au nom des Lumières, entendaient bannir de la scène théâtrale toutes les arlequinades, introduisant du même coup un clivage social dans l'univers esthétique.

Sans que ce fût leur choix ni leur faute, des groupes

ethniques ou religieux se trouvaient en marge de cette société. En maints pays protestants se cachaient encore les descendants des anabaptistes et les représentants de sectes plus récentes ; les protestants eux-mêmes subsistaient clandestinement dans la France catholique et dans les régions catholiques d'Autriche. Le XVIIIe siècle se fit là-dessus plus tolérant, mais ces groupes ne furent pas intégrés pour autant. La fin du siècle vit même un durcissement en la matière. Ils ne jouissaient de la liberté de mouvement qu'aux Pays-Bas, en Angleterre et dans ses colonies. A quoi s'ajoutaient tous les réfugiés religieux, huguenots, Vaudois, Salzbourgeois, frères moraves ; autant de gens qui avaient connu une existence normale jusqu'à leur expulsion et qui désormais devaient subir les conditions de l'exil.

La discrimination ethnique et religieuse frappait naturellement toujours les Juifs, même là où ils étaient encore tolérés, dans des ghettos de divers types. Mais les Lumières posèrent leur émancipation en principe et la rendirent possible.

Autre groupe ethnique à évoquer : les Tsiganes, dont l'existence nomade met une note extrêmement pittoresque dans le tableau de ce siècle.

Les larcins des Tsiganes étaient encore relativement anodins. Mais le siècle connaît aussi le bandit de grand chemin, *highwayman* anglais ou brigand des Abruzzes. L'Espagne aussi passait pour peu sûre : « De la police de ce royaume, tant dans les villes qu'à la campagne, on ne peut jusqu'ici vraiment rien dire d'extraordinaire. [...] La sécurité des habitants est partout ici notablement réduite, et les bandits de grand chemin sont encore foule. » La diligence versée et pillée est un motif de prédilection dans les romans de l'époque, et le bandit est un héros romanesque fort populaire, jusqu'à Tommaso Rinaldini, resté dans les mémoires en Allemagne grâce au roman de Vulpius comme « le plus audacieux des brigands ». Une chanson dit de lui : « Dans le fond lugubre des bois, des grottes lui servent de toit, [...] entre de sinistres murailles... », voilà le repaire de Rinaldini, d'où il fait régner l'insécurité dans l'État pontifical.

A côté des voleurs et des brigands, il y avait les mendiants. Il y en avait toujours eu. La pauvreté était en quelque sorte prévue dans la Bible. Jusque-là, le problème était résolu par la charité chrétienne. Saint Martin avait partagé son manteau avec le mendiant. Quand Dieu vous avait accordé suffisamment de ressources, on était tenu d'en donner une part aux pauvres. Cette part, c'étaient les aumônes. Cela valait pour le roi comme pour le paysan. L'Église catholique avait de surcroît créé à cette fin des ordres qui, mendiant eux-mêmes, assistaient les pauvres, en particulier en milieu urbain. La tradition franciscaine et dominicaine était perpétuée depuis le XVIe siècle par les capucins, puis par de nouveaux ordres comme les lazaristes et les sœurs de Saint-Vincent-de-Paul, chez qui s'alliaient mission et assistance.

La Réforme avait tenté de renoncer à l'idée d'aumône. On continuait en vérité à demander l'aumône aux possédants, mais il fallait mettre de l'ordre dans cette affaire. Les calvinistes en particulier distinguaient entre pauvres « dignes » et « indignes ». L'aumône ne devait plus être faite à l'aveuglette, mais avec des buts précis. Les paroisses devaient instaurer une « Bourse des pauvres » alimentée par un impôt paroissial spécifique. On entendait en outre vaincre cette pauvreté, jusque-là considérée comme naturelle, en apprenant aux pauvres à travailler. Celui qui ne travaillait pas ne devait plus manger, conformément à l'Écriture. La pauvreté n'était plus un idéal chrétien.

Le XVIIIe siècle était confronté au problème de l'extension de la pauvreté, liée à l'accroissement de la population, et il ne voulait plus accepter passivement ce problème comme un fait inévitable. Répondant à une question mise au concours par la Société économique de Berne, un pasteur de cette ville écrivait : « Là où la mendicité et son habitude se développent, là est aussi la pauvreté, parce que du même coup tout esprit d'application et de travail, tout effort de gain légal, est sapé et étouffé, tandis qu'en revanche la paresse et l'oisiveté sont implantées et nourries. Il advient habituellement du fruit de la mendicité ce qu'il advient des gains au jeu : ce qui est facilement acquis se dilapide tout aussi facilement, et de tout cela ne peut résulter que la pauvreté. »

Cela est pensé dans l'esprit de Zwingli et de Calvin. Mendier empêche d'être sérieux et travailleur. Il ne suffit plus de distinguer des aumônes et de donner acte que le « pauvre » en est « digne ».

Il ne suffit plus non plus d'expulser les pauvres vers d'autres paroisses, en leur donnant la chasse jusqu'à la frontière.

Les ouvriers

Avec le progrès de l'industrialisation, on voit se profiler, surtout dans des pays comme l'Angleterre, la France, les Pays-Bas, l'Allemagne et la Suisse, une couche sociale nouvelle, celle des travailleurs à domicile et dans les manufactures. L'artisanat ne pouvant plus – comme nous l'avons vu – suffire seul aux besoins de la société, on puisa dans les réserves démographiques constituées justement par les couches les plus pauvres, qui avaient des revenus insuffisants tant en ville qu'à la campagne et qui étaient trop heureuses de trouver n'importe quel travail leur permettant de vivre mieux. Les donneurs d'ouvrage, les négociants en textile, pouvaient ainsi assurer à bon compte la partie la plus simple de leur production. Il pouvait arriver que des propriétaires terriens obligeassent leurs gens à travailler pour une manufacture. Les fabricants horlogers faisaient confectionner à la campagne leurs pièces détachées. Mais souvent aussi, l'introduction du travail à domicile avait des motifs humanitaires ; ce fut le cas lorsque le diacon Heidegger, dans le canton suisse de Glaris, ou le pasteur alsacien Oberlin, dans la vallée de Ban-de-la-Roche, fournirent, en liaison avec des industriels des villes, une source supplémentaire de gain aux populations de régions reculées. Jusque-là, la seule possibilité d'échapper à la morne condition des journaliers, c'était d'émigrer ou bien de s'engager dans une armée.

Ces journaliers ruraux fournirent l'essentiel des ouvriers à domicile. Ils se livraient au tissage et au filage ou bien parallèlement à leurs humbles activités agricoles, ou bien comme seul travail.

Dans le livre III des *Années de voyage de Wilhelm Meister*, Goethe évoque la visite que fait son héros dans une région de travail à domicile : « En pénétrant dans divers foyers, j'eus l'occasion de satisfaire ma vieille passion et de m'informer du travail de filature. Je remarquai des enfants occupés à égrener, avec soin et diligence, les flocons de coton, et à en ôter les graines, les débris des gousses et autres impuretés : on appelle cela le triage. Je demandai si ce travail était réservé aux enfants, mais on me dit que, les soirs d'hiver, il occupe aussi leurs frères et les hommes. » Du travail des enfants, qui va de soi, on passe à celui des adultes : « De robustes fileuses attirèrent ensuite, comme bien on pense, mon attention. [...] La fileuse est assise devant le rouet, pas trop haut ; plusieurs le tenaient en croisant fermement les jambes, d'autres seulement du pied droit, en plaçant le gauche en arrière. Avec la main droite, elle fait tourner le disque, d'un geste aussi ample et haut que possible, ce qui donne de beaux mouvements et met en valeur une silhouette élancée, par la rotation du corps et le galbe des bras ; en particulier, cette dernière façon de filer produit un contraste très pittoresque, de sorte que nos plus belles dames n'auraient pas lieu de craindre de perdre en charme et en grâce si d'aventure elles échangeaient leur guitare pour un rouet.

« Au milieu de tout cela, des sentiments nouveaux et originaux montaient en moi ; les rouets ronronnants ont une certaine éloquence, les filles chantent des psaumes, aussi, mais plus rarement, d'autres chansons.

« Des chardonnerets et des serins, dans des cages suspendues, mêlent à cela leur chant, et on aurait peine à trouver un tableau plus vivant qu'en une chambre où travaillent plusieurs fileuses. »

Goethe est surtout intéressé par l'aspect technique du travail à domicile, et il considère toute la scène avec un plaisir d'ordre esthétique et tout au plus folklorique. L'aspect convivial ne lui échappe pas non plus. Cette convivialité pouvait aussi se teinter de religiosité. Ces milieux étaient ceux des sectes, car le clergé s'intéressait plus volontiers aux paysans traditionnels, qui correspondaient davantage aux modèles bibliques. Les tisserands avaient en travaillant tout loisir de méditer et de réfléchir, voire de lire et de raconter. Ils étaient d'un type plus mobile que les paysans enracinés. Mais ils étaient pauvres de par leurs origines, et dilapidaient souvent leurs gains dans un luxe modeste jusque-là réservé aux enfants des paysans riches. On les considérait en général comme peu sérieux, car ils échappaient aux règles rigides des mœurs paysannes. Ce que l'homme de la cour de Weimar ne dépeint pas, c'est la misère qui pouvait périodiquement s'abattre sur ces travailleurs à domicile exposés aux crises, lorsqu'un marché mondial s'effondrait et qu'ils étaient renvoyés à l'existence oppressante de la plus basse classe rurale, à la misère, voire à la mendicité.

Goethe fait évoquer par un vieux tisserand un autre danger encore : « Car il était indéniable que le machinisme se répandait de plus en plus dans le pays et qu'il représentait une menace croissante d'inactivité pour ces mains industrieuses. » La fabrique, la « manufacture », gagnait de plus en plus de terrain à la fin du siècle, et du coup la concentration des ouvriers dans des bâtiments d'usine, avec ce que cela impliquait de conditions plus dures et de discipline sociale. Cela donnerait bientôt, en Angleterre, des fabriques dévastées par la révolte impuissante et désespérée des travailleurs à domicile contre cette nouvelle forme plus efficace de travail industriel.

Rudolf Vierhaus conclut à propos de ces ouvriers : « Les gouvernements, au XVIIIe siècle, comme les écrivains des Lumières, voyaient dans les manufactures un moyen efficace de progrès économique pour réduire la pauvreté et le chômage de la population et empêcher sa déchéance. Cet espoir ne s'est toutefois réalisé qu'en partie et seulement au cours d'un long processus d'habituation et d'apprentissage aboutissant à une industrialisation plus globale et à la production en usine, et ce processus a eu des coûts sociaux élevés. Au XVIIIe siècle, la pauvreté de la classe la plus humble n'a pas été supprimée par le travail à domicile et les manufactures, mais sans eux elle aurait été plus grande encore [1]. »

Une classe nouvelle était née, distincte de la paysannerie. Du fait d'un ordre social encore rigide, il n'existait pas pour elle de possibilités de promotion, sauf pour l'intermédiaire apportant la marchandise et la remportant vers la ville, au négociant. Lorsque ensuite, au XIXe siècle, le cloisonnement corporatif et social disparut au moins officiellement, il fut envisageable de devenir fabricant à son tour. Fut possible aussi le changement de métier. Et fut rendue possible enfin la formation de la classe ouvrière des XIXe et XXe siècles, avec sa puissance explosive, tant politique que sociale.

CHAPITRE III

L'Europe et ses États

La marche du monde

Le XVIIIe siècle commence par une grande guerre : la guerre de Succession d'Espagne, qui fait entrer en jeu aussi bien le roi Louis XIV que l'empereur d'Autriche, soucieux l'un et l'autre de maintenir ou d'installer sur le trône d'Espagne des lignes collatérales de leurs maisons. Il avait fallu attendre des années la mort du roi Charles II, pourtant malade depuis longtemps, mais on pouvait enfin se battre – presque tous contre la suprématie de la France ! La Grande-Bretagne et l'Autriche remportèrent finalement la victoire, grâce à leurs grands capitaines, le duc de Marlborough et le prince Eugène. Parallèlement se déchaînait, au nord, la guerre du roi fou Charles XII de Suède contre ses voisins. Les conclusions de la paix définirent l'équilibre qui devait marquer le siècle, même si de nombreux autres conflits de succession devaient encore se dérouler.

On peut essayer d'imaginer rétrospectivement comment l'homme simple de cette époque devait à peu près considérer les choses. La miraculeuse libération de Vienne encerclée par les Turcs, en 1683, marquait certainement à ses yeux le début de temps meilleurs. La guerre de Succession d'Espagne se termina, et Louis XIV mourut après la défaite de sa si brillante armée. Les aventures du roi de Suède dément se terminèrent lorsqu'il fut tué par un boulet de canon devant la forteresse de Fredrikhald. Les puissances se disputèrent ensuite la succession des trônes de Pologne et d'Autriche, et alors débuta le rapide essor de la Prusse sous son « grand » roi Frédéric II.

Un almanach d'Allemagne du Sud au début du XIXe siècle retraçait comme suit la grande marche du monde :

« Entre-temps, la ville de Lisbonne au Portugal fut détruite par un tremblement de terre, la guerre de Sept Ans passa, et l'empereur François Ier mourut, l'ordre des jésuites fut dissout, et la Pologne partagée, et l'impératrice Marie-Thérèse mourut, le comte Struensee fut exécuté, l'Amérique se libéra, et les forces françaises et espagnoles alliées ne réussirent pas à s'emparer de Gibraltar. Les Turcs emprisonnèrent le général Stein dans la caverne de Veterani en Hongrie, et l'empereur Joseph mourut à son tour. Le roi Gustave de Suède conquit la partie russe de la Finlande, et puis la Révolution française et la longue guerre commencèrent, et l'empereur Léopold II alla aussi dans la tombe. Napoléon conquit la Prusse, et les Anglais bombardèrent Copenhague [...] [1]. »

Ce récit fait l'effet d'une danse macabre de l'Ancien Régime dont l'ouverture aurait été le tremblement de terre de Lisbonne, événement qui toucha dans son énergie vitale ce siècle optimiste plein de foi dans l'avenir.

C'est un condensé de l'histoire événementielle du XVIIIe siècle. Un enchevêtrement de querelles de succession qui se vidaient par des guerres internationales – guerres conduites à terre par les régiments bien disciplinés de l'armée de métier menés au tambour et à la trompette, avec des ordres de battre en retraite qui arrivaient à temps et de nouvelles formations bien claires, ou sur mer avec des frégates armées de canons, une tactique de la voile et du gouvernail parfaitement réglée, telle que la décrit la chanson de marins *Au trente et un du mois d'août* relatant une séquence de ces affrontements maritimes : on vit, ce jour-là, une frégate se diriger toutes voiles déployées vers Bordeaux. Un navire français du type corsaire – armé uniquement de six canons – réussit à couler dans la tempête à coups de haches, de grenades, de piques, de sabres et de mousquets, et grâce à une manœuvre exécutée à la perfection, le lourd bâtiment anglais qui ne portait pas moins de trente-six canons. Le joyeux refrain séparant les différentes strophes qui retracent toutes les phases de l'opération est le suivant :

> Buvons un coup, la-la, buvons-en deux
> A la santé des amoureux,
> A la santé du roi de France
> Et merde pour le roi d'Angleterre,
> Qui nous a déclaré la guerre [2].

Au cours de ces guerres sur terre et sur mer, il y avait des victoires et des défaites des deux côtés mais toujours, pour finir, la signature d'une paix solennelle avec des ambassades réciproques et tout un cérémonial bien rôdé. Comme on croyait à l'équilibre des puissances, on n'hésitait pas à déplacer certains pays sur la carte politique : par exemple, à l'issue de la guerre de Succession de Pologne, dont les combats se déroulèrent de 1733 à 1735 en Italie et sur les bords du Rhin, le roi de Pologne fut « affecté » au duché de Lorraine, et l'ancien duc de Lorraine au grand-duché de Toscane, puisque la vieille dynastie des Médicis venait justement de disparaître à point nommé. On jouait magistralement avec les règles éprouvées de la monarchie féodale et, à la suite de la guerre de Sept Ans, on consentit à l'Europe une trêve de près de trente ans.

L'histoire des événements est troublante et diverse. Elle est l'affaire des ministères, qui investissent leur argent ou engagent leurs armées au mieux des intérêts de leurs maisons royales ou de leur puissance commerciale ou militaire.

L'almanach cité précédemment termine sa revue des événements en ces termes : « [...] et les paysans semèrent et coupèrent. Le meunier continua de moudre le grain, et les forgerons martelaient le fer, et les mineurs creusaient pour trouver du minerai de métal dans leurs ateliers souterrains. » C'est ce que les historiens français appellent l'*Histoire de la longue durée*, où la politique, les guerres, les changements d'attribution de territoires ne sont que des événements momentanés – même s'ils sont parfois horribles comme le tremblement de terre –, tandis que l'évolution économique et sociale suit son chemin tranquille sans grand fracas.

Les monarchies et les républiques vieillies

L'Europe constituait-elle une unité ou était-elle désespérément éclatée ? La réponse à cette question nous est apportée par l'écrivain italien des Lumières Carlantonio Pilati, dans les années soixante-dix, à la suite de ses voyages dans différents pays :

« Ceux qui ne font que courir d'un pays à l'autre ont de la peine à trouver des différences essentielles entre les habitants des différentes contrées d'Europe : ils croyent voir partout un grand fonds d'uniformité et s'imaginent d'en pouvoir persuader également leurs lecteurs. Mais ils se trompent grossièrement. S'il y a des choses qui rapprochent à quelques égards les différents peuples d'Europe, comme, par exemple, la même morale, le même fonds de religion, les mêmes principes de législation, il y en a d'autres, qui produisent dans le caractère, dans les passions, dans les goûts, dans les façons de vivre et dans les mœurs de ces mêmes nations des différences essentielles : telles sont le climat, la nourriture, les boissons, la qualité du pays, la différence de certains principes de religion, celle de certaines maximes de gouvernement, celle enfin d'une législation plus ou moins parfaite, plus ou moins convenable à une nation qu'à l'autre [3]. »

Un libelle de 1785, qui circulait sous le titre de *Baromètre politique*, tire un bilan analogue :

Le Portugal demande tout,
L'Espagne procure tout,
Naples se prête à tout,
Parme s'accommode de tout,
Venise fait silence sur tout,
Gênes se rit de tout,
La Sardaigne veille sur tout,
L'Angleterre aide à tout,
La France se mêle de tout,
La Suisse glose sur tout,
Devant la Russie tremble tout,
L'Allemagne singe tout,
La Suède se souvient de tout,
Le Danemark souffre tout,
La Pologne perd tout,
La Prusse provoque tout,
Le Turc s'étonne de tout,
Le Saint Empire croit tout,
L'empereur prend plaisir à tout,
Le pape tolère tout,
Et dans le désordre va tout,
Et c'est ainsi que se mélange tout,
Grand Dieu, aie pitié de tout,
Sans quoi le diable emportera tout [4].

Ce *Baromètre politique* parut deux ans après que la paix de Versailles eut mis fin à la longue guerre menée pour l'indépendance des colonies anglaises d'Amérique du Nord. On ignorait encore que, quatre ans plus tard, se déclencheraient en France les événements révolutionnaires qui, à partir de 1792, s'orienteraient vers une guerre mondiale dans laquelle « le diable » – ainsi que le monde des rois et de la noblesse aimait à appeler Napoléon – emporterait effectivement presque tout.

Le Portugal demande tout. C'est une allusion à l'étroite alliance que le Portugal avait conclue en 1703 avec l'Angleterre pour échapper à l'emprise de l'Espagne désormais entre les mains des Bourbon. Tout le problème était pour les deux partenaires de mettre l'empire colonial portugais à l'abri de l'attaque espagnole ou française, de garantir la possession du Brésil et les positions des comptoirs sur les côtes africaine et indienne. Ainsi, le Portugal se tenait tranquille ; et il ne fit à nouveau parler de lui qu'à partir du moment où le pouvoir passa entièrement au Premier ministre, le marquis de Pombal, qui amorça une modernisation profonde et énergique, depuis la dissolution de l'ordre des jésuites jusqu'à l'abolition de l'esclavage. Ce fut seulement au bout de vingt ans de ce régime que le roi Pierre III laissa tomber son ministre. Le pays resta pauvre, car l'argent des colonies allait à la cour, à la noblesse et aux marchands étrangers. Le Portugal resta dépendant de la bienveillance de la Grande-Bretagne et de l'Espagne.

L'Espagne procure tout se réfère sans doute à la situation momentanée de 1785. L'Espagne avait récupéré, grâce à son engagement dans la guerre d'Indépendance américaine, des positions perdues, elle avait réglé les différends avec le Portugal en Amérique latine et conclu avec lui un traité de commerce auquel adhéra également la France. En Méditerranée, on s'accordait bien avec la Turquie. Les Bourbon régnants calquaient plus ou moins leur politique sur celle de la France, ce qui veut dire qu'ils pratiquaient aussi la politique des Lumières et la centralisation dans le style français. C'étaient donc les Lumières imposées d'en haut dans un pays entièrement imprégné de catholicisme et de Contre-Réforme, où au début du siècle le baroque d'église extrêmement élaboré s'était véritablement surpassé pour donner le *churriguerrisme*. A la fin du siècle, Goya apporta du reste un réalisme violent dans l'art espagnol. L'Espagne dominait encore la majeure partie de l'Amérique latine avec des vice-rois et des archevêques espagnols du Mexique jusqu'au Pérou, supervisés par le Conseil des Indes à Madrid. Les grandes compagnies de commerce tiraient toujours profit de la richesse des colonies, et le déséquilibre devenait de plus en plus sensible. L'exercice de leur autorité sur les Indiens causait toujours des difficultés aux créoles, ces autochtones d'origine espagnole qui commençaient à rêver de la fin de la domination espagnole.

Les États italiens suivaient les deux monarchies ibériques. L'Italie est, à cette époque, une notion culturelle et géographique. Un certain sens de l'unité et une certaine fierté émanent encore des souvenirs de la grandeur romaine – les fouilles de Pompéi débutent – et du rayonnement de la Renaissance. Le fait que l'Italie ne soit pas centralisée garantit une relative pluralité culturelle. Un Italien perspicace constate : « Cette contrée a un avantage sur les autres pays qui n'ont qu'une capitale. Dans ces pays, la métropole décide du choix des sciences et de la façon de penser : elle entraîne les sujets de tout l'État à s'adonner aux mêmes sciences et à penser de la même manière qu'elle. Mais comme l'Italie est partagée en plusieurs États, elle a aussi plusieurs métropoles. Ainsi la manière de penser, les choix et les goûts dans les sciences et dans les arts sont plus variés[5]. »

Sur le plan politique, les États italiens sont constamment victimes de nouvelles combinaisons dynastiques et surtout les troupes autrichiennes ou françaises saisissent l'occasion de la moindre crise diplomatique pour faire leur entrée. Le nord de l'Italie est avec la Flandre le champ de bataille de l'Europe.

Le pamphlet dit vrai : *Naples se prête à tout*, dans la mesure où la monarchie hispano-bourbonnienne des Deux-Siciles, comme d'autres monarchies catholiques, se soumet aussi bien à la Réforme éclairée qu'à la réaction qui lui fait suite.

Parme s'accommode de tout, car coincée entre la Sardaigne, le Piémont, la république de Gênes et la ville de Milan (autrichienne), elle n'a guère d'autres possibilités ; « *secundogeniture* » hispano-bourbonienne à partir de 1749, elle connaît comme Naples la Réforme et la réaction.

La Sardaigne veille sur tout signifie que la monarchie sarde, populaire mais hostile à la culture, surveille ses voisins plus faibles que le Piémont-Sardaigne. Depuis 1748, elle a pu déjà rapprocher ses frontières de Milan et, en 1782, elle contribue à l'humiliation de la république de Genève, depuis longtemps honnie, car elle dispose encore de la Savoie de langue française. Sa frontière occidentale atteint le Rhône.

Le texte oublie le grand-duché de Toscane, pour lequel on aurait pu employer une formule comme « essaie tout », en songeant à la Réforme résolument éclairée du grand-duc Pierre-Léopold et de son ministre Rosenberg-Orsini. La Toscane est depuis 1735 – quand s'est éteinte la lignée des Médicis – sous l'autorité de la maison de Lorraine, de sorte qu'elle est inféodée à l'Autriche des Habsbourg.

Il manque encore deux autres États italiens plus petits. D'une part, le duché de Modène, auquel pourrait s'appliquer la formule de Parme qui *s'accommode de tout*, puisque – bien que gouverné encore sur le mode patriarcal par la dynastie locale des Este – il devait, comme Parme, naviguer entre la puissance autrichienne et la puissance française. D'autre part, la république de Lucques. Là, on pourrait reprendre la formule vénitienne, qui *fait silence sur tout*, car cette petite république réussit en silence, avec beaucoup d'habileté et de pondération, à élargir la base de gouvernement de l'aristocratie – ce dont par ailleurs aucune autre république n'est capable – en créant de nouveaux nobles.

L'autre république, celle de Gênes, *se rit de tout*. On y est indifférent à l'Église, franc-maçon éclairé, et l'on arrive tout juste à conserver encore la bande côtière de la Ligurie après avoir cédé la Corse à la France : la Corse où les Paoli, le père Giacinto et le fils Pasquale, luttaient en vain pour l'indépendance de leur île.

La troisième République est Venise. Venise *fait silence sur tout*. Il s'agit en l'occurrence du silence de l'État qui peut toujours fièrement se draper dans sa grandeur. Même s'il a perdu au XVIIe siècle la Crète et le Péloponnèse, il contrôle toujours la côte adriatique à partir des îles Ioniennes et possède un territoire qui va depuis la *Terra ferma* du Frioul jusqu'au lac de Côme. Encore au début du siècle, la Crète ayant été provisoirement reconquise, on avait fêté cette victoire avec la *Juditha triumphans* de Vivaldi. Venise réussit ensuite, par une habile neutralité, à se tenir à l'écart des guerres et promulgue des réformes modérées. Canaletto et Guardi sont avec leurs pinceaux les garants de la culture grandiose d'une aristocratie fermée.

Il ne faut pas oublier l'État pontifical, qui s'étend en travers de l'Italie centrale, de la Méditerranée à l'Adriatique. *Le pape tolère tout* ne vaut pas uniquement pour la politique religieuse des monarques catholiques éclairés, mais aussi et même pour son propre État, où « l'agriculture est négligée, une immense étendue de terrain reste en friche ; une autre grande partie n'est qu'un marais que personne ne se soucie d'assécher [6] ».

Le pamphlet donne ensuite la pression atmosphérique au nord des Alpes et passe directement de la Sardaigne à l'Angleterre.

L'Angleterre aide à tout : même si elle vient juste de perdre treize colonies, elle poursuit son essor sans faillir. L'Angleterre s'industrialise, et les marchands britanniques font en sorte que la *Britannia* domine les mers. Fière nation que celle qui a révélé avec Newton les lois de la nature jusqu'alors cachées ; qui, par une glorieuse révolution pacifique, a fondé la première monarchie constitutionnelle ; qui, avec le *Bill of Rights*, a érigé les droits du citoyen en loi nationale ; qui a résolu de mettre fin aux persécutions religieuses avec la *Toleration Act* et qui, grâce aux troupes du duc de Marlborough, a su arrêter la superpuissance réactionnaire de Louis XIV ; à laquelle enfin l'on prête le monopole du bon sens et de l'intelligence raisonnable, et d'où ont été importées en Europe les plus curieuses innovations techniques. Et il ne faut pas oublier à cet égard le royaume d'Écosse, qui est certes désormais intégré au Royaume-Uni, mais qui nourrit sa propre école de philosophes. Seule se différencie l'Irlande où, de peur de révoltes catholiques favorables aux Stuart contre le pouvoir protestant des Hanovre, règne l'intolérance protestante.

La France se mêle de tout, que ce soit en Europe ou aux colonies, même si ce n'est pas toujours avec un succès égal sous le régime des maîtresses de Louis XIV. Le succès est tout autre lorsqu'elle s'implique dans le mouvement des Lumières, initialement plutôt anglais. Paris est, en paroles et par écrit, le centre incontesté de la République internationale des lettres : « Enfin la langue française [...] est devenue presque la langue universelle », constate Voltaire, aussi parce qu'elle « est plus propre que la langue anglaise à exprimer clairement des pensées. »

La Suisse glose sur tout parce que dans ses différentes langues, allemand, français – et occasionnellement même italien –, elle a une production importante de littérature modérément éclairée. Elle glose et commente parce qu'elle observe une neutralité plus ou moins confortable entre la France et l'Autriche, qu'elle n'a pas à s'engager, et que, depuis 1536, elle n'a plus vécu aucune des guerres européennes sur son territoire. Elle est considérée comme un pays intéressant, réunissant des républiques autonomes ; elle est prospère, et exporte non seulement de plus en plus de fromage, mais aussi des textiles et des montres.

La seule république indépendante au nord des Alpes est, en dehors de la Suisse, la république des Pays-Bas que le libelle omet. On pourrait dire d'elle qu'elle se souvient de tout ou qu'elle souffre tout. Le puissant développement économique, politique et intellectuel du XVIIe siècle est révolu, et ce système de républiques sera bientôt victime de l'intervention prussienne au profit du *stathouder* et aux dépens de la vieille liberté patriotique. Mais la légendaire richesse d'Amsterdam, qui a derrière elle tout un empire colonial dans toutes les parties du monde, correspond toujours à une réalité.

L'Allemagne singe tout, parce qu'elle prend volontiers, dans la vie de cour comme en littérature, des modèles français ou anglais, et commence à peine à évoquer timidement l'esprit national germanique. L'Allemagne, c'est encore le Saint Empire romain germanique, non pas un État au sens moderne du terme, ni même une monarchie nationale, mais un concept global du Moyen Age. Cet empire, ce n'était plus en fait que les nombreux petits ou tout petits États, principautés de la noblesse ou de l'Église, fiefs et villes d'empire, coincés entre la France, la Prusse et l'Autriche. Lorsque la libelle dit que le Saint Empire « croit tout », ce n'est qu'une répétition de « l'Allemagne singe tout ». Depuis l'époque de la guerre de Trente Ans et des attaques françaises qui avaient suivi, l'Empire était resté traumatisé. Sur le plan confessionnel, il se montrait divers : les luthériens étaient en majorité, les calvinistes minoritaires, et les catholiques romains nombreux. Mais le libelle oublie de mentionner la prospérité économique et culturelle de nombreuses principautés allemandes – non pas uniquement Weimar avec Goethe – et de certaines villes – non pas uniquement Hambourg avec Lessing. L'Allemagne regorge de forces qui sommeillent et s'éveillent lentement au sein de cet univers culturel très bariolé. Le patrimoine commun était la langue écrite désormais unifiée, la poésie correspondante et un certain souvenir de la gloire passée et de la puissance de l'Empire. Vers la fin du siècle, l'Allemagne passa au tout premier rang de l'évolution culturelle, éclipsant bien d'autres pays.

Un jugement du XVIIIe siècle devait se vérifier dans l'avenir : « Il est vrai que les Allemands sont extrêmement labourieux[7]. »

On ne peut guère parler du rapport des Allemands au travail sans songer à la Prusse. Elle a sa propre ligne dans le texte : *la Prusse provoque tout*. C'est une allusion à l'agitation de son roi Frédéric II qui a provoqué en 1740 la guerre de Succession au trône d'Autriche, en 1756 la guerre de Sept Ans, et en 1772 la division de la Pologne, et se trouve désormais en possession de la Silésie autrichienne et de la Prusse orientale polonaise. Mais Frédéric II, c'est aussi Frédéric le Grand, qui fit de son château de Potsdam et de sa capitale de Berlin un centre des Lumières.

L'Autriche n'est mentionnée que sous la forme de son souverain : *l'empereur prend plaisir à tout*. Les Habsbourg d'Autriche étaient à la tête du Saint Empire romain germanique depuis le XVe siècle. Et la vieille Autriche, qui était toutefois devenue un grand État souverain, faisait toujours partie de la nation germanique. L'empereur qui prend plaisir à tout est Joseph II, car il a surtout envie d'unifier sa multiplicité d'États extrêmement variés et d'étendre son pouvoir contre la Turquie et la Pologne. L'Autriche représentait un État fondé sur la pluralité avec sa capitale cosmopolite, Vienne. Les frontières en sont très éloignées, en Flandres, sur le Haut-Rhin, et la vieille Autriche plus ou moins germanophone s'étend du Tyrol jusqu'au Burgenland et en Carinthie. Les couronnes de Bohême et de Hongrie sont entre les mains des Habsbourg. Prague et Budapest sont des capitales importantes avec leur propre vie culturelle. La Hongrie surtout, plurilingue et multiconfessionnelle, revendique son autonomie. Le duché de Milan et la « *secundogeniture* » en Toscane apportent une pointe d'accent italien. Plus de dix langues différentes se parlent et s'écrivent dans la zone de domination autrichienne. Les influences étrangères se font sentir dans la capitale viennoise, influences italienne ou espagnole du temps de l'Espagne d'avant les Bourbon, nouvelles influences françaises par l'intermédiaire de la maison de Lorraine, car la maison régnante est issue, par l'intermédiaire du mari de Marie-Thérèse, de cet ancien État frontalier de l'Empire. Pour catholique et romain que se voulût l'Empire autrichien, il renfermait, cachées de toutes parts, des minorités protestantes, qui avaient même un statut officiel en Hongrie.

Le *Baromètre politique* mentionne aussi deux États scandinaves. *Le Danemark souffre tout*, parce qu'il se trouve presque sans défense, tiraillé entre les intérêts de l'Angleterre, de la Russie et de la Suède sur terre et sur mer. Les temps du glorieux chevalier des mers, le roi Christian IV, qui au XVIIe siècle « tenait le mât », comme le rappelle l'hymne national, sont révolus depuis longtemps, et il ne reste plus qu'à observer une neutralité d'anguille. La maison royale du Danemark possédait encore le royaume de Norvège, l'Islande et les duchés de Schleswig et du Holstein. Une bourgeoisie prospère assurait l'important commerce des bois de Norvège et des produits agricoles. Copenhague devint la métropole de l'élégance nordique. Un absolutisme bienveillant avait instauré l'égalité entre ses sujets, qui devait aboutir par la suite à une plus vaste libération de la paysannerie. En Norvège, les paysans avaient toujours été libres, loin du centre. Le mouvement des Lumières battait son plein. Un âge d'or de la littérature danoise venait de commencer. Depuis 1770, il n'y avait plus de censure, et les Danois savaient faire bon usage de cette liberté.

La Suède se souvient de tout : elle se souvient de la période de grande puissance du siècle précédent, siècle de ces spectaculaires offensives des Suédois avec leur armée effrayante et sa cavalerie finlandaise commandées par le roi Gustave Adolphe pendant la guerre de Trente Ans pour se constituer un empire suédois luthérien de droit divin autour de la Baltique. Mais, un demi-siècle plus tard, le roi fou Charles XII – qui, dix-huit années durant, tint le Nord en haleine – gâcha presque tout en dépit de ses campagnes héroïques et, malgré les guerres ultérieures, la Suède perdit ensuite ses territoires en Poméranie occidentale et dans les pays Baltes, et elle perdit pour finir toute la Finlande, qui se transforma en 1808 en grande principauté russe – avec toutefois une considérable autonomie. Les exportations non négligeables de fer et de bois rapportaient de l'argent, mais les campagnes malheureuses coûtaient cher. Le pays balançait entre l'absolutisme monarchique et le parlementarisme de l'Assemblée de la noblesse. Les paysans bénéficiaient depuis toujours d'une administration communale autonome qui connut une extension progressive. Gustave III se voulait un monarque absolu éclairé sur le modèle de Frédéric II de Prusse. Un germe d'activité scientifique se développait et Stockholm brillait de tous les feux de sa cour.

La Pologne perd tout. La Pologne, royaume médiéval, jadis plein de fierté, qui s'était étendu de la mer Noire jusqu'à la Baltique, en était resté à une Constitution médiévale où la Diète, face à des souverains faibles, laissa passer le moment du renforcement de l'absolutisme. Elle fut victime du concert des puissances russe, prussienne et autrichienne. Une première division eut lieu en 1772, une deuxième en 1793 et la définitive en 1795. Un pays, qui avait jadis été puissant, s'était montré plus tard tolérant sur le plan confessionnel, pour s'engager ensuite dans la ligne de la Contre-Réforme et en dernier ressort de la Réforme éclairée, disparut de la carte. Mais les Polonais eux-mêmes, avec leur langue et leur religion catholique romaine, continuèrent d'exister entre la Prusse protestante et la Russie de religion orthodoxe grecque, et ils attendirent cent trente ans la renaissance de leur propre État.

Devant la Russie tremble tout. Avec le tsar Pierre le Grand, au début du XVIIIe siècle, la Russie – cet empire intérieur au-delà de la Pologne, des pays Baltes et de la Finlande suédoise – devient politiquement active et se modernise. La capitale est déplacée de la lointaine Moscou à Saint-Pétersbourg au bord de la mer. On fonde une Académie et l'on recrute les plus grands esprits occidentaux, on modernise l'armée et l'on entretient une monarchie encore plus absolue qu'elle ne l'avait jamais été. Enfin, la tsarine éclairée Catherine II mène de toutes parts une politique énergique contre la Turquie, la Suède, le Danemark et la Pologne. Avec sa cavalerie de cosaques tant redoutés, la Russie, mystérieuse, effrayante mais aussi séduisante, déploie donc un vaste front de Riga jusqu'en Crimée.

Le texte du *Baromètre politique* se termine sur la Turquie. *Le Turc s'étonne de tout*, parce que les positions les plus marginales de son empire sont en train de vaciller (la Hongrie, la Transylvanie et la Crimée sont perdues ; la Moldavie et la Valachie, Tunis et Tripoli commencent à se vouloir autonomes), et parce qu'il se sent en dehors de ce monde européen des Lumières, excitant et débordant d'aspirations nouvelles. Si la Turquie est la seule puissance non européenne mentionnée, c'est qu'elle domine précisément encore la plus grande partie des Balkans chrétiens, y compris la Grèce encore occupée, où se manifestent les premières velléités de libération.

Il n'y a pas lieu d'être surpris que la nouvelle fédération des États-Unis d'Amérique, qui vient à peine de voir le jour, ne soit pas mentionnée ; car le monde était et restait encore l'Europe. Certes, l'Européen connaît les autres continents, et pas seulement l'Amérique espagnole et portugaise, les côtes françaises, portugaises et hollandaises de l'Afrique, l'Inde, désormais en large partie anglaise, et l'Indonésie hollandaise. Il s'intéresse également à tous les pays exotiques, admire la Chine si sagement gouvernés et aime bien décorer les habitations d'objets d'art extrême-orientaux, authentiques ou imités, ou installer des jardins japonais.

Mais les décisions se prennent malgré tout encore entre Londres, Paris et Vienne, tout au plus avec Saint-Pétersbourg, Berlin et Madrid. La conclusion du *Baromètre politique* n'en reste pas moins que « dans le désordre va tout ».

Le cosmopolitisme au-dessus des États

« Je suis citoyen du monde, je ne suis ni au service de l'empereur ni au service du roi de France, mais au service de la vérité », écrit en 1700 Pierre Bayle, auteur huguenot de la première *Encyclopédie* des Lumières. Et à la fin du siècle, Friedrich Schiller déclare à son tour : « J'écris en tant que citoyen du monde, qui ne sert aucun prince. Très tôt j'ai perdu ma patrie, pour la changer contre le monde [8]. »

Le monde des États du XVIIIe siècle n'était pas encore nationaliste – même si le nationalisme sommeillait caché dans tous les coins et devait par la suite s'éveiller à grand bruit. Le siècle des Lumières se concevait comme un cosmos : le monde dans son intégralité.

Les monarques formaient un clan international. Seuls étaient « vraies » les familles de Brandebourg en Prusse, d'Este à Parme, de Savoie à Turin. Bien souvent, du reste, les ministres de ces rois n'étaient pas non plus du pays, et l'on trouvait parmi les maréchaux et généraux – par exemple dans l'armée russe – un mélange bariolé de Baltes allemands, de Français, d'Allemands et de Suisses. Les cours royales reflétaient ce cosmopolitisme avec des Allemands à Copenhague, tout un univers mélangé à Vienne. La haute noblesse suédoise, par exemple, comptait dans ses rangs les de La Grange, français, les Hamilton, irlandais et les Wrangel, allemands des pays Baltes. La noblesse était fondamentalement cosmopolite. Ses règles étaient les mêmes partout, le code d'honneur des officiers – devoir et fidélité – partout identique ; on ne se mariait qu'entre personnes de même rang. A ses pieds, elle avait la canaille, dont on pouvait considérer que la bourgeoisie faisait également partie.

Même si l'on prétendait que Dieu et le prince pouvaient parler toutes les langues, le français était devenu la langue dominante de la cour et de la noblesse, qui conservait son idiome local pour ses domestiques, si seulement elle maîtrisait la langue du pays ou ses dialectes. Le français remplaça l'italien, qui se parlait encore beaucoup, et progressivement aussi le latin érudit. Les cours étaient toutes organisées sur le modèle français. On ne correspondait que dans cette langue. C'était même devenu la langue étrangère à apprendre pour les intellectuels de la bourgeoisie et les commerçants. Partout on aimait le théâtre français – même dans le peuple. La présence des émigrés huguenots en pays protestants n'était pas négligeable à cet égard. L'Église française des colonies devint souvent l'Église de la haute société. Les huguenots conservèrent leur langue jusqu'au début du XIXe siècle. L'expression orale et écrite du cosmopolitisme était désormais non plus le latin, mais le français.

En elle-même, la structure de la bourgeoisie était moins cosmopolite. On vivait entre soi, dans la ville fermée, on ne se mariait qu'entre bourgeois. Pour ouvert que l'on pût se montrer par ailleurs dans les cercles éclairés, le mariage avec une personne d'une autre ville restait du domaine de l'impossible. On ne voulait quand même pas « contaminer le noble sang bâlois avec des éléments étrangers [9] », pour reprendre l'expression d'un maire de Bâle au cours d'un débat au sein du Grand Conseil sur l'éventuelle extension des droits de citoyenneté à ceux qui n'étaient pas citoyens de la ville. Dans ces milieux, le cosmopolitisme demeurait une pure affaire théorique et intellectuelle. Les marchands étaient sans doute plus souples, de même que les compagnons qui se déplaçaient de pays en pays.

Le monde des États, établi et considéré comme allant de soi depuis longtemps, ne pouvait pas offrir de véritable modèle au mouvement des Lumières. En outre, le cosmopolitisme de la noblesse se heurtait à sa croyance à l'inégalité des hommes. Seule l'Angleterre venait peut-être au-devant de certaines idées éclairées. On y observait une relative ouverture grâce à des traditions libérales, renouvelées par le système parlementaire, à un mélange de *gentry* et de bourgeoisie, à la liberté de la presse et à la tolérance en matière de religion. C'est pourquoi, au travers des très efficaces *Lettres sur les Français et les Anglais* de Beat von Muralt et des écrits de Voltaire, on donna de l'Angleterre, précisément en langue française, l'image d'un pays idéal. La France était bien trop marquée par l'héritage de l'absolutisme intolérant pour servir de modèle politique.

Des modèles, on pouvait en trouver aussi ailleurs : par exemple, chez les bons sauvages d'Amérique du Nord ou sur les îles des mers du Sud, ou encore – si l'on voulait rester en Europe – chez les bergers des montagnes suisses. Jusqu'au début du XVIIIe siècle, la Suisse passait pour un pays inhospitalier, voire pour un pays de mœurs barbares avec une population attardée. Les naturalistes furent les premiers à explorer ce paysage géologique extrêmement intéressant. Les montagnes et les lacs se parèrent de multiples attraits, d'abord pour les lords britanniques qui découvrirent au cours de leurs voyages le lac de Genève avec le romantique château Chillon, et le spectacle grandiose des Alpes valaisanes. Des voyageurs affluèrent ensuite de tous les grands pays et ils écrivirent d'enthousiastes récits de voyage. Au cœur de cette somptueuse nature, on découvrit aussi bientôt l'homme des Alpes. Le poème didactique *Die Alpen* (Les Alpes) du naturaliste et médecin Albrecht von Haller et plus tard les *Idylles* de Salomon Gessner, traduites presque dans toutes les langues, jouaient quasiment le rôle de guides touristiques. Rousseau développa l'aspect politique du paysage : la démocratie alpine, jusqu'alors tant méprisée, devint brusquement le régime idéal.

Cet helvétophilie était favorisée par le fait que ce pays avait dans ses villes une élite éclairée, qui jouissait d'un prestige international et savait aussi bien le français que l'allemand. Avec le Suisse libre des Alpes, on découvrit aussi le mythe historique de ce pays républicain : l'étonnante légende héroïque du serment des trois cantons à l'origine de la Confédération sur la prairie de Grütli, et du tyrannicide Guillaume Tell. Ainsi le mythe historique s'allia-t-il au mythe alpin, il devint un modèle, finalement réinterprété sur le mode classique dans le drame de Friedrich Schiller pour prendre valeur internationale.

Que la réalité n'était pas aussi idéale, les Suisses et les étrangers ne s'en aperçurent qu'au moment de la Révolution française, où avec sa devise de la liberté et de l'égalité pour tous, la France éclipsa tout ce qui avait précédé.

Le problème de la coopération pacifique entre les États demeurait l'un des problèmes latents du cosmopolitisme. Cette coopération devait-elle se limiter, comme elle l'avait toujours fait, à l'organisation de congrès de la paix après la guerre pour garantir de nouvelles répartitions territoriales qui portaient en germe de nouvelles guerres ?

Depuis 1517, où dans sa *Querela pacis* Érasme avait conjuré l'humanité de reconnaître enfin l'absurdité de la guerre, légistes et théologiens s'essayaient de nouveau à construire une sorte d'ordre de la paix et du monde. Le *De jure belli ac pacis* (Droit de la guerre et de la paix) de Grotius, en 1625, prévoyait des congrès de souverains sur la base d'un droit des peuples internationalement reconnu.

Le publiciste français Charles-Irénée Castel, abbé de Saint-Pierre, critique du régime de Louis XIV, allait encore plus loin. Dans son *Projet de paix perpétuelle*, il propose en 1713 la création d'une union européenne avec un gouvernement central tour à tour entre les mains des différents pays, un tribunal de la paix et une armée commune. Le projet de l'abbé de Saint-Pierre a été périodiquement rediscuté au fil des siècles. L'un des derniers à traiter de ces problèmes au XVIIIe siècle a été Kant avec son traité *Zum ewigen Frieden* (De la paix éternelle) de 1795, année où se déroulait justement un nouveau congrès de la paix. Par la suite, la pensée cosmopolite devait toutefois être de plus en plus éclipsée par les nationalismes.

CHAPITRE IV

Les supports des Lumières

Les sociétés

Les Lumières, le nouvel esprit de liberté, de mouvement, la curiosité de tout ne sont pas seulement l'affaire des penseurs, des philosophes, des écrivains et autres, qui individuellement se livrent à une réflexion sur leur époque et agissent dans le cadre de cette époque, elles sont essentiellement le fait de « sociétés », organisées ou non organisées [1].

En règle générale, les formations de sociétés étaient le résultat de discussions dans des cercles d'amis. L'amitié revêtait la plus haute importance pour les représentants des Lumières, ils n'ont pas cessé d'écrire sur ce sujet : déjà la très influente revue anglaise *Spectator* vantait les mérites de ce « grand bienfait », cet « élixir de vie » [2]. *Une société d'amis s'est réunie* : la fondation d'une société au XVIIIe siècle était souvent annoncée en des termes de cet ordre. Et lorsqu'une société d'amis se réunissait, c'était dans le but de rendre fécond ce cercle d'amis, pour qu'il œuvrât dans le sens de la réforme de la vie culturelle, sociale et économique. Il visait « l'émulation », voulait contribuer à « améliorer » le monde. Plus question de s'en tenir aux anciennes formes de société, comme les corporations ou les congrégations avec leurs objectifs corporatistes ou religieux étriqués, leurs us et coutumes traditionnels. Il y avait un nouvel effort de réforme à accomplir dans les domaines des sciences en train de se développer, de la formation culturelle en extension et de l'assistance sociale insuffisante pour la grande utopie des Lumières.

On est frappé de constater qu'au XVIIIe siècle l'Europe et les deux Amériques se couvrent d'un réseau de plus en plus serré de formations que l'on ne saurait désigner plus pertinemment que par le concept de l'époque : société (*societas*, *Sozietät*, *society*, *società*, *sociedad*). L'Allemagne, par exemple, ne compte au début du siècle que deux académies des sciences, à la fin elle en a une bonne dizaine. En 1723 est fondée la première société d'utilité publique d'Europe (Édimbourg) ; avant la Révolution française, les formations de ce type seront au nombre de cent cinquante en Europe et outremer.

Le mouvement part en général de l'extension de l'activité d'un cercle d'amis de même tendance. Souvent, une organisation efficace s'y superpose très vite. Elle est la plupart du temps simplement et fondamentalement républicaine. On réunit des membres qui se déclarent prêts à collaborer à la réalisation d'un objectif, clairement défini par un article des statuts, et à participer à son financement. On forme avec eux une association dont l'organe suprême est l'assemblée générale, qui prend en dernier ressort les décisions, et au sein de laquelle tous les membres possèdent les mêmes droits. La direction est confiée à une commission composée d'un président, d'un secrétaire, d'un trésorier et de quelques délégués. On constitue parfois des commissions spéciales à des fins précises. Souvent, on se dote aussi d'un organe de publication, une revue ou un recueil de traités qui rend compte des activités et se destine à un public plus large.

L'académie

Très tôt, le mouvement des sociétés donna naissance à différents types d'associations. Le plus ancien est la société scientifique, ou académie. Le modèle en était l'Académie de Platon à Athènes. L'exemple a été repris à la Renaissance italienne. Et il fonctionne encore sous diverses formes au XVIIIe siècle. Ainsi Goethe assiste-t-il au cours de son voyage en Italie, en septembre 1786, à Vicence qui dépend de la république de Venise, à une séance publique de l'Académie des Olympiens : « Un jouet, mais qui fonctionne bien, qui conserve un peu de sel et de vie pour ces gens. Une grande salle, à côté du théâtre de Palladio, bien éclairée, le Capitan, une partie de la noblesse réunie, du reste un public entièrement composé de personnes cultivées, beaucoup d'ecclésiastiques, au total – cinq cents personnes environ.

« La question posée par le président pour la séance d'aujourd'hui était la suivante : ''Qu'est-ce qui, de l'invention ou de l'imitation, a le plus favorisé les beaux-arts ?'' L'idée était assez heureuse, car si l'on dissocie les deux termes de l'option contenue dans la question, on peut en débattre cent ans. Ces messieurs les académiciens ont largement profité de l'occasion, et ils ont produit maints morceaux de prose ou de poésie, dont beaucoup étaient bons.

« Et puis c'est un public on ne peut plus vivant. Les auditeurs criaient bravo, applaudissaient et riaient. Si l'on pouvait seulement soi-même se présenter ainsi devant sa nation et la divertir en personne [...] »

Les académies se fixent surtout des objectifs scientifiques : ce que les universités ne sont pas en mesure de faire doit s'accomplir par le travail volontaire de l'Académie. Il s'agit essentiellement des sciences naturelles, mais aussi de la langue, de la littérature et de l'histoire – autrement dit de disciplines qui ne mènent qu'une existence de second ordre à côté des toutes-puissantes facultés de théologie et de droit.

Au nord des Alpes, l'Europe prend pour modèle les académies fondées à Paris : l'Académie française de 1635 chargée de la langue, l'Académie des sciences de 1666 pour les sciences de la nature, et l'Académie des inscriptions et belles lettres de 1663 pour l'histoire. Les académies parisiennes résultent d'initiatives privées, mais elles ont très vite été prises en charge, dotées d'une organisation rigoureuse et financées par l'État. Par la suite, se sont formées en dehors de la capitale de nombreuses académies de province.

Dans le courant du XVIIIe siècle, pratiquement toutes les monarchies ont institué leurs académies, qui ont fait partie dès lors de la cour, au même titre que le théâtre, le bal de la cour et la garde du palais. Les États qui n'avaient pas de cour centrale se sont contentés de sociétés savantes, qui poursuivent les mêmes objectifs que les académies, mais avec une organisation autonome.

En ce qui concernait l'organisation de la recherche dans les sciences de la nature, l'Angleterre a suivi une voie quelque peu différente. En 1660, s'est constituée la *Royal Society of London for Improving Natural Knowledge*, pour promouvoir les sciences de la nature. Elle bénéficiait certes du soutien de la couronne, mais elle était de constitution plus indépendante que l'Académie, en France. De son côté, la *Royal Society* a exercé une influence considérable sur le continent.

Les sociétés à buts artistiques pouvaient également bénéficier du soutien royal. C'était le cas par exemple en Espagne. Un rapport de l'époque nous dit : « Les arts et les sciences sont encore au stade de l'enfance dans ce pays. A l'initiative du marquis de Grimaldi a été fondée ici une Académie d'architecture, de sculpture et de peinture. Un certain nombre de seigneurs des plus riches et des plus nobles en sont membres, et il faut dire à leur honneur qu'ils font effectivement quelque chose pour promouvoir ces excellents arts libéraux. Le roi a fait l'acquisition l'été dernier d'un palais pour donner plus d'espace à cette académie, c'est là que doit être installé aussi le Cabinet de sciences naturelles sous la direction d'un certain D. Pedro Davila [...] [3]»

Nous prendrons ici deux exemples pour illustrer le type de l'académie du XVIIIe siècle. D'abord, l'Académie royale de Berlin [4] :

Le désir et la volonté du prince électeur de Brandebourg Frédéric de faire de sa principauté marginale quelque chose de plus grand devait s'exprimer non seulement sur le plan militaire et politique, mais aussi sur le plan scientifique. Toutefois, la fondation en 1701 de la Société brandebourgeoise, c'est-à-dire l'Académie de Berlin, n'était pas uniquement l'invention décorative d'un régime monarchique de conception nouvelle – le royaume de Prusse –, elle recouvrait un réel intérêt scientifique. L'illustre personnage chargé de sa fondation n'était autre que Gottfried Wilhelm Leibniz, et ce grâce au vif intérêt que portaient à l'activité intellectuelle en général la nouvelle reine Sophie-Charlotte et sa mère, la princesse électrice Sophie de Hanovre, au service de qui Leibniz était engagé.

Enfin, le philosophe se vit offrir l'occasion de mettre en application les conceptions qu'il avait si souvent énoncées à propos de l'Académie, qui devait à ses yeux avoir le triple but de diffuser une philosophie chrétienne ouverte, d'entretenir et d'encourager les sciences, et de soutenir la réputation, la prospérité et la reconnaissance de la nation, de l'érudition et de la langue allemandes. Sa préoccupation était surtout celle de l'*utilitas* : du rapport des sciences à la pratique. L'Académie prit un heureux départ. A partir de 1710, elle publie les *Miscellanea Berolinensia*, atteignant ainsi un vaste public. Mais très vite cela va changer, avec le début de règne du patriarcal Frédéric-Guillaume Ier, qui s'intéressait à tout autre chose et négligea l'Académie parce que l'administration du pays et le développement de l'armée lui semblaient plus importants. L'Académie dut donc se limiter à la publication de traités de science militaire. Il fallut attendre son successeur, Frédéric II, qui s'intéressait à la philosophie, pour que l'on comprît à nouveau tout à fait le rôle d'une académie royale. Elle connut un nouvel épanouissement à partir de 1741 et s'efforça avec succès d'accéder à une place de premier ordre dans le monde des sciences. On recruta le mathématicien Leonhard Euler. Le physicien Maupertuis assuma jusqu'à sa mort la direction de l'Académie, après quoi le roi s'en chargea en personne.

Elle était alors divisée en quatre sections : celle de la philosophie expérimentale, englobant la chimie, l'anatomie, la botanique et toutes les sciences expérimentales. La section des mathématiques, réunissant la géométrie, l'algèbre, la mécanique, l'astronomie et toutes les sciences abstraites. La section de la philosophie spéculative, englobant la logique, la métaphysique, la morale et l'éthique. La section des beaux-arts, recouvrant les sciences de l'Antiquité, l'histoire et les langues.

C'était donc une académie qui couvrait pratiquement tous les domaines du savoir. La direction était entre les mains du président et du secrétaire – lequel fut pendant des décennies un descendant de huguenots berlinois, Johann Heinrich Samuel Formey. Chaque section avait à son tour un directeur, et un curateur responsable de l'administration financière. Le financement était assuré entre autres par la vente de calendriers. Les membres étaient divisés en différents groupes : les seize membres ordinaires, qui résidaient à Berlin et recevaient un salaire, un deuxième groupe constitué des membres étrangers ou des correspondants, savants et érudits répartis dans toute l'Europe et à qui cette adhésion assurait un lien assez souple avec l'Académie. Enfin, on pouvait nommer des membres d'honneur. L'admission au sein de l'Académie dépendait du président, c'est-à-dire du roi. Les membres étaient pour l'essentiel français, souvent de confession protestante, et suisses. Le roi préférait volontiers ces savants qui maîtrisaient la langue universelle aux savants allemands. Il s'éleva, comme chacun sait, contre la nomination de Lessing.

Les membres ordinaires sont tenus de présenter deux traités par an. Ces derniers sont lus aux assemblées de l'Académie et publiés ensuite dans les *Mémoires*. Ils peuvent aussi fournir d'autres publications. L'important est le réseau de correspondances sur toute l'Europe, que ce soit avec des membres correspondants individuels ou avec d'autres académies.

Une fois par an, l'Académie organise des concours dotés de prix, et elle s'adresse alors à un plus large public. Les sujets sont par exemple : l'infini en mathématiques, la transformation des aliments dans le corps humain, l'analyse du principe « tout est bon », ou les mouvements de populations dans l'est de l'Allemagne.

De 1740 à 1770, l'Académie frédéricienne devait être l'Académie des Lumières par excellence. Ses publications paraissant en langue française, elles exerçaient d'emblée un effet puissant. C'étaient les Lumières allemandes en français. L'Académie se fit la pionnière des conceptions libérales nouvelles dont le roi aimait à se vanter. En 1745, le secrétaire de l'Académie, Formey, écrit : « Il était donc bien naturel [...] de travailler en quelque sorte à polir et à perfectionner les clefs qui ouvrent tout ce qui peut être ouvert à l'intelligence humaine. » Dilthey louait la méthode de travail qui « allait plus loin que la philosophie traditionnelle », autrement dit l'analyse psychologique et historique des phénomènes. Sur le plan des idées, l'Académie se fixait pour tâche « la défense de la personne divine et de la responsabilité morale de l'homme par les justifications de la raison».

L'Académie vieillit avec le roi. A partir de 1770, d'autres forces prirent la tête du mouvement intellectuel en Allemagne. Elle subsista néanmoins. A partir de la fondation de l'Université à Berlin, elle entra en relation étroite avec cette université nouvelle sur le modèle néo-humaniste du XIXe siècle.

Au fil du XVIIIe siècle, les académies servirent de plus en plus les objectifs utilitaristes des Lumières. Nous pourrions en donner comme exemple l'académie provinciale de Châlons-sur-Marne. En France, un nombre important d'académies de province se sont instaurées au cours du XVIIe et surtout du XVIIIe siècle. L'une d'elles siège à Châlons-sur-Marne. Elle nous est particulièrement bien connue grâce à une étude de Daniel Roche. Châlons est le vieux centre administratif de la Champagne, ville épiscopale qui abrite aussi une intendance royale, différents tribunaux et institutions administratives, ainsi qu'une garnison. Une société littéraire, qui existait depuis 1750, y a été élevée par arrêté royal au rang d'académie en 1775. La société a subsisté jusqu'à l'époque de la Révolution. L'organisation est la même que partout ailleurs : vingt académiciens titulaires – par exemple Formey, secrétaire de l'Académie de Berlin – et des membres d'honneur. La présidence est assumée conjointement par l'Intendant, représentant l'administration royale, et par le dignitaire ecclésiastique le plus ancien de l'évêché. L'activité se résume avant tout aux séances, dont une par an est publique et se déroule en présence de l'Intendant et de l'évêque, le jour de la Saint-Louis. Au cours de ces séances, on prononce des conférences dont un quart porte sur des sujets scientifiques empiriques, deux cinquièmes se partagent entre les sujets littéraires ou rhétoriques et les sujets historiques, le reste relevant de la philosophie morale et de l'économie. L'Académie possède une bibliothèque, elle organise des concours, en particulier sur les problèmes sociaux.

La composition sociale de l'effectif est comme dans toutes les autres académies de province, ainsi que nous le montrent les recherches de Daniel Roche : parmi les membres d'honneur, 24 % de représentants du clergé, 76 % de nobles, aucun représentant du tiers état ; parmi les membres ordinaires, 21 % de représentants du clergé, 33 % de nobles et 45 % de bourgeois ; parmi les membres associés, 30 % de représentants du clergé, 20 % de nobles et 50 % de bourgeois.

L'Académie a élu pour devise, en 1775, « L'utilité ». C'est le signe même d'une date déjà avancée des Lumières. Elle veut trouver dans les sciences les moyens de développer l'économie de sa province, en s'appuyant également sur des recherches historiques. A Châlons, l'Académie est l'une des possibilités d'intensifier la vie d'une province, autrement dit de populariser les idées des Lumières dans le cadre régional. Ce qui s'est passé à Paris doit désormais aussi se passer en province.

Le salon

Le cercle de conversation d'un groupe librement réuni – sans autre forme d'organisation – existe déjà dans l'Antiquité, c'est par exemple le cercle de Socrate. Ce mode d'échanges est repris par l'humanisme – il est défini très tôt par Boccace, dans le *Décaméron*, comme la réunion spontanée d'hommes et de femmes voulant débattre ensemble de sujets intéressants. Le phénomène se poursuit au XVIIe siècle, où il prend souvent l'allure de sociétés organisées – par exemple, les sociétés linguistiques à la cour ou dans les villes. Mais le XVIIIe siècle se montre tout particulièrement propice à cette forme plus libre de conversation élevée [5].

Dans son *Bref Projet d'intelligence politique*, en 1710, Thomasius analyse la sociabilité de l'homme et son aptitude à ce type d'échanges :

« L'homme était pour Thomasius un animal non pas sauvage et uniquement fait pour la solitude, mais domestique et sociable. Le fondement de toutes les sociétés est la conversation. Mais la conversation est pour lui de deux ordres, quotidienne, celle que l'on mène avec qui que ce soit que l'on rencontre, et puis la conversation particulière que l'on engage avec de bons amis. Thomasius ne se contentait pas de distinguer une *conversatio privata* et une *conversatio publica*, il établissait une autre distinction à l'intérieur de la conversation privée. Après la définition de la *conversatio publica* qui se limite au rapport avec des ennemis ou des inconnus, le chapitre de la conversation avec de bons amis fait un contraste absolu. Thomasius fait éclater ainsi le cadre de la théorie de la conversation traditionnellement admise jusqu'à ce jour, puisque l'ami dit en toute liberté [...] ce qu'il pense et ce qu'il ressent. L'intimité est la condition de l'interaction individuelle. La critique manifeste de l'idéal traditionnel de la conversation – et par là même occasion de la société qui véhiculait cet idéal – était le fait de la classe naissante des représentants des Lumières, et de cette véritable institution sociale de l'amitié, sur laquelle ils se fondaient [6]. »

Si ce nouveau mode de conversation fleurit et se répandit très largement, ce ne fut pas en Allemagne, mais en France, dans cette éblouissante capitale qu'était Paris. Dès la fin du XVIIe siècle, des dames de la noblesse et de la grande bourgeoisie commencèrent à recevoir chez elles – dans leur salon –, à jour fixe, des personnes privées, amis et connaissances, pour deviser et converser non pas sur le mode banal et bavard de la communication sociale, mais en débattant de thèmes précis. Ces cercles non structurés étaient formés de représentants de la noblesse et de la bourgeoisie qui s'intéressaient aux problèmes intellectuels. On y amenait des amis étrangers qui étaient de passage à Paris. Et l'on constituait ainsi une petite académie officieuse, sans autre forme d'organisation, qui contribuait néanmoins énormément à la culture générale et à l'entretien des liens entre gens cultivés. Les sujets de conversation étaient principalement les belles lettres, la poésie, la versification et, de plus en plus, des problèmes philosophiques, ou abordés sous l'angle philosophique.

Sous Louis XIV, se rencontraient chez Mme de Sévigné les aristocrates cultivés, chez Ninon de Lenclos les sceptiques et les libertins comme Saint-Évremond, qui s'entretenaient d'Épicure et de Montaigne, chez Mme de Sablé, les moralistes (autrement dit les critiques) comme La Rochefoucauld. Lui-même écrivait : « La conversation des honnêtes gens est un des plaisirs qui me touchent le plus. J'aime qu'elle soit sérieuse et que la morale en fasse la plus grande partie. » Mais on ne s'intéresse pas uniquement aux questions morales et psychologiques, on se passionne aussi pour les problèmes de physique. Ainsi converse-t-on chez la duchesse de Mazarin – cela se passe à Londres – sur des sujets littéraires, mais aussi sur des sujets philosophiques ou de sciences naturelles : « On y trouve la plus grande liberté du monde ; on y vit avec une égale discrétion. Il est vrai qu'on y dispute souvent, mais c'est avec plus de lumière que de chaleur. C'est moins pour contredire que pour éclaircir les matières. »

Après la mort de Louis XIV, le ton des salons devient plus libre, on y aborde des sujets plus philosophiques. On discute des principes fondamentaux de la politique, de l'économie et de la société. Vers le milieu du siècle – où les salons ne se comptent plus –, Fontenelle, Montesquieu, Mably, Helvétius et bien d'autres se réunissent chez Mme de Tencin : « Il n'était plus question chez elle de rang ni d'état [...] et seuls les meilleurs arguments l'emportaient sur les plus faibles [...] Ainsi se comprenait-on mutuellement, et auprès d'elle on subissait l'influence de cette pensée raisonnable et philosophique qui était celle de Mme de Tencin dont la baguette magique transformait tout le monde en philosophe. » Les collaborateurs de l'*Encyclopédie*, comme d'Alembert, Marmontel, Condillac, Condorcet et d'autres, se retrouvèrent aussi à partir de 1764 chez Mlle de Lespinasse. « Elle était parvenue à rassembler chez elle une société très nombreuse, très variée et très assidue. Son cercle se renouvelait tous les jours, depuis cinq heures jusqu'à neuf heures du soir. On était sûr d'y trouver des hommes choisis de tous les ordres de l'État, de l'Église, de la cour, des militaires, les étrangers et les gens de lettres les plus distingués [...] D'un mot jeté adroitement, elle soutenait la conversation, la ranimait et la variait à son gré. Politique, religion, philosophie, contes, nouvelles, rien n'était exclu de ses entretiens. »

Peu à peu, les salons influent sur l'opinion publique, que ce soit pour les élections à l'Académie ou même en matière de politique, au début de la Révolution. Les salons jouent leur rôle jusque dans cette période de bouleversement de toutes choses.

Les salons ne sont pas cantonnés dans la capitale française. On en trouve aussi en province et hors de France. Lorsque, par exemple, dans sa fuite, Rousseau trouve asile dans la principauté de Neuchâtel, il est aimablement accueilli par le cercle d'Isabelle Guyenet-d'Ivernois. Dans cette même principauté, c'était une dame d'origine hollandaise, Isabelle de Charrière, qui réunissait autour d'elle un cercle dont le rayonnement dépassait de loin les frontières de ce petit monde. Il y avait à Genève le salon de Suzanne Necker-Curchod, épouse du banquier genevois, futur ministre de Louis XVI. Ce cercle était donc aussi établi à Paris. Et leur fille Germaine de Staël-Necker établirait le lien avec l'Allemagne.

En Allemagne – surtout à Berlin –, on trouvait au début du siècle différents salons – quelques-uns ouverts par des dames juives. Henriette Herz peut se vanter d'avoir « su attirer comme par magie dans son cercle tout ce qu'il pouvait y avoir comme jeunes gens ou d'hommes jeunes qui résident à Berlin ou y sont simplement en visite ».

Vienne comptait aussi un certain nombre de salons. Par exemple, celui de la comtesse Wilhelmine von Thun, où Mozart se sentait si bien. Un visiteur anglais écrit à propos de ce salon et de celle qui le tenait.

« La comtesse possède mieux que personne que je connaisse l'art d'entretenir une société et de faire en sorte que ses hôtes se divertissent mutuellement. En plus de beaucoup d'esprit et d'une parfaite connaissance du monde, elle a le cœur le plus généreux qui se puisse imaginer. Elle est la première à découvrir les qualités de ses amis, et la dernière à noter leurs faiblesses. L'un de ses plus grands plaisirs est de dissiper les préjugés entre ses amis, de susciter et d'encourager les amitiés. Elle bénéficie d'un irrépressible afflux d'esprits des plus joyeux et des plus vifs, qu'elle sait utiliser assez habilement pour réjouir les tempéraments gais, sans déplaire aux plus tristes. Je n'ai jamais connu quelqu'un qui ait eu une telle foule d'amis et qui ait su dispenser à chacun d'eux autant d'amitié et de générosité. Elle a créé dans sa propre maison un petit système de bonheur dont elle est elle-même le point d'attraction central qui assure la cohésion du tout[7]. »

Le salon était devenu un phénomène international et il devait continuer d'exercer son action au siècle suivant. Ces cercles fondés sur la sociabilité et la vie intellectuelle pouvaient se constituer partout où l'on trouvait la société et l'intellectualisme correspondants.

En Angleterre, les clubs spécifiquement masculins font parfois également fonction de salons et s'élèvent au-dessus de la simple société fermée, comme c'était le cas au Scriblerus Club (1714) de Jonathan Swift avec Bolingbroke et Alexander Pope. Quelques-uns de ces clubs se voulaient très nettement politiques.

Le club de l'Entresol (1724-1731), créé très tôt à Paris, était aussi un club politique. On a pu dire à son propos : « C'était une espèce de club à l'anglaise, ou de société politique parfaitement libre, composée de gens qui aimoient à raisonner sur ce qui se passoit & dire leur avis sans crainte d'être compromis [...] En un mot, c'étoit un café d'honnêtes gens. » Ce club était dirigé par un prêtre, l'abbé Alary. Il comptait parmi ses membres d'Argenson, l'abbé de Saint-Pierre et Bolingbroke. On l'appelait effectivement aussi le « café des honnêtes gens ».

Car le café, ou café littéraire, commençait à jouer partout un rôle important comme point de rencontre des esprits philosophiques, plus ouvert au public et moins sélectif que le salon. Le café littéraire a pu être à l'origine des sociétés de lecture.

Les sociétés de lecture

Le salon n'était pas une société organisée, au contraire des sociétés de lecture, qui poursuivaient des objectifs analogues.

Elles avaient pour antécédents les sociétés savantes qui, au XVIIe siècle, veillaient à la pureté du langage et s'occupaient de la littérature correspondante. Les sociétés linguistiques étaient particulièrement importantes aux Pays-Bas puisque, à l'âge d'or de la République, on était en train d'établir une langue commune à partir des différents dialectes. Le Danemark et la Suède, ou encore l'Allemagne, se heurtaient à des problèmes du même ordre.

Il fallait faire admettre la validité universelle de la langue écrite. Une fois ces objectifs atteints, dans le courant des XVIIe et XVIIIe siècles, on put se consacrer exclusivement à la littérature, ce qui fut l'objet des sociétés littéraires.

Pour la diffusion des connaissances générales (au-delà du seul public qui s'intéressait particulièrement aux sciences et à la littérature), se fondèrent au milieu du siècle des sociétés de lecture fonctionnant sur la base de l'achat des livres en commun. Différentes formes de lectures et de débats se développèrent, allant parfois jusqu'à la création de cafés littéraires. La société de lecture était particulièrement répandue en Allemagne, mais même en France, où elle était connue sous le nom de « musée » ou de « cabinet de lecture ». Les sociétés de lecture que l'on trouva finalement dans toutes les localités allemandes de quelque importance – même les villages – avaient pour objectif commun, dans l'esprit des Lumières, la formation intellectuelle et culturelle d'un plus large public [8].

Nous donnerons pour commencer l'exemple d'une société de lecture qui se trouvait dans un électorat de l'Empire germanique : la *Gelehrte Lesegesellschaft von Mainz* (Société savante de lecture de Mayence). Mayence est le siège très ancien d'un des trois archevêques électeurs du Saint Empire romain, c'est un centre d'administration et de gouvernement ecclésiastique. Tout était calme dans cette ville catholique tridentine et baroque, jusqu'au jour où, en 1770, sous l'archevêque Emmerich Josef et son ministre le baron Anselm Franz von Bentzel-Sternau, on entreprit de profondes réformes, surtout en matière d'éducation. La mort de l'archevêque Emmerich Josef en 1774 mit du reste fin très brutalement à toutes les innovations. Mais le nouvel archevêque Friedrich Karl von Erthal se déroba assez rapidement à l'influence de ses conseillers réactionnaires et, Bentzel ayant été rappelé en 1780, on put poursuivre l'œuvre du prédécesseur. Mayence fut un exemple type de mouvement réformateur catholique, tardif mais d'autant plus énergique.

La fondation d'une société de lecture à Mayence en 1782, avec l'autorisation de l'archevêque électeur, en est un signe.

La société conclut dès 1782 un contrat avec le libraire de Francfort Hermann pour la fourniture de livres et de revues. Les membres de la société ne sont pas là uniquement pour lire. C'est pourquoi elle se nomme société « savante » de lecture ; on sait que certains de ses membres sont auteurs d'études historiques. La société dispose d'un local. Mais là interviennent déjà les problèmes de discipline collective, car elle ne doit pas se transformer en café. On tolère certes les boissons inoffensives, thé, chocolat, café, sirop d'orgeat, limonades ou punch que l'on peut se procurer sur place. Mais le jeu et le tabac, les deux vices tant aimés du siècle, sont rigoureusement interdits. On va même plus loin : les conversations portant atteinte à la religion, à l'État et aux bonnes mœurs sont également proscrites.

D'après la liste de 1782, les membres sont issus pour moitié de la noblesse et pour un quart du clergé. Ils sont presque tous au service du prince. Les rares qui ne sont pas fonctionnaires sont des diplomates étrangers, des médecins, des juristes et des marchands – deux seulement ! Mais le professeur de chant Heideloff – bourgeois –, qui avait beaucoup œuvré en faveur des beaux-arts, y exerce une grande influence. Les femmes et les étudiants ne sont pas admis, cette dernière exclusion suscitant quelque critique. La société savante de Mayence se distinguait par une orientation caractéristique : elle se voulait antijésuite, autrement dit réformatrice éclairée. Cette société de Mayence servit directement de modèle aux sociétés de lecture d'Aschaffenburg (1783), de Trèves (1783), de Coblence (1783) et de Bonn (1787), toutes villes relevant de princes d'Église.

La société savante de Mayence ne subsista toutefois pas plus longtemps que beaucoup d'autres : elle se dissout en 1790. Une nouvelle société de lecture fut fondée la même année chez le relieur Sartorius, et un « cercle de lecture par correspondance » neuf ans plus tard.

Nous choisirons comme deuxième exemple une société qui incarne la réunion de la couche supérieure dans une région rurale sans capitale : la *Reformierte toggenburgische Moralische Gesellschaft* (Société morale réformée du Toggenburg)[9].

La région du Toggenburg était, au XVIIIe siècle, une région rurale des Préalpes, à l'est de la Suisse, où s'amorçait l'industrialisation ; elle était certes sous l'autorité du prince abbé de Saint-Gall, mais jouissait néanmoins d'une large autonomie garantie par Zurich et Berne. L'été 1767, le greffier du Toggenburg, Andreas Giezendanner, appela à la fondation d'une société qui devrait réunir les moyens de sélectionner des œuvres historiques et morales de valeur et, par ailleurs, permettrait d'« entretenir un échange amical et familier pour l'utilité de tous ». Quinze personnalités, dont neuf représentants du clergé protestant, répondirent à cet appel et constituèrent le 24 août 1767 la *Reformierte toggenburgische Moralische Gesellschaft*. Cette société, qui ne compta jamais plus de quarante membres, réunissait l'élite intellectuelle de la majorité protestante réformée de cette région confessionnellement mêlée, c'est-à-dire des pasteurs, des fonctionnaires supérieurs locaux, des marchands, des fabricants et des médecins. Dès le départ s'y ajouta le petit exploitant agricole, colporteur et écrivain Ulrich Bräker, *le pauvre homme de Toggenburg*. Il ne fut certes admis que contre certaines réticences, car il ne faisait pas partie de la couche supérieure de cette population. Bräker n'en fut pas moins un membre très actif, et sa réputation littéraire croissante, soutenue par les cercles littéraires de Zurich, lui valut vite le prestige nécessaire.

Les membres de la société, qui s'était donné pour devise *Ordine et Concordia* – par l'ordre et la concorde –, étaient tenus de participer à l'acquisition de livres que l'on se prêtait à tour de rôle. Une assemblée générale avait lieu tous les ans à Lichtensteig, la principale localité de la région. Deux présidents et un secrétaire menaient les affaires. Chaque assemblée annuelle commençait par un discours d'ouverture sur un sujet philosophique et moral, ou d'intérêt public. En 1790, Bräker parla par exemple de la condition des pauvres. La principale tâche restait toutefois l'extension de la bibliothèque et le choix des ouvrages : surtout des œuvres de théologie, d'histoire, de sciences naturelles, ou des travaux sur la Suisse. Les belles-lettres étaient moins bien représentées, même si l'on possédait les œuvres de Shakespeare.

La société resta élitaire et se suffit à elle-même jusqu'au jour de 1787 où le secrétaire d'administration, Josef Meyer, soumit son fonctionnement jusqu'alors établi à une violente critique : « Nous nous faisons mutuellement nos compliments les plus déférents, et dans le désordre le plus étonnant, au milieu d'un bourdonnement tout aussi fabuleux, nous échangeons les plus courtois et les plus chaleureux témoignages d'amitié, que chacun déverse sur l'autre du fond du cœur tant il se réjouit de le voir encore présent, vaillant et en bonne santé. Au milieu de diverses cérémonies du même ordre, que nous ne devons pas oublier, pas plus que toute une série d'autres petites choses accessoires, nous nous rangeons et nous nous asseyons. Là-dessus, l'orateur désigné se décharge de son fardeau, tout aussi craintivement qu'il s'en est chargé toute l'année, et nous le félicitons de cette heureuse délivrance. Nous prenons connaissance des comptes de notre très cher président, avec chaque fois les applaudissements et les remerciements qu'il mérite, et nous le reconduisons, ainsi que son président adjoint, dans ses dignes fonctions, ou plus exactement nous nous recommandons encore humblement à leur meilleur souvenir. Vient ensuite la délibération sur les ouvrages (de l'intellect, de l'esprit ou de l'imagination) auxquels nous consacrerons les dons et cotisations annuelles, et sur les nouveaux titres allemands ou français que nous choisirons pour augmenter et embellir notre fonds. Nous versons enfin nos cotisations de lecture et pour terminer, prenons congé aussi courtoisement et chaleureusement que nous nous étions accueillis au départ. » – Tout cela a sans doute une indéniable utilité, ajoute le critique, mais il faut reconnaître franchement qu'elle se limite exclusivement aux membres de la société. – « Car nous seuls avons part au plaisir d'entendre tous les ans un discours accompli, très souvent tout à fait dans l'esprit des Lumières. C'est pour nous seuls, pour notre seul divertissement et notre seul bien que nous augmentons notre collection d'ouvrages en fonction de notre goût, aussi changeant que la mode vestimentaire. Enfin on ne débat que de ce qui est utile à notre petite société et à elle seule, et satisfait en même temps pleinement la pensée de ses membres d'honneur, pour l'oublier après l'avoir examiné un moment. Bref, nous ne nous préoccupons que de nous au cours des assemblées de la société, comme si nous ne nous étions fixé pour but de devenir plus sages, plus intelligents et par conséquent plus heureux, que pour nous-mêmes. »

Ces remarques entraînèrent une sorte de crise politique de la société. Les représentants du clergé, en particulier, ne voulaient pas entendre parler d'ouverture. A partir de 1791, quinze membres participant à l'assemblée annuelle « ayant encore pris ensemble un agréable déjeuner ici à l'auberge du Brochet... dans la plus réjouissante largesse », l'activité de la société s'interrompit jusqu'en 1797 où, en ces temps de violente agitation politique, on songea à en relancer le fonctionnement.

Le bouleversement général de 1798 s'y opposa toutefois, et ce fut seulement de 1820 à 1824 que l'on essaya de faire revivre l'ancienne société, dont les efforts furent finalement repris en 1828 par la *Literarische Gesellschaft*, nouvelle société, littéraire et moins élitaire.

La *Toggenburger Moralische Gesellschaft* était une société de lecture mais, par la pratique de ses conférences annuelles, elle revêtait également l'aspect d'une société littéraire. La connotation « morale » contenue dans son nom se référait à la notion d'intérêt public qui, toutefois, ne se retrouvait pas dans la pratique, comme c'était le cas pour les autres sociétés « morales », c'est-à-dire les *sociétés d'utilité publique*.

Les sociétés économiques d'utilité publique

Si les académies scientifiques et les sociétés de lecture n'étaient pas, en règle générale, orientées avant tout vers la pratique sociale, mais servaient l'enseignement mutuel et l'entretien des sciences et des belles-lettres, en revanche l'intérêt public (depuis l'assistance aux pauvres jusqu'à la réforme agraire) était l'objet des sociétés pour le développement de l'économie et de l'assistance sociale. On les désigne généralement sous le nom de « sociétés économiques » ou de « sociétés d'utilité publique ». La première société célèbre de ce type fut la *Society for Improvement of Husbandry, Agriculture, and Other Useful Arts*, fondée en 1731 dans la ville anglo-irlandaise de Dublin. En 1754, la société correspondante vit le jour à Londres et elle connut un succès égal. Ces deux sociétés servirent de modèle au continent. On vit bientôt fleurir de toutes parts des sociétés de ce genre, par exemple dans la province française, les *Sociétés royales d'agriculture*, dans l'empire des Habsbourg, les *Kaiserlich-königlichen Ackerbaugesellschaften*, en Espagne et dans ses colonies d'outre-mer, les *Socieda-*

des de los amigos del país. Selon les endroits, l'activité de ces sociétés était axée plutôt sur la transformation de l'infrastructure urbaine ou sur celle de l'agriculture [10].

Nous prendrons pour exemple la première société d'utilité publique qui fut un succès. La *Dublin Society*, qui se proposait de se consacrer à l'art de l'économie ménagère, de l'agriculture et autres activités utiles, fut fondée à la suite d'une famine qui sévit en Irlande en 1724. La classe supérieure anglaise ne peut que constater les effets catastrophiques de la politique anglaise en Irlande, la destruction des structures économiques du catholicisme local par les expropriations systématiques, et elle veut faire quelque chose de l'Irlande [11].

En 1731, le philanthrope Thomas Prior, qui s'intéressait particulièrement aux problèmes économiques, et le prêtre anglican Samuel Madden, extraordinairement actif, avec douze autres personnes de même orientation – nobles et ecclésiastiques ouverts aux idées sociales – fondent donc cette société qui se déclare d'emblée axée sur la pratique : « Les membres de la société n'ont pas l'intention d'amuser le public avec de plaisantes spéculations très élaborées ni d'enrichir le monde érudit par de nouvelles observations originales, ils veulent le plus simplement du monde encourager l'effort du simple artisan, tirer les connaissances pratiques et utiles des bibliothèques et des cabinets de lecture pour les porter dans le public, bref leur seul propos est de se rendre bienfaisants, que cet objectif soit atteint par de nouvelles découvertes, par la publication de découvertes déjà anciennes, par l'extension du savoir déjà acquis ou par sa diffusion auprès d'un vaste public. » On perçoit ici la pointe contre les académies – et plus précisément sans doute contre la *Royal Society*, qui n'a précisément d'activité *que* scientifique. Leur souci n'est pas, en résumé, la théorie mais la pratique. Chaque membre de la société devait opter pour un secteur déterminé. On devait se spécialiser, que ce fût en histoire naturelle, économie domestique, agriculture, jardinage, artisanat ou manufacture, et communiquer ensuite les résultats de ses études à la société. Cette communication se faisait dans l'organe de publication de la société, les *Dublin Society's Weekly Observations* : « La *Dublin Society* considère que sa tâche la plus importante est d'encourager parmi nous l'esprit de l'industrie (autrement dit l'application au travail) et elle continuera de le faire par la publication de conseils sur l'art de l'économie domestique (*husbandry*) et autres activités utiles. » Les *Weekly Observations* publiaient également les débats de la société, des statistiques et les nouvelles découvertes. On voulait attirer l'attention des Irlandais sur les recherches britanniques et étrangères, pour rompre l'isolement de l'île.

Les prix et les distinctions diverses jouaient un rôle considérable. L'organisation de concours est toujours un bon moyen de susciter l'intérêt de tous. Des distinctions étaient accordées pour la meilleure imitation de dentelles étrangères, les meilleurs produits textiles, une qualité particulière de semences, l'assèchement d'une zone marécageuse, la fabrication de cidre, de bière ou de liqueur de groseilles à maquereaux, pour la production du meilleur pain ou la mise au point d'une nouvelle méthode de pêche.

La société aménagea sa ferme modèle et installa des entreprises industrielles modèles. Enfin, on se préoccupait du soutien de l'art irlandais, fondant même une Académie des beaux-arts à Dublin. Dès le départ, on se fixa aussi pour but l'établissement d'une bibliothèque qui devint la plus importante d'Irlande.

La société tirait avant tout ses ressources de dons spontanés de la *gentry* irlandaise. Aux alentours des années 1750, le Parlement lui accorda de fortes subventions, et elle fut bientôt dotée d'une *Royal Charter* (charte royale). Son existence était ainsi assurée, et elle a célébré en 1981 son deux cent cinquantième anniversaire.

Le succès fut si grand qu'en 1754 le pendant fut créé

à Londres pour le territoire anglais : ce fut la *Society for the Encouragement of Arts, Manufactures and Commerce*. La *Dublin Society* avait réussi à faire intervenir les couches influentes. Son caractère général, sa défense de l'utilité publique au sens le plus large du terme – depuis l'industrie jusqu'à l'agriculture, aussi bien sur le plan technique que social – servit de modèle exemplaire à l'ensemble du mouvement des sociétés d'utilité publique ou patriotiques au XVIIIe siècle.

Le plus parfait exemple de sociétés tournées vers le commerce et l'industrie est la *Lunar Society* de Birmingham [12]. C'est du reste l'une des sociétés les plus originales. Elle fut créée en relation avec la *Society of Arts* fondée à Londres en 1754 pour le développement de l'artisanat, de l'industrie et du commerce. Birmingham, dans le Warwickshire, dans la partie moyenne de l'Angleterre, était encore une petite bourgade rurale en 1700. C'est alors que débuta un rapide développement industriel, lancé par des gens du *Dissent*, des non-anglicans qui trouvaient là l'occasion de faire la preuve de leur puritaine productivité. En 1760, Birmingham comptait 30 000 habitants, c'était déjà une agglomération urbaine assez importante. Elle possédait avec les usines Boulton-Soho une fabrique de machines de catégorie internationale que l'on venait visiter de toutes parts comme une véritable curiosité. Et, dès 1765 environ, se réunissaient chez le grand industriel Matthew Boulton un cercle d'amis, fabricants, inventeurs et concepteurs de projets. Ces rencontres amicales avaient toujours lieu le lundi des semaines de pleine lune.

C'est seulement en 1775 que ce groupe se constitua en société et s'appela *Lunar Society*. Un peu plus tard, il se dota de statuts ; toutefois, l'organisation restait souple, on ne se montrait véritablement sélectif que dans le choix des membres, dans la mesure où l'on tenait à rester un cercle d'amis. Du reste, la plupart des membres étaient également unis par de multiples liens familiaux. Le niveau scientifique était ambitieux.

Les membres de la *Lunar Society* étaient issus du patronat des débuts de l'ère industrielle, autrement dit de la classe moyenne anglaise. Mis à part Boulton, il y avait le naturaliste écossais William Small, qui avait été antérieurement professeur au *College William and Mary* de Virginie, et surtout James Watt, également d'origine écossaise. Watt était venu à Birmingham comme fabricant d'instruments et il s'associa à Boulton ; c'était un chercheur et un expérimentateur infatigable qui put enfin appliquer là sa découverte : l'utilisation de la vapeur à des fins techniques, qui devait faire date dans l'histoire. La *Lunar Society* comptait aussi parmi ses membres – comment aurait-il pu en être autrement en ce siècle ? – le médecin le plus progressiste de son temps, en la personne de William Withing.

La société continua de se réunir une fois par mois. Par ailleurs, elle tenait une grande assemblée annuelle. Enfin, ses membres entretenaient un important réseau de correspondance épistolaire.

L'activité de la *Lunar Society* consistait à s'informer mutuellement des découvertes scientifiques, surtout dans les domaines de la technique, de l'optique, de l'astronomie, de la chimie, de la minéralogie et de la botanique. On procédait aux expériences dans sa propre entreprise. Les membres fondateurs constituaient une véritable équipe de recherche. Ces réalisations étaient facilitées par les relations d'affaires qui existaient entre eux. Et on enregistra des succès économiques considérables, même si les fluctuations conjoncturelles freinaient parfois les choses.

En même temps, on se préoccupait du développement de la ville de Birmingham, qui ne cessait de s'étendre. La société prit l'initiative de la construction d'hôpitaux et de routes, de l'installation d'un éclairage urbain et du creusement de canaux. On discutait des problèmes d'approvisionnement, voire de l'alimentation de la population ouvrière.

Vers la fin du siècle, l'activité se paralysa un peu. Dans les troubles de 1791 – répercussions lointaines de la Révolution française –, les habitants et les laboratoires de certains membres furent détruits. Ce fut la fin de la société, dont la réputation se perpétua toutefois au-delà de sa période d'activité relativement brève.

La *Lunar Society* est en rapport étroit avec le développement d'une ville qui s'industrialise. L'intérêt porté aux sciences naturelles, les obligations sociales et l'essor industriel sont en l'occurrence indissociables.

Notre troisième exemple sera l'organisation des *Sociedades de los amigos del país*, qui rassemblent les activités d'utilité publique de la monarchie espagnole éclairée [13].

Ce mouvement est lancé par le ministre du roi Charles III, Pedro Rodriguez, comte de Campomanes, en fonction de 1762 à 1791. Une première société voit le jour en 1764 au Pays basque. Peut-être la proximité de la Société française d'agriculture fondée deux ans auparavant à Auch, avec ses antennes de Dax et de Saint-Gaudens, joua-t-elle un rôle. La *Real Sociedad bascongada de los amigos del país* reçoit immédiatement un brevet royal.

Environ dix ans plus tard, le conseil de Castille – dont Campomanes est le procureur fiscal – suggère à la noblesse régionale de fonder des *sociedades*. C'est donc cette fois l'État qui influe sur l'initiative privée de la classe supérieure. Ces sociétés devront promouvoir l'éducation, l'assistance sociale, l'agriculture (et les écoles correspondantes), l'industrialisation et le commerce. Elles prendront modèle sur l'Académie des sciences de Paris, la *Royal Society*, la *Dublin Society* et la société bernoise. Soixante-dix *sociedades* sont fondées de 1770 à 1811 en Espagne même, une bonne dizaine d'autres entre 1780 et 1822 sur les territoires des vice-rois. Leur activité est tout à fait intense jusqu'à la Révolution française, puis elle se ralentit, parce que les sociétés sont emportées dans la tourmente de la Révolution, de la Contre-Révolution et, pour finir, de l'occupation française et de la guerre. Elles se réactiveront pour une part au XIXe siècle, mais sans jamais reprendre l'importance qu'elles avaient pu avoir, surtout en tant qu'instigatrices de mouvement dans les deux ou trois décennies précédant la Révolution.

En ce qui concerne l'Espagne, l'extension aux colonies va de soi. L'appel du comte Campomanes a conduit, à partir de 1780, à la fondation de *sociedades* dans tous les territoires annexés à la couronne, aussi bien en Amérique latine – surtout à Lima et à Quito – qu'aux Philippines. La société de Lima était conjointement société littéraire et société d'édition. Encore dans les années 1812 à 1819, des sociétés patriotiques ou économiques sont constituées à Buenos-Aires, Caracas, Puerto-Rico et dans la ville mexicaine de Chiapas. Ces sociétés s'inscrivent bien évidemment déjà dans le contexte de la révolution coloniale.

Nous choisirons un exemple pour illustrer le mouvement des sociétés d'Amérique latine. Lorsque don Francisco de Viedma, gouverneur intendant de Santa Cruz de la Sierra, dans le vice-royaume du Pérou, décide de rédiger une étude géographique et statistique sur sa province, l'actuelle Cochabamba bolivienne, il en vient aussi à parler des *Sociedades de los amigos del país*. Il se réfère à la première, la société basque. On sait, écrit-il, que ces sociétés sont constituées sur le modèle des académies des sciences naturelles de Paris et de Londres ; on sait aussi combien ces sociétés ont soutenu leurs provinces, leurs villes et leurs villages. Celles de Quito se sont surtout consacrées à l'assistance aux pauvres de cette ville, grâce au zèle patriotique (*el patriótico celo*) du prêtre José Pérez Calama. Il renvoie aussi à un article sur le même sujet dans le *Mercurio Peruano* du 19 janvier 1792. Cette fondation aurait entraîné une activité générale intense parmi les ministres de l'*Audiencia* concernée. Tous auraient participé de toutes leurs forces. Le commerce et l'industrie en auraient tiré profit et l'on enregistrerait à Quito des progrès satisfaisants. Enfin, une société du même type a été créée, rapporte l'auteur, en 1788, non loin de la Cochabamba, à Charcas (l'actuelle Sucre) par l'archevêque et l'intendant du lieu. Il serait temps que dans la ville même de Cochabamba, siège administratif de don Viedma, quelque chose fût entrepris dans ce sens...

Ces considérations, dans les lointains plateaux des Andes de ce vice-royaume du Pérou, témoignent de l'ampleur et de la portée universelle de l'idée des sociétés.

Les sociétés d'agriculture

Les sociétés d'utilité publique qui se consacrent pour l'essentiel, voire exclusivement, à l'agriculture constituent une catégorie en soi. La partie non citadine de la population travaillait le plus souvent dans l'agriculture, et elle était majoritaire.

L'agriculture – ou plus précisément la culture des terres en Europe centrale – traversa au cours du XVIIIe siècle une crise qui fut plus durement ressentie que les précédentes. On était habitué à ce que sévissent la misère et la faim à la suite de mauvaises récoltes résultant des conditions climatiques, et parfois aussi des événements politiques et militaires. Mais le XVIIIe siècle essaya d'échapper à ce cycle et de régler le problème des mauvais rendements agricoles en effectuant des réformes sur la base de connaissances scientifiques. Il se révéla alors que la structure agraire qui s'était établie depuis le XIVe siècle n'était plus adaptée. L'assolement triennal laissait toujours un tiers des terres cultivables en jachère.

Le cycle céréale d'hiver/céréale d'été/jachère pouvait être avantageusement remplacé par une meilleure exploitation du sol. Mais cela supposait une intervention politique dans la structure traditionnelle du village, et surtout une atteinte au système traditionnel des redevances. Devait-on prélever aussi la dîme sur les terres nouvellement défrichées, et pour les nouvelles cultures comme la pomme de terre ?

Tout le problème était de savoir si les autorités permettraient de transformer en terres de pâture les champs qui ne produisaient pas un rendement suffisant, de réduire ou de supprimer la pâture publique, qui ne rapportait pas grand-chose, puisque personne ne se souciait de l'enrichissement des sols sur ces parcelles. On commença à se préoccuper sérieusement de la protection des forêts. En général, on privait ainsi du reste les pauvres de la possibilité de faire paître en liberté leur unique vache ou leurs chèvres, ou de ramasser du bois, ce qui créait de nouveaux problèmes sociaux qu'il fallut ensuite régler au XIXe siècle.

Il y avait aussi le problème de l'accroissement éventuel de la production pour le marché. La population augmentait ; il fallait la nourrir. Les exigences en matière d'alimentation et de boisson se diversifiaient. A cet égard, l'amélioration des sols pouvait être d'une certaine utilité : aménagement de prairies artificielles par l'ensemencement en fourrage, élévation de la production grâce aux engrais et à l'irrigation. On voulait développer, outre les céréales, la production de pommes de terre, améliorer la qualité des légumes, des fruits et du vin, mais aussi du bétail et des produits laitiers. On allait s'attaquer aux parasites avec des moyens nouveaux, mettre en exploitation de nouvelles terres grâce à l'assèchement des zones marécageuses. Il y avait des problèmes de stockage, que l'on pouvait éventuellement régler par l'installation de séchoirs, pour prévenir une déperdition trop rapide ; il y avait aussi le problème de l'amélioration des moyens techniques, charrues modernes et autres instruments agricoles, et enfin le problème d'une meilleure mise en exploitation par la construction de nouvelles routes.

La première nécessité évidente était de combattre les crises. Une mauvaise année réunissait souvent les énergies requises pour la fondation d'une société d'utilité publique. On pouvait certes prendre des mesures immédiates, mais on songeait de plus en plus aux mesures à long terme, et à cet égard la libéralisation du commerce (au lieu de la fermeture monopoliste de chaque territoire) semblait la panacée. On cherchait également à maîtriser les problèmes climatiques, c'était le début des observations météorologiques. Enfin, on se heurtait aux problèmes de gestion domestique des foyers ruraux, d'hygiène et d'éducation.

L'un des sujets les plus controversés mais les plus fréquemment abordés était celui du travail industriel en zone rurale, l'implantation de manufactures et d'usines dans le secteur agraire. Les uns y voyaient le déclin d'un monde à sauvegarder, capable de se développer avec toutes ses valeurs traditionnelles, les autres étaient persuadés que seule l'industrialisation permettrait de surmonter la misère rurale.

La situation générale – en particulier le courant réformateur au sein de la noblesse terrienne – nous est décrite par un dictionnaire économique français de l'époque, réédité à Paris en 1767 : « Le louable désir d'améliorer les sols et d'embellir les propriétés de campagne par de nouvelles plantations a fait de rapides progrès. Les gens qui se penchaient sur les problèmes de l'économie rurale étaient beaucoup plus rares en France jusqu'à cette date. Brusquement, cette science est prisée par la noblesse, et l'on voit beaucoup de nobles en faire leur occupation à plein temps, parce qu'ils se rendent compte de la différence qu'il peut y avoir entre être soi-même gérant de ses propres biens, ou n'avoir que le talent ruineux d'en gaspiller les produits. Le désir de cultiver soi-même ses terres est si l'on veut un phénomène de mode. Mais c'est en l'occurrence une mode des plus heureuses : elle présente des avantages réels, et on ne peut que souhaiter qu'elle dure. On a suivi l'exemple de la Grèce ancienne, de la Rome ancienne, de la Hollande et de l'Angleterre. Le reste de l'Europe, déjà fortement influencé par le style français, s'est empressé d'imiter. On a compris l'importance et la portée de ce goût moderne. C'est grâce à la France que l'agriculture se renouvelle et qu'elle s'est considérablement améliorée dans cette belle parcelle de l'univers [14]. »

L'auteur a en partie raison. Le mouvement agraire se réclame effectivement d'auteurs de l'Antiquité comme Caton, Columelle, etc. La Hollande du XVIIe siècle, avec son agriculture intensive, pouvait aussi servir de modèle à travers sa peinture paysagiste. L'Angleterre et toute la Grande-Bretagne étaient en avance de quelques décennies sur la France. Le *gentleman-farmer* était déjà depuis longtemps préfiguré au sein de la couche politiquement déterminante de la *gentry* rurale. La *Dublin Society* avait été la première à montrer que tous les problèmes agricoles se résolvaient plus facilement par la collaboration au sein d'une société d'utilité publique. Dublin et Londres furent du reste les modèles même en ce qui concernait les sociétés d'agriculture. Peu avant la fondation de la société londonienne, le mouvement agraire anglais gagna le continent : en 1753 fut fondée à Florence l'*Accademia dell' agricoltura ossia degli Georgofili*, c'est-à-dire les amis des paysans ; en 1754, à Erfurt, l'*Akademie nützlicher Wissenschaften* (Académie des sciences utiles) ; en 1757, à Rennes, la *Société d'agriculture* ; en 1759, à Berne, l'*Ökonomische Gesellschaft*. La voie était ainsi ouverte. En Espagne, le mouvement s'implante en 1764 avec la *Real Sociedad bascongada de los amigos del país*, au Pays basque ; en Autriche, en 1765, avec l'*Ackerbaugesellschaft* de Carinthie. Après la fondation de la société de Dublin, on compte plus de cent fondations en Europe et dans les deux Amériques.

Le rôle de ces sociétés économiques est en général de constater la misère rurale et le caractère désuet des normes d'administration et des méthodes de production. A partir de cette analyse, on essaie de susciter l'émulation, pour sortir d'une situation bloquée. Cela suppose une réflexion éclairée et une action correspondante auprès des nobles, des propriétaires terriens patriotes et de la paysannerie. On ne se contente plus de simples considérations annexes, de recettes de gestion ou d'économie domestique, on essaie de venir en aide à l'agriculture en lui proposant des améliorations et des normes nouvelles mûrement élaborées.

Parmi les sociétés qui s'occupent particulièrement de la réforme de l'agriculture, l'une des premières est la *Société d'agriculture, de commerce et des arts* établie par les États de Bretagne [15].

Ancien duché indépendant, possédant toujours son propre parlement, la Bretagne se trouvait un peu en marge de la France centralisée. La production agricole y était au plus bas. Les tentatives de l'améliorer, entreprises dans la première moitié du siècle par quelques représentants de la petite noblesse, restèrent isolées, parce qu'ils n'avaient pas le soutien de leurs pairs et qu'ils ne possédaient pas non plus les connaissances théoriques et techniques requises.

Pourtant, au terme de longs préparatifs, fut fondée à Rennes en 1757 la Société d'agriculture, de commerce et des arts des États de Bretagne. Elle est le fruit d'un extraordinaire effort conjugué de toute la classe supérieure bretonne de la noblesse rurale ancienne ou récente, des cercles de nobles réunis autour de l'instance juridique suprême, le Parlement, et de commerçants d'origine noble ou bourgeoise. Elle compte aussi quelques représentants du clergé, dont l'évêque de Rennes. Étant donné que ces groupes occupent une place dominante au conseil des villes de la province, ils n'ont aucune difficulté à obtenir à la Société d'agriculture la reconnaissance officielle et les crédits dont elle a besoin. L'amour-propre breton joue aussi un certain rôle en l'occurrence. Une société spécifiquement bretonne était une bonne chose en soi, pour des raisons de nationalisme provincial, même si beaucoup de vieux nobles bretons ne s'intéressaient guère aux innovations agricoles.

Le programme de la société prévoyait la création de prairies artificielles, par l'ensemencement en plantes fourragères, l'irrigation et l'enrichissement des sols ; il envisageait en outre la diffusion de nouvelles méthodes pour favoriser la fertilisation des sols arides. Enfin, on songeait à une libération du commerce des grains.

Ce programme correspondait aux idées des physiocrates, ardemment débattues en France et qui avaient en Bretagne des adeptes convaincus avec Montaudoin et Abeille, secrétaire de la société.

La société publiait des mémoires et organisait des concours. On voulait surtout toucher les paysans. Des bureaux secondaires s'ouvrirent dans différents centres régionaux : Dol, Saint-Malo, Saint-Brieuc, Tréguier, Saint-Pol-de-Léon, Quimper et Vannes. Un *Corps d'observation* réunissait le matériau nécessaire pour une meilleure connaissance du pays. Un premier volume fut publié en 1757-1758. Il avait été préparé essentiellement par le secrétaire, Abeille, et un représentant de l'administration centrale du royaume, Védier. Mais ce dernier mourut dès 1762 ce qui représenta une grosse perte pour la société. Trois ans plus tard, elle fut frappée d'un nouveau malheur. Son secrétaire fut suspecté d'avoir participé à un écrit sur les impôts royaux en Bretagne qui provoqua la colère de la vieille noblesse bretonne. Abeille dut quitter la région. La société se trouvait ainsi discréditée tant aux yeux de l'administration centrale que de ses différentes antennes de province.

On essaya certes de se relever. On voulait se consacrer davantage au soutien du commerce, qui suscitait un intérêt plus vif chez les membres citadins, et l'on recruta en 1769 un plus grand nombre de représentants des villes. En 1772, on réussit encore à publier la deuxième partie du *Corps d'observation*. Mais l'activité était paralysée, et elle ne l'était pas uniquement pour des raisons politiques.

Comme bien souvent dans les provinces françaises, il n'y avait pas assez de propriétaires terriens – c'étaient des membres de la noblesse – cultivant eux-mêmes leurs terres. Même lorsqu'ils s'intéressaient à l'agriculture, ils n'étaient pas assez au courant de ses problèmes. Et lorsqu'ils l'étaient, les nobles se préoccupaient avant tout d'élevage de chevaux. Mais l'action échoua surtout auprès des paysans. On espérait les influencer par des écrits. Ce n'était pas assez : il fallut bien se rendre compte qu'ils ne feraient qu'en rire et n'entreprendraient rien. Le manque d'instruction et la pauvreté des Bretons se révélèrent vite des obstacles insurmontables.

La seule réussite concrète de la société d'agriculture fut enregistrée dans le domaine de la fertilisation des sols. En ce qui concernait les prairies artificielles, les réussites restèrent sporadiques. Et la propagande en faveur de la pomme de terre ne progressa que très lentement, même si – et ce fut sans doute la dernière opération de la société – on fit venir en 1774, en accord avec l'intendant royal, des pommes de terre pour les distribuer dans toute la Bretagne.

Dès 1770, une partie de la noblesse au sein des conseils des villes refusa de voter les crédits nécessaires à la société. L'intendant royal nota alors que cela revenait à anéantir la société. De fait, l'activité s'assoupit doucement, et l'on constata simplement quinze ans plus tard que la société n'existait plus depuis longtemps. Toutes les tentatives entreprises pour la faire revivre échouèrent.

Il resta toutefois la réalité d'un effort qui, à long terme, se traduisit quand même par une relance de l'agriculture.

La société bretonne servit de modèle à l'*Ökonomische Gesellschaft* de Berne qui connut un grand succès[16].

Berne était la plus grande cité-État au nord des Alpes et c'était aussi le canton qui avait le territoire le plus étendu de toute la Suisse. Elle était soumise au gouvernement énergique mais un peu vieillot d'un patriciat urbain qui s'occupait des routes et des forêts – mais qui par ailleurs laissait en général les choses telles qu'elles étaient – et dont la politique industrielle avait été un échec. Ce patriciat, qui, fondamentalement, refusait de faire du commerce, était étroitement lié à sa région. Les patriciens possédaient en règle générale un domaine plus ou moins étendu qu'ils administraient encore le plus souvent eux-mêmes. La plupart d'entre eux occupaient également la charge de bailli – fonctionnaire des gouvernements régionaux – et connaissaient bien leur région administrative. Et l'éthique du travail héritée de la Réforme déjà ancienne était en train de se restructurer en fonction de la notion de devoir telle que la définissaient les Lumières.

Encouragés par les informations concernant les sociétés constituées à Dublin et à Londres et surtout en Bretagne, et s'appuyant en outre sur une tendance de la Société de sciences naturelles de Zurich qui s'intéressait à l'agriculture, en 1759, sous la direction de l'ancien bailli Samuel Engel et du propriétaire terrien Johann Rudolf Tschiffeli, quelques patriciens fondèrent la Société économique qui n'était pas initialement conçue uniquement pour le canton de Berne, mais pour l'ensemble de la Suisse.

Berne sortait juste d'une sorte de crise de l'agriculture. L'hiver 1757 avait été long, et au mois de juillet 1757 il pleuvait et il faisait encore froid. Le blé était monté et il fallut le rentrer mouillé. Les dîmes – qui assuraient les ressources de l'État – n'avaient jamais été aussi faibles qu'au mois de novembre.

L'objectif était le même que partout ailleurs : « La

société se propose pour but d'amener une remontée de l'agriculture, de l'alimentation et du commerce. Autrement dit : d'augmenter le rendement de la terre, d'améliorer la transformation des produits agricoles et d'en faciliter la distribution. » Si l'on appliquait ces intentions uniquement à l'économie agricole, cela voulait dire que la meilleure économie consistait à « obtenir avec le minimum de semence, le minimum de terre et le minimum de main-d'œuvre une quantité de produits relativement élevée ».

L'organisation de la société se subdivisait en trois parties : une *grande société* qui devait distribuer une fois par an les prix des concours au cours d'une cérémonie solennelle. Une *société moyenne* tenant des séances mensuelles, chargée des comptes et devant définir les concours et en juger. Une *petite société* qui avait la véritable direction des affaires et se réunissait une fois par semaine (en été une fois par mois). Elle assurait la correspondance. Jusqu'en 1798, la société compta au total cent quatre-vingt-quatre membres, dont environ la moitié étaient actifs au sein de l'organisation. Il s'agissait pour la plupart de propriétaires terriens issus du patriciat, auxquels venaient s'ajouter des représentants du clergé, des médecins, des professeurs et des marchands. Deux paysans seulement furent admis, et ce dans les premières années.

L'organe de publication, *Abhandlungen und Beobachtungen* (*Traités et Observations*) paraissait en deux langues, français et allemand, puisque le canton était bilingue et que la volonté de parvenir à une action internationale impliquait la publication d'une édition en langue française. Cet organe fut immédiatement connu et utilisé dans toute l'Europe, il eut au moins autant d'effet que la revue anglaise. A cela s'ajoutait une correspondance importante, avec le reste de la Suisse, la Grande-Bretagne, la France, l'Espagne, la Suède, le Danemark, l'Allemagne, les Pays-Bas, la Pologne et l'Italie. La revue de la société contenait principalement les réponses à ses concours.

On entreprit en 1761 la fondation de sociétés secondaires qui, sur l'ensemble du canton, couvriraient mieux les différentes régions. Plus de dix virent le jour. Cela développa une certaine activité dans la couche régionale dominante du clergé et de la magistrature. Dans trois villes voisines, Fribourg, Soleure et Bienne, se fondèrent en même temps des sociétés économiques autonomes, mais en relation étroite avec Berne.

Les articles et traités portaient à 70 % sur des sujets d'agriculture, de sciences naturelles et de géographie : culture des céréales, irrigation des prairies, vignoble, préparation des engrais, étude des sols, élevage, répartition des terrains communaux, exploitation alpestre, urbanisation. 8 % seulement étaient consacrés à l'industrie et au commerce, sujets bien étrangers à Berne. Il y avait aussi d'importantes analyses topographiques et statistiques de différentes parties du canton et du reste de la Suisse.

A cela venait s'ajouter l'activité des membres de la société : transformation de leur propre exploitation en ferme modèle, expériences sur le terrain tout autour, observations météorologiques et propagande en faveur de nouvelles techniques agricoles. Tout cela s'effectuait toujours en contact étroit avec les paysans. On n'allait toutefois pas aussi loin que la commission économique de la Société de sciences naturelles de Zurich, également fondée en 1759, qui organisait des rencontres avec les paysans au cours desquelles les membres citadins s'entretenaient des réformes avec les paysans eux-mêmes.

On se rend compte du prestige dont jouissait la société bernoise en lisant le rapport rédigé en 1764 par le comte Karl von Zinzendorf, qui visitait ce pays voisin déjà assez développé sur ordre du Premier ministre autrichien Kaunitz : « La Société économique de Berne est la mère de toutes les organisations du même ordre qui ont pu être créées par la suite en France, en Angleterre, en Allemagne, et même en Suisse. » Même si cette affirmation est fausse – surtout en ce qui concerne l'Angleterre –, elle montre bien que l'on attribuait à Berne un rôle primordial. Zinzendorf évoque ensuite l'activité de divers membres : « La société se compose d'hommes très habiles et très vaillants, dont le président, M. Sinner et les deux frères Tscharner. Ils tentent eux-mêmes des expériences et distribuent des prix. Le vice-président, Tschiffeli, greffier du tribunal et ecclésiastique, est un homme particulièrement énergique et utile. Cet honnête et honorable patriote a poussé très loin les travaux d'irrigation des prairies sur son petit domaine de Kirchberg. Il s'efforce essentiellement d'apporter à la terre une quantité d'eau égale, et certaines de ses rigoles ont une double fonction, d'une part, de faire s'écouler l'eau, d'autre part, après l'écoulement de la recollecter au travers d'une plate-bande de manière qu'elle se charge de nouveaux sucs et que son ruissellement soit d'autant plus utile pour les parcelles de prairies suivantes. Il tient pour absolument nécessaire que l'eau n'arrive pas à l'état brut sur les prairies [17]. »

Zinzendorf mêle du reste à ces louanges de la Société économique une remarque restrictive : « Il n'est guère à l'honneur du gouvernement que cette Société ait si peu bénéficié de son soutien jusqu'à ce jour. » Effectivement, les relations de la Société avec l'État se gâtèrent deux ans plus tard. Les conservateurs du patriciat n'avaient jamais considéré d'un œil très bienveillant tout ce mouvement de réformes économiques. Un article publié dans la revue sur la population du pays de Vaud fournit le prétexte attendu. Les statistiques démographiques constituaient une ingérence dans les affaires politiques et militaires. La majorité des membres du gouvernement, en particulier le chef de l'État, essayèrent cette fois de paralyser complètement les activités de la Société. Ce fut une véritable épreuve de force entre éléments progressistes et immobilistes au sein du patriciat. On réussit certes à sauver la société bernoise, dont la présidence fut reprise par Albrecht von Haller, lui-même politiquement inattaquable. Mais les sociétés secondaires disparurent, leur activité étant désormais soumise aux baillis locaux. Le travail se poursuivit à Berne au ralenti. La société se vit encore confier officiellement quelques contrats pour l'établissement de rapports sur l'aménagement des torrents, l'élimination des hannetons, les plantations de mûriers. Elle procéda encore, avec les autorités gouvernementales, à un relevé des récoltes en 1771 et à un recensement du bétail en 1787. Mais sous la direction de Haller, la société se consacra de plus en plus à des études de sciences naturelles moins dangereuses. Dans les années 1770, avec Nikolaus Emanuel Tscharner, la société prit un nouvel élan économique. A la veille de la Révolution elle ressemblait toutefois plutôt à une société savante « patriotique » comme tant d'autres.

Les francs-maçons

Parmi les champions des Lumières, les francs-maçons occupent une place éminente [18]. Ils fournirent un cadre institutionnel aux aspirations et aux idées généralement répandues à l'époque, et la structure internationale et cosmopolite de leur organisation fit que bientôt des francs-maçons se trouvèrent partout dans les instances dirigeantes des États comme dans les sociétés œuvrant pour les réformes.

On sait que la franc-maçonnerie remonte à la tradition des « francs-maçons » qui bâtirent les cathédrales et à des communautés de type corporatif qui purent, dans l'Angleterre anglicane, survivre à la Réforme et à la Contre-

Réforme. Dès le XVIIe siècle, ces artisans avaient admis dans leurs rangs des donateurs de la noblesse et d'autres personnes intéressées par leur activité, en particulier des géomètres et des scientifiques. Ces nouveaux venus commencèrent à prédominer peu à peu, et l'élément technologique passa au second plan. Ce qu'il en resta, et qui fut développé, ce furent des us et des coutumes, ce fut le cérémonial de ces associations, influencé de surcroît par l'apport italien de l'*Accademia* : des hérétiques italiens émigrés jouèrent là leur rôle. Les succès remportés par la *Royal Society* et le puissant élan des Lumières anglaises firent le reste. Le 24 juin 1717, le jour de la Saint-Jean – saint Jean l'évangéliste est le patron des francs-maçons –, les loges londoniennes fusionnèrent pour constituer la Grande Loge d'Angleterre, qui se donna une organisation fixe en 1723 par les constitutions d'Anderson.

Le grand maître de la Grande Loge anglaise avait autorité sur toutes les loges, chacune d'elles ayant la même organisation. Les membres y étaient répartis en apprentis, compagnons et maîtres, et accédaient successivement à ces trois grades.

Les réunions consistent en un repas pris en commun, suivi d'une conférence, d'une discussion et d'une collecte. La Saint-Jean revêt une solennité toute particulière : « Tous les trimestres ou au moins tous les ans, pour la fête de saint Jean-Baptiste ou de saint Jean l'évangéliste, selon ce qu'en dispose notre grand maître, nous avons des agapes où se retrouvent tous les maîtres, compagnons et apprentis de toutes les loges. » On y observait « une égalité entre les frères, bannissant toute préséance et querelle hiérarchique. Chacun prend place à la table dans l'ordre où il arrive, le simple artisan se trouve assis près d'un duc, et ils font si bien connaissance qu'ils devisent aussi chaleureusement que frères de sang. Il est étonnant qu'en dépit d'une telle affluence (parfois de cinq cents convives) il règne là une telle tranquillité, mesure, concorde et affabilité, et que le repas s'achève à l'heure convenable. [...] La prière appelant la bénédiction du repas est prononcée par le grand maître, à moins qu'il n'en charge un frère qui est ecclésiastique, ou bien le secrétaire ».

La loge entretient fréquemment une bibliothèque, presque comme une société de lecture. La correspondance avec d'autres loges est importante.

Il règne entre francs-maçons une profonde solidarité : « Lorsqu'un frère se retrouve en prison pour dettes, celles-ci sont payées dès qu'on peut apporter la preuve qu'il est honnête.

« Un frère malade qui se trouve hors d'état de pourvoir à ses soins reçoit de la loge dont il est membre deux guinées par semaine, pour autant que sa maladie n'est pas due à l'intempérance et à une vie déréglée. Le médecin, le chirurgien et le pharmacien de la loge sont prêts à lui apporter soins, service et médicaments, et ce gracieusement. Trois hommes de l'art sont ainsi appointés par chaque loge. »

Délibérément, les francs-maçons se situent au moment où le Moyen Age finissant débouche dans l'âge baroque, et au moment où se lève la lumière d'une époque nouvelle. Aux symboles vénérables de la construction du Temple, ils entendent donner un contenu nouveau. Cela implique une réinterprétation de la tradition chrétienne dans un sens humanitaire et éclairé. On sent à l'arrière-plan la « Glorieuse Révolution », sa relativisation des clivages sociaux et confessionnels, et l'accent qu'elle mit sur les droits de l'homme et du citoyen. La franc-maçonnerie exprime un besoin de conférer, par une nouvelle fraternité, un sens vivant à des liens religieux souvent sclérosés. Les « constitutions » stipulent que le franc-maçon doit être un homme plein de bienveillance et d'humanité, un *homme bon*, loyal, guidé par l'honneur et l'honnêteté. Il est « ami des riches et des pauvres » pourvu qu'ils soient vertueux. Dans un plaidoyer paru en 1746, cela sera formulé ainsi : « La société des francs-maçons n'a d'autre but que de promouvoir la paix et la concorde entre les hommes. Tous les États développés devraient l'assurer de leur protection, s'ils ont le souci d'accroître le bien public et la prospérité. » Dans le langage franc-maçon, cela revient à poursuivre la construction du temple de Salomon. Il s'agit du royaume de Dieu sur terre.

Ainsi, ce mouvement se situe, d'une part, dans un très ancien héritage chrétien, et d'autre part, il représente un christianisme éclairé, ou simplement la religion naturelle. Les distinctions confessionnelles sont relativisées : on trouve des membres anglicans, dissidents, catholiques (en 1772, c'est un catholique, lord Robert Edward Petre, qui devient grand maître de la Grande Loge anglaise), et très tôt les Juifs peuvent être admis.

Par suite, les loges maçonniques deviennent des écoles de tolérance. Le mouvement répondait aux besoins d'une époque où les étroites barrières confessionnelles tombaient, mais où l'on voulait en même temps demeurer dans la tradition confessionnelle où l'on était né.

Les vieux rites maçonniques et leurs symboles devaient être préservés de la profanation publique par une stricte obligation de secret. « Les soldats ont leurs emblèmes pour se distinguer en campagne. Les officiers ont leurs mots de passe, pour se reconnaître en temps de guerre et de paix [...] Et nous avons pareillement des objets et des mots de reconnaissance, comme par exemple : colonne, étendard, tablier, glaive, maillet, tronc, compas et équerre, niveau, etc. » C'étaient précisément ces secrets qui attiraient, dans un monde aux apparences de plus en plus sobres.

La franc-maçonnerie remporta très vite un succès sans précédent. En 1725 – huit ans après la fondation –, on comptait déjà cinquante-deux loges en Grande-Bretagne. Dès avant 1730, l'idée s'en répandit – essentiellement par l'intermédiaire de voyageurs : lords et officiers anglais, souvent aussi émigrés partisans des Stuart – d'abord en France et en Espagne et, de ce fait, dans les colonies correspondantes, comme dans les colonies britanniques. Elle pénétra aussi toute l'Italie – en particulier Rome, Florence, Milan et Turin –, puis les Pays-Bas, la Suisse romande (Genève, 1736) et, à partir de Hambourg (1737), l'Allemagne du Nord et l'Allemagne moyenne : Berlin, Breslau, puis Vienne, Prague et Dresde. De Dresde, elle gagna Varsovie. Elle avait atteint très tôt Saint-Pétersbourg. Dans les années quarante, ce fut le tour de la Suède et du Danemark, et enfin aussi de l'Allemagne du Sud, de l'Autriche, de la Hongrie et de la Roumanie.

Vers le milieu du siècle, la franc-maçonnerie avait gagné tous les grands centres de l'Europe et de ses dépendances d'outre-mer, et elle put commencer de se répandre dans les provinces. Cette diffusion concernait les couches moyennes et supérieures. François-Étienne de Lorraine, futur empereur, et le prince Frédéric de Prusse, futur roi, devinrent francs-maçons (respectivement en 1731 et 1738) ; la haute et la petite noblesse, des savants et des ecclésiastiques en grand nombre – en particulier anglicans – rejoignirent ses rangs. C'était la réalisation d'une véritable confraternité universelle des esprits éclairés. Les loges faisaient se rencontrer aristocrates, hauts fonctionnaires, conseillers et amis du souverain, étrangers de passage, diplomates, banquiers, commerçants, officiers. On y nouait des relations, parfois des amitiés, on y obtenait des lettres de recommandation qui pouvaient vous ouvrir la porte de personnages importants. On pouvait y avoir des conversations sérieuses sur un ton de familiarité qui ne se trouvait guère ailleurs.

Le mouvement se heurta néanmoins à deux obstacles, l'un extérieur et l'autre intérieur. L'Église catholique publia en 1738 la bulle *In eminenti* qui interdisait à tout fidèle d'entrer dans une loge, et l'interdiction fut réitérée en 1751. L'Église prenait ainsi nettement position contre ce mouvement des Lumières, mais à vrai dire sans que cela entraîne d'effets considérables. Même s'il y eut persécution en 1739 dans le grand-duché de Toscane, et en 1743 dissolution de la loge de Vienne par l'impératrice Marie-Thérèse, et encore d'autres difficultés ailleurs, d'autres États catholiques restèrent indifférents ; et, s'agissant d'une société secrète, il était fréquent que les loges dissoutes subsistent simplement sous un autre nom. On vit précisément des pays catholiques devenir de puissants foyers de la franc-maçonnerie – comme la république de Gênes – et les maçons eurent à certaines cours la plus grande influence. Ils furent parfois inquiétés même dans les pays protestants. A Hambourg, Genève et Berne, aux Pays-Bas et en Suède, les loges furent interdites pour des périodes plus ou moins longues, mais pour des raisons plus politiques que théologiques : on se scandalisait du serment prêté à une instance internationale et étrangère à l'État. Mais, à long terme, ces mesures répressives n'eurent pas de succès.

Au sein même de la franc-maçonnerie, une certaine confusion résulta, à partir des années quarante, de la scission en diverses observances, due à l'application du cérémonial, des rites. Cela tenait également au besoin qu'éprouvait l'époque de se ressourcer dans un certain archaïsme.

En dépit de ces scissions, le mouvement ne perdit rien de son attrait. A la fin du siècle, une grande partie des tenants de la modernité étaient dans la franc-maçonnerie.

Ce qui rapproche les francs-maçons des « sociétés », outre leur forme d'organisation sociale, c'est leur vif intérêt pour les sciences : « On trouve là l'école des sciences, des beaux-arts et des bonnes mœurs, une académie savante dont les membres possèdent des dons divers et dont la réunion constitue sans conteste la plus savante société du monde. » De fait, beaucoup de scientifiques étaient francs-maçons.

Il convient d'évoquer en outre l'obligation de bienfaisance, qui se manifestait particulièrement en Angleterre, mais aussi ailleurs, directement ou indirectement (en collaboration avec d'autres sociétés) dans de nombreuses initiatives visant à des réformes économiques et sociales : ouvertures d'écoles pour les pauvres, de maisons pour les indigents, organisation d'assistances médicales, vaccination contre la variole, etc.

Tout comme dans beaucoup d'autres sociétés, on entretenait des contacts internationaux.

Enfin, la franc-maçonnerie ressemblait aux sociétés par l'accent qu'elle mettait sur l'égalité interne : nobles et roturiers s'y trouvaient sur un pied d'égalité, en frères semblablement soumis à un idéal supérieur, celui de l'édification du Temple.

A quel point les idées franc-maçonnes furent popularisées bien au-delà des loges, c'est ce que montre le chant « Frères, tendez la main pour l'alliance », dont on attribue la mélodie à Mozart [19] : celui-ci compose en novembre 1791 (et c'est l'une de ses dernières œuvres) un *Chant des maçons* commençant par ces mots, dus sans doute à Schikaneder : « Allons les mains jointes... » Bientôt, on mit d'autres paroles sur cette musique, et ce *Chant des maçons* ou encore *Chant de société* fut largement diffusé ; il résume l'idée fondamentale de tout le mouvement réformiste. Il dit littéralement : « Frères, tendez la main pour l'alliance ! Que cette heure grande et solennelle nous mène à des hauteurs plus lumineuses ! Laissons s'enfuir ce qui est terrestre, les harmonies de notre alliance dureront, éternellement solides et belles. Louanges et grâces au maître des mondes, qui créa esprits et cœurs pour une perpétuelle action ! Produire lumière, justice et vertu par les saintes armes de la vérité, telle soit notre divine vocation. Vous qui êtes les meilleurs sur cet astre, tous hommes de l'Est et de l'Ouest comme du Sud et du Nord ! Chercher la vérité, pratiquer la vertu, aimer de tout cœur Dieu et les hommes, que cela soit notre devise ! »

Les sociétés dans le mouvement des Lumières

Le siècle est progressivement envahi de formations associatives, et là où il n'existe pas de société organisée, les loges franc-maçonnes occupent le créneau, tout particulièrement dans l'Europe de l'Est. Sociétés scientifiques, sociétés culturelles et sociétés d'économie pour le bien public, tels sont les trois principaux types dans la seconde moitié du siècle. Gravitent encore autour les nombreuses sociétés présentant les combinaisons les plus diverses d'objectifs « éclairés », d'ordre éventuellement religieux ou – tout à fait rarement – politique.

A partir de 1694 et à l'initiative de l'Anglaise Jane Leade, les esprits d'un mysticisme piétiste se regroupent dans l'organisation très souple de la *Philadelphian Society*, qui compta beaucoup d'adeptes en Allemagne, Hollande, Suède et Finlande. La *Society for Promotion of Christian Knowledge*, foncièrement anglicane de fondation, eut en Angleterre une large action en matière d'éducation chrétienne, d'instruction et d'alphabétisation. C'étaient les organisations religieuses qui touchaient le plus facilement les basses classes. Bientôt, cette société se pourvut d'une filiale, la *Society for the Propagation of the Gospel in Foreign Parts*, dont le but était de faire connaître la Bible dans les colonies, autrement dit parmi les émigrés d'Amérique du Nord. L'exemple fut suivi en 1771 par le luthéranisme d'État en Suède, avec la *Societas Suedana pro Fide et Christianismo*, qui entendait elle aussi lutter pour la foi et le christianisme, pour la promotion de la piété populaire et contre la détérioration grandissante des mœurs. C'est dans le même esprit pieux que des Souabes fondèrent à Bâle, en 1780, la *Société allemande du christianisme*[20].

Or, la plupart de ces sociétés n'étaient pas fondamentalement liées à une Église, mais leur appartenance religieuse allait tellement de soi qu'elle était toujours sensible à l'arrière-plan, tout comme l'appartenance à un État.

Pour autant ces sociétés ne se présentaient pas, en règle générale, comme politiques, car le domaine proprement politique était l'affaire des gouvernements en place. Il n'empêche que les sociétés à but économique ou visant le bien public avaient tout de même une action politique au sens large du terme. Elles se préoccupaient de la *polis*, de la cité, de l'État. Elles déchargeaient celui-ci de tâches auxquelles il n'était pas préparé ou pas apte, elles occupaient les créneaux. Lorsque se crée par exemple en Bretagne une société d'agriculture, c'est bien de tout l'ancien duché qu'elle se soucie ; quand Hambourg possède une société « patriotique », il s'agit de cette grande ville de la Hanse ; mais ce n'est pas au sens étroitement national. En l'occurrence, la Bretagne ou Hambourg doivent être le lieu où l'on doit et où l'on peut œuvrer pour le bien de l'humanité.

Quand, en 1761, des Suisses de divers cantons fondèrent la *Société helvétique*, il s'agissait certes de l'Helvétie, mais aussi et surtout des Lumières en Suisse. On voulait s'opposer au déclin de la solidarité confédérale. Pour atteindre un tel objectif ressortissant à la politique nationale, on n'avait alors d'autre moyen que d'organiser un « cercle d'amis » venus des divers cantons constituant l'État fédéral. Ce cercle se réunissait en une assemblée annuelle de plusieurs jours, où l'on discutait librement. Comme les principales composantes du mouvement réformiste étaient représentées parmi les membres, la Société helvétique coiffa en quelque sorte les sociétés cantonales et finit par devenir en fait une assemblée nationale aussi représentative que spontanée. Elle est un cas unique parmi les sociétés du XVIIIe siècle[21].

Ce qui vaut pour toutes, c'est qu'elles s'appuient sur les élites locales ou religieuses : noblesse, clergé, hauts fonctionnaires et commerçants. Ce cercle d'amis fait se rencontrer des nobles de cour ou des hobereaux, d'une part, et d'autre part, des ecclésiastiques et des bourgeois chefs d'entreprise. La diversité des ordres et des classes d'où sont issus les membres – on y trouve à l'occasion des artisans et des paysans – a contribué pour beaucoup au passage d'une société divisée en ordres et en corporations à la société bourgeoise et démocratique qui allait prévaloir au XIXe siècle. Fut également accélérée de manière décisive l'*émancipation* de la bourgeoisie dans les États monarchiques et, dans les républiques, le rapprochement du patriciat avec le reste des citoyens.

Ces sociétés, précisément parce qu'elles étaient généralement issues de cercles d'amis, pratiquaient de nouvelles formes de convivialité. Le sérieux de ces réformateurs et toute leur activité n'empêchaient pas que leurs réunions ménagent des moments de conversation à bâtons rompus et de réjouissances autour de tables bien garnies où le vin n'était pas oublié, ni le café, le thé ou le tabac. Il y avait des sociétés ouvertes aux femmes, même si celles-ci figurent rarement dans la liste des membres. Mais elles sont présentes de toutes sortes de façons dans la mouvance des sociétés, et pas seulement au titre de la convivialité. Dans cette dernière, les sociétés trouvèrent en tout cas une voie moyenne et raisonnable, à mi-distance de la cordialité joviale des banquets de corporations et des manières précieuses des élites de cour.

Cela devint une mode que de participer à des sociétés. Il était de bon ton d'être membre de diverses académies, associations, etc. Ainsi, le comte d'Albon, prince d'Yvetot, proche des physiocrates, apparaît en ces termes sur la page de titre de ses *Discours politiques, historiques et critiques sur quelques gouvernements de l'Europe* (1779) : « [...] des académies de Lyon, Dijon, Rome et Nîmes, de celles des

Arcades et de la Crusca ; des sociétés de Florence, Berne, Zurich, Chambéry, Hesse-Hombourg, etc., etc., etc. » L'énumération n'est pas exhaustive : cet aristocrate français signale qu'il appartient à d'autres sociétés encore et qu'ainsi il est en plein dans le mouvement des Lumières.

Les revues et les livres

Lorsque les sociétés aspiraient à une large audience, elles publiaient généralement une revue. Mais elles n'étaient pas seules à le faire, et les revues de toutes sortes jouent un rôle primordial dans la propagation des Lumières auprès d'un vaste public. Elles sont d'un type nouveau, ne donnent plus simplement des informations, des nouvelles du monde, des comptes rendus de catastrophes et de crimes, elles offrent une analyse visant délibérément à « éclairer » les esprits.

Cela supposait l'existence d'imprimeurs et d'éditeurs qui fussent des chefs d'entreprise indépendants. Cela supposait également que régnât la plus grande liberté de publication. La liberté de la presse n'exista d'abord que dans les Pays-Bas, particulièrement en Hollande, où elle signifiait non seulement l'indépendance vis-à-vis de l'Espagne, mais la tolérance envers les confessions autres que le calvinisme. Au XVIIe siècle, on se réfugiait en Hollande quand on voulait tourner la censure de son pays. Même lorsque le lieu de publication était fictif (« Amsterdam » ou quelque autre ville des Pays-Bas), cela suffisait à rendre l'ouvrage attrayant, car on supposait qu'il était critique ou subversif. Puis ce fut le tour de la Grande-Bretagne de devenir plus libre. Sous Charles II, le principe était encore : « L'impression et la publication de tous journaux, pamphlets ou nouveautés quelconques sont illégales. » Mais intervint alors la « Glorieuse Révolution », John Locke réclama la liberté de la presse et, lorsque, en 1795, le *Licencing Act* devint caduc (qui permettait d'atténuer quelque peu la censure par des licences), le Parlement donna toute liberté à la presse.

Le modèle de la nouvelle revue fut, de 1710 à 1724, le *Spectator* édité par Addison et Steele. Il s'agissait de bannir d'Angleterre « vice et ignorance », et d'y publier au contraire le programme éthique des Lumières. La revue était censée rassembler les observations faites par un certain Sir Roger de Coverly, gentilhomme venu de sa campagne visiter Londres en « spectateur » et observateur. Il est flanqué du capitaine Sentry, le soldat, de Sir Andrew Freeport, le négociant, et de Will Court, l'homme à la mode quelque peu vieillissant, ainsi que d'un avocat auprès du plus haut tribunal du royaume.

Le *Spectator* traitait chaque semaine, en de brefs articles, tous les sujets possibles. Ainsi, entre le 24 novembre et le 20 décembre 1714, il y fut question des sujets suivants : la division de l'humanité en classes ; l'éternité ; le comportement inconvenant à l'église ; la propreté ; l'aspiration à la perfection ; l'accroissement de la force de l'intelligence dans un état ultérieur [22]. Ce genre de considérations était volontiers assorti de citations latines et grecques.

Ces comptes rendus et articles courts et denses qui revenaient chaque semaine trouvèrent des lecteurs attentifs, et désormais la voie était ouverte à toutes sortes de revues, à ce qu'on appela en allemand des « revues hebdomadaires et morales » de toutes formes, paraissant en tous lieux, et pour une part consacrées à des sujets spéciaux.

Le continent suivit bientôt l'exemple, et l'on vit alors se multiplier ces publications aux titres divers : *Journal*, *Giornale*, *Tagebuch*, *Diario*, *Zeitung*, *Gazette*, *Magasin*, *Memorias*, *Mercure* (un français, un allemand et un suisse), *Anzeigen* (annonces), *Beiträge* (contributions) et *Almanach*. Cela supposait une censure mesurée, car le continent n'était pas la libre Angleterre. Vers 1778, la censure parisienne était jugée en ces termes : « Les censeurs des livres, à Paris, sont plus raisonnables, et les plus justes du monde [...] Paris est la ville où l'on imprime le plus de journaux : *Journal des savants*, *Journal des sciences et des beaux-arts*, *Journal politique et littéraire*, *Journal du théâtre*, *Mercure de France*, etc. [23]. » A Berne, on entend dire en 1786 : « Notre censure, qui ne fut jamais acerbe, s'endort tout tranquillement [24] [...] »

Chaque pays, voire chaque ville, possède depuis longtemps ses revues, dont certaines agirent puissamment dans le sens des Lumières – comme par exemple en Allemagne *Le Patriote* de Hambourg, qui parut de 1724 à 1726 à l'initiative éditoriale de cinq hauts fonctionnaires, deux professeurs d'université, deux ecclésiastiques et, à chaque fois, d'un journaliste et d'un commerçant ayant fait des études. A partir de 1723, le groupe se réunissait chaque semaine pour un débat. La publication du *Patriote* se situait dans la ligne du *Spectator* anglais et voulait aider les gens à s'orienter dans la confusion de l'époque. La revue contenait des satires, des dialogues, des fables, des songes, des portraits, des récits, des lettres de lecteurs authentiques et fictifs. On y démontrait la supériorité de la raison pratique sur l'ignorance, le conformisme et le préjugé. Un patriote, au sens de cette revue, c'était un citoyen du monde libre de préjugés, qui agissait en pratique pour le bien de sa communauté en tablant sur sa crédibilité et sur l'exemple qu'il donne. Le patriote ne critique pas l'ordre sociopolitique existant, il critique ce qui ne va pas dans le cadre de cet ordre. Ce *Patriote* de Hambourg est l'un des plus grands succès de la première moitié du siècle en matière de publications. Au cours des neuf premiers mois, son tirage passa de quatre cents à cinq mille exemplaires. Par la suite et jusqu'à 1765, il connut encore quatre éditions en volume.

Presque au même moment, dans une autre ville marchande, à Zurich, un groupe de jeunes gens (une demi-douzaine de pasteurs et deux médecins) avait fondé une société qui s'appela « Les peintres » et se réunit de juillet à octobre 1722. De 1721 à 1723, ils publièrent les *Discours des peintres*, encore une revue dans la ligne du *Spectator*, poursuivant les mêmes objectifs politico-patriotiques, mais mettant davantage l'accent sur les questions esthétiques et littéraires. L'intervention de la censure montre bien la signification politique qu'avait cette publication. Les chevilles ouvrières, tant de la société que de la revue, n'étaient autres que Bodmer et Breitinger, futurs professeurs à l'académie de Zurich.

A ces exemples allemand et suisse, ajoutons un troisième pris dans le domaine italien, celui de l'*Accademia dei Pugni*, l'académie milanaise « des poings » (1764-1766). Elle se situe, pour le coup, en plein rayonnement des Lumières, mais elle n'en a pas moins elle aussi le caractère d'un cercle d'amis qui se conçoit comme une « société » et qui entend se manifester publiquement par une revue, intitulée en l'occurrence *Il caffé*. Ce nom comme celui de la société trahit l'humour attaché à une fondation aussi « peu sérieuse » que pleine de vivacité. C'étaient les années où les idées de Rousseau, Helvétius et autres stimulants novateurs étaient dans l'air. L'*Accademia dei Pugni* était un cercle de discussion où se retrouvaient les têtes pensantes des Lumières en Italie du Nord : Pietro Verri, Luigi Lambertinenghi, Alfonso Longo, Cesare Beccaria. Une fois par semaine, ils se réunissaient avec d'autres amis autour du poêle en faïence blanc de Pietro Verri et débattaient de ce qu'exigeait l'époque, condamnaient la politique de la pure raison d'État, constataient la nécessité des réformes et d'un certain pragmatisme : *belle virtù, doveri, vertù senza noia* (nobles vertus, devoirs, vertu sans ennui). C'était un *Sturm und Drang* à l'italienne, tempéré d'humour lombard et d'humanité latine. Or ces gens ne voulaient pas rester seuls à discuter, mais en appeler à l'opinion publique par l'intermédiaire d'*Il caffé*, et si possible intervenir personnellement dans l'administration bien mal en point des principautés de la région. Tel est l'arrière-plan du livre sensationnel de Beccaria, *Dei delitti e delle pene*, qui ne se limite pas à la justice pénale dans sa critique générale de la situation.

Ce cercle des *Pugni*, qui entra en sommeil après deux volumes d'*Il caffé*, préparait déjà la future « république cisalpine ».

Ce sont là trois exemples de revues qui, outre leur finalité éthique et esthétique, avait des intentions accessoirement un peu politiques. Il s'agissait aussi du bon goût. Beaucoup de ces revues rendaient compte aussi des dernières publications. D'une façon générale, on peut dire alors comme l'Ecclésiaste (très prisé en ce siècle) que « faire beaucoup de livres n'a pas de fin » (XII, 12). On noircit beaucoup de papier, et chaque page porte la signature des Lumières.

CHAPITRE V

Utopie et réforme

Le rêve d'un monde meilleur

Les notions de réforme et d'utopie que Franco Venturi emploie comme titre de son œuvre *Utopia e Riforma nell' Illuminismo* s'appelleraient, traduites en allemand du XVIIIe siècle, *Verbesserung* (Amélioration) et *Träume* (Rêves).

Si le philosophe des Lumières Christian Wolff publiait encore de 1713 à 1720 ses idées sous le titre rationaliste *Vernünftige Gedanken von den Kräften des menschlichen Verstandes, Venünftige Gedanken von Gott, der Welt und der Seele des Menschen*, (Pensées rationnelles sur les forces de l'entendement humain, pensées rationnelles sur Dieu, le monde et l'âme humaine) ou encore *Vernünftige Gedanken von des Menschen Tun und Lassen* (Pensées rationnelles sur l'action et l'abstention humaines), une génération plus tard, Isaak Iselin publiait (en 1755) ses réflexions sous le titre *Philosophische und patriotische Träume eines Menschenfreundes* (Rêves philosophiques et patriotiques d'un ami des hommes). Le titre de Rousseau, *Les Rêveries du promeneur solitaire* est en lui-même assez éloquent...

Le XVIIIe siècle rêvait effectivement le rêve d'un monde meilleur. Mais il ne se contentait pas de le rêver, il voulait aussi le réaliser. C'est pourquoi nous trouvons d'innombrables écrits qui traitent de la réforme de tel ou tel état de choses insoutenable.

Prenons, plus ou moins au hasard, quelques exemples d'œuvres publiées dans les principales langues de l'époque et qui traitent de réformes :

Di una riforma d'Italia, 1767, de l'écrivain Carlantonio Pilati – critique du caractère rétrograde de l'Italie et appel aux princes pour une réforme politique anticléricale.

Apuntes para una reforma de España, 1797, de Victorian de Villava, fonctionnaire des Finances au Pérou – texte du même ordre à propos de l'Espagne et de ses colonies.

De l'administration provinciale et de la réforme de l'impôt, 1779, de Guillaume François le Trosne, fonctionnaire de la Justice à Orléans – critique d'une économie française fondée sur les privilèges, et appel à la réorganisation de l'administration provinciale et à l'unification du système fiscal.

Adress to the People of England on the Intended Reformation of Parliament, 1783, paru anonymement – contribution à l'étude de projets de modernisation de la représentation parlementaire.

Ueber die bürgerliche Verbesserung der Juden (De l'amélioration civique des Juifs) du fonctionnaire prussien Christian Wilhelm Dohm – analyse de la position injuste de la population juive et revendication de son émancipation.

Beiträge zur Kenntnis und Verbesserung des Kirchen-und Schulwesens in den königlich Braunschweigisch-Lünerburgrischen Kurlanden (Contributions à une analyse et à l'amélioration de la situation de l'Église et de l'école dans les territoires électoraux de Brunswick et de Lunebourg), 1801, du prédicateur de Hanovre et conseiller au consistoire Johann Christoph Salfeld – règlement de compte avec l'immobilisme de l'Église et le sous-développement qui en résulte pour le système de l'instruction, dans l'optique de se rapprocher de la pratique dans la confession et la prédication, et d'appliquer de nouvelles méthodes psychologiques et pédagogiques dans l'enseignement.

Von der Notwendigkeit der Verbesserung des Landbaues und

den besten Mitteln dazu (De la nécessité d'améliorer l'agriculture et des meilleurs moyens de le faire), 1760, du pasteur Albert Stapfer – analyse de l'agriculture bernoise avec les projets de réformes correspondantes.

Ces sept ouvrages traitent de la Réforme, de l'amélioration d'un état de choses insatisfaisant et ils montrent l'ampleur du mouvement réformateur qui va de l'idée de réforme politique jusqu'à l'« amélioration » technique, en passant par la réforme religieuse.

Jusqu'alors, le terme de « réforme » avait un sens assez limité. Il pouvait signifier dans le domaine militaire la réduction des effectifs, dans le domaine du textile le raccourcissement d'une pièce d'étoffe, enfin en matière religieuse la transformation d'un ordre ou d'une discipline. La notion de « réforme » restait toutefois contestée dans le domaine religieux, puisque l'Église catholique romaine refusait de l'appliquer aux événements religieux du XVIe siècle.

Jusque dans les années soixante-dix du XVIIIe siècle, on avait employé les notions d'émulation, d'amélioration ou d'éducation. Une réforme avait toujours été conçue comme une transformation non violente. Même le terme de « révolution » avait ce sens. Il contenait en outre la métaphore du retournement (*re-volutio*), du retour à un état initialement meilleur. On parlait de « révolution heureuse », par exemple celle des Anglais avec leur « Glorieuse Révolution » de 1688, qui s'était déroulée autant que possible dans le cadre de la légalité.

Ce mouvement des Lumières s'est développé en plusieurs étapes. Paul Hazard a parlé, pour désigner la première période, d'une « *crise de la conscience européenne* », ce qui peut signifier aussi bien crise de la conscience rationnelle que de la conscience morale. Cette première phase est marquée par le réexamen rationaliste de toutes les positions idéologiques au nom d'une « critique » générale. Le

Dictionnaire historique et critique (1696-1697) de l'émigré huguenot Pierre Bayle en est l'illustration très efficace sur le plan international. Dès lors, une certaine élite se fixe pour tâche l'« amélioration » de l'humanité. Tous ses représentants s'inspirent de l'idée que l'on peut construire le monde qui est déjà, en soi – puisque c'était ainsi que l'avait dit Leibniz –, le meilleur des mondes possibles. Plus on avance dans le siècle, plus on devient optimiste, car – pour reprendre la formulation de Huizinga : « Pour la première fois, l'appel ne se tourne pas vers le passé, mais vers l'avenir : ce temps cherche son salut, non plus dans l'hypothétique rétablissement d'un passé idéal, mais au travers de la confiance qu'il a dans les forces propres de la raison et de l'esprit. Pour la première fois, l'humanité n'a plus devant les yeux un passé rêvé, mais un avenir terrestre rêvé ! [...] La bonté de la nature humaine, sa capacité de perfectionnement et le progrès de l'éducation sont devenus des principes de foi. Si la raison [...] suit désormais simplement la nature, que l'on connaît et que l'on aime, avec un amour plus pur que jamais, tout ira bien [1]. »

L'objectif peut se résumer à la formule bien connue de Jeremy Bentham : « *greatest happiness of the greatest number* » – le plus grand bonheur du plus grand nombre – (1788). Cette formule se trouve déjà dans le cercle de l'*Accademia dei Pugni* en 1764 chez Cesare Beccaria : « *la maggiore felicità divisa sul maggior numero possibile* » et, six ans plus tôt encore, chez Isaak Iselin : « *dass sich in (dem Staate) die grösste mögliche Summe von Glückseligkeit in den richtigsten und gerechtesten Verhältnissen ausgeteilet finde* » – pour que se trouve répartie (dans l'État) la plus grande somme possible de bonheur dans le rapport le plus juste et le plus équitable. Mais, mot pour mot, la formule de Bentham figure dès 1726 chez Hutcheson [2] !

La philosophie et les philosophes du siècle des philosophes

Les penseurs du XVIIIe siècle aimaient à considérer leur époque comme l'ère de la philosophie, et ils se définissaient volontiers eux-mêmes comme des philosophes. Au temps des Lumières, philosopher signifie toujours, comme en Grèce, « aimer la vérité », ou tout simplement posséder un savoir, pratiquer la science, étudier, produire une œuvre par la réflexion, acquérir une connaissance de la nature et des devoirs de l'homme. Sous un angle ironique, le philosophe est quelqu'un qui ne connaît pas la réalité, mais c'est aussi quelqu'un qui prend les choses avec précisément la sérénité d'un philosophe, qui se situe au-dessus des choses. Au XVIIIe siècle, la philosophie est la prise de position critique et libre sur tous les problèmes et tous les sujets – sans crainte de discrimination aucune. Absolument tous les problèmes peuvent faire l'objet d'une réflexion philosophique : la morale et la religion, la politique et l'État, les arts et les sciences. Toutefois, le débat demeure en général purement philosophique, il évite de nommer des personnes ou des institutions. Selon les États et leur Constitution, il peut être plus ou moins dangereux de philosopher, et la prudence s'impose aussi par rapport à la situation religieuse, tant que les détenteurs du pouvoir ne sont pas eux-mêmes devenus philosophes.

On peut aussi philosopher sur des sujets plus modestes et plus quotidiens, comme les vertus et les défauts des hommes, leurs ridicules et leur valeur intrinsèque. Là, nous sommes déjà au début de la psychologie moderne. Le discours philosophique se déroule suivant les critères de la raison, non pas de façon univoque, mais en considérant les différents aspects. Il est censé s'énoncer dans le respect de la création, et dans l'intention de parvenir à un monde meilleur, fondé sur des principes éthiques. Et, à cet égard, la méchanceté d'un Swift, celle d'un Voltaire ou d'un Lichtenberg trouvent aussi bien leur place que le sentimentalisme accentué d'un Shaftesbury ou d'un Rousseau.

La réflexion porte toujours en dernier ressort sur des questions fondamentales, comme dans l'Antiquité et à l'époque de l'humanisme : qu'est-ce qui fait du savoir le savoir ? L'intuition et l'évidence sont-elles des messages que l'entendement puisse admettre ? Quelles sont les sources de la connaissance ? Que recouvre ce que nous appelons le sentiment, ou ce que nous appelons l'entendement ? Les sujets peuvent être extrêmement variés. Ainsi, l'homme politique français Henri-François d'Aguesseau se livre-t-il, au tournant des XVIIe et XVIIIe siècles, à une réflexion philosophique sur des questions comme : la connaissance de l'homme, la grandeur de l'âme, l'amour de la simplicité, l'indépendance de l'avocat, la dignité des magistrats, la censure politique... Et l'Écossais David Hume publie en 1742 ses petits articles dits philosophiques sur, par exemple, la noblesse ou la bassesse de la nature humaine, la polygamie et le divorce, l'éloquence, l'obéissance passive, les partis britanniques, les caractères nationaux...

La philosophie avait été depuis toujours une discipline scolaire rigoureuse. Tout cursus d'études supérieures supposait au départ la fréquentation de la faculté de philosophie, où les professeurs vous inculquaient la logique, vous enseignaient la pensée mathématique et l'exactitude de la géométrie. Mais, à l'époque des Lumières, ces connaissances mécaniques furent utilisées dans une optique plus rationnelle, pour l'élaboration d'une pensée structurelle et elles furent aussi diffusées auprès d'un public plus large.

Beaucoup de pays connurent à cette époque leurs plus grands philosophes. La France commença avec Descartes et Pascal, l'Angleterre poursuivit avec Newton et

Locke. L'Allemagne avait Leibniz, Thomasius et Wolff, l'Italie Vico et Muratori, l'Espagne pouvait se référer à Gracian.

Lorsque, vers le milieu du siècle, on parlait des « philosophes », on entendait essentiellement par là le groupe d'auteurs français qui participaient à la préparation de la grande *Encyclopédie*. Cette entreprise avait d'abord été conçue comme la publication de l'édition française d'une *Encyclopédie* anglaise, mais ce projet échoua par suite d'un conflit entre la maison d'édition et les directeurs de publication, et ce fut finalement Denis Diderot qui, en 1746, s'en vit confier la charge. En la personne de Diderot, on avait choisi un intellectuel extraordinairement ouvert, dont les intérêts couvraient un éventail véritablement encyclopédique. Ses parents destinaient Diderot à une carrière de théologie, mais il s'était libéré très tôt de ses liens avec l'Église. Il était résolument partisan de la philosophie des Lumières. Très vite, il prit en main entièrement le projet encyclopédique qu'il finança à l'aide de souscriptions. Il était secondé par d'Alembert, mathématicien objectif et philosophe modéré, qui avait conscience des limites du savoir humain et se fondait sur l'expérience et la raison.

Le premier volume parut dès le 1er juillet 1751 : *Encyclopédie ou Dictionnaire raisonné des sciences, des arts et des métiers* publié par une *société de gens de lettres*. La publication de l'*Encyclopédie* fut immédiatement un énorme succès – en dépit (ou précisément à cause) du fait que les cercles cléricaux, en particulier les jésuites, s'élevèrent furieusement contre cette « Bible de Satan » et réussirent même à obtenir une interdiction royale, qui n'eut toutefois d'effet que très passager, parce que des hommes politiques influents, et surtout Mme de Pompadour, soutenaient l'entreprise. Malgré les difficultés de tous ordres, l'*Encyclopédie* fut achevée au terme de vingt-neuf ans de travail : elle comportait au total 36 volumes, dont 13 de tableaux et d'illustrations de la meilleure qualité. On put dès lors

– à condition d'être guidé de façon compétente – s'informer sur tous les domaines du savoir dans l'esprit du siècle, rationaliste éclairé, assez anticlérical, mais pas entièrement irréligieux.

Cette société de gens de lettres, ou de philosophes, qui, à partir de 1751, assurèrent la réalisation de l'*Encyclopédie*, réunissait les plus grands noms des Lumières en France :

Montesquieu, ancien président du parlement (autrement dit de la cour de Justice régionale) de Bordeaux, avait publié, quelques années à peine avant le premier volume de l'*Encyclopédie*, son *De l'esprit des lois*, analyse philosophique systématique de l'évolution du droit européen.

Voltaire, qui pratiquait avec virtuosité tous les styles littéraires, historiques et philosophiques, et se faisait redouter pour une ironie toujours percutante. Cinq ans après la publication du premier volume de l'*Encyclopédie*, il devait surprendre le public par la publication d'une histoire universelle de conception radicalement nouvelle.

Rousseau, qui venait juste de commencer à étonner le monde avec sa philosophie opposée à celle de Voltaire et fit paraître en 1754 son *Discours sur l'origine de l'inégalité.*

Le baron d'Holbach, qui – sans aucune spéculation abstraite – défendait une conception mécaniste du cosmos et de l'humanité, qu'il rendit publique en 1770 dans son *Système de la nature*.

Turgot, qui, s'intéressant à la fois à la littérature et à l'économie, devait se distinguer par la suite comme un grand réformateur et fit paraître en 1776 ses *Réflexions sur la formation et la distribution des richesses*, sujet qui commençait à captiver un public de plus en plus étendu.

Ces cinq noms, de deux générations de représentants des Lumières en France, ne sont que ceux des collaborateurs les plus connus de l'*Encyclopédie*. Nous les citons ici à titre d'exemples et d'illustrations du rôle du philosophe dans le monde en général. Bientôt, on ne compta plus les philosophes. La philosophie n'était plus uniquement la philosophie scolastique latine, transmise par des théologiens catholiques ou protestants de stricte obédience : elle était devenue la sagesse universelle profane. Elle ne se voulait plus fille de la théologie, mais revendiquait une place à part entière, et même la première place. Elle ne voulait pas proposer uniquement de la théorie, mais être utile également comme *raison pratique*, représentant le *sain entendement humain*. Déjà, en 1637, Descartes commence son *Discours de la méthode* dans les termes suivants : « Le bon sens est la chose du monde la mieux partagée ; car chacun pense en être [...] bien pourvu [...]. La puissance de bien juger et distinguer le vrai d'avec le faux [...] est proprement ce qu'on nomme le bon sens ou la raison [...] Car ce n'est pas assez d'avoir l'esprit bon, mais le principal est de l'appliquer bien. » Cela avait été écrit encore en plein XVIIe siècle, mais on pouvait poursuivre le développement de ce que Descartes avait établi par la mathématique exacte. Un demi-siècle plus tard, Leibniz établissait que le monde existant était le meilleur des mondes possibles, puisqu'il avait été préconçu dans la raison divine. La raison était donnée à l'homme comme sa propre nature. L'homme était capable d'analyser le monde, dans sa totalité comme dans chacune de ses parties.

Par ce type de pensée, que Descartes et Leibniz fondaient sur des valeurs mathématiques logiquement définies, la philosophie était devenue l'égale de la théologie. Il n'y avait rien d'étonnant à ce que, dans la seconde moitié du siècle, un théologien catholique formulât les choses comme suit : « [...] il est fondé dans la raison qu'un être humain n'ait, dans ce qu'il fait ou ne fait pas, aucun autre juge que sa propre raison et qu'il ne doive de compte par conséquent à nulle autre homme qu'à lui-même[3]. » En 1783, Emmanuel Kant tirait un bilan dans sa réponse devenue célèbre à la question : *Qu'est-ce que les Lumières ?*

« Si l'on nous demande maintenant : vivons-nous

aujourd'hui en un siècle éclairé ? La réponse est : non ; mais sans aucun doute en un siècle de lumière et de raison. En l'état actuel des choses, pour que les hommes dans leur ensemble soient déjà en mesure, ou puissent même seulement être mis en mesure de se servir de leur propre entendement sans être guidés par qui que ce soit d'autre, il s'en faut de beaucoup. Seulement, nous avons de multiples indices que le champ leur est désormais ouvert pour parvenir à ce stade, et que les obstacles à l'exercice de la raison en général pour sortir de l'irresponsabilité à laquelle ils se sont eux-mêmes condamnés se font de plus en plus rares, à cet égard ce siècle est le siècle des Lumières [...][4] » Aux yeux de Kant, la philosophie était la science autonome de la raison et de la sagesse.

Le rang de plus en plus élevé accordé, au fil du XVIIIe siècle, à la philosophie influa sur la pensée et sur l'éducation. Cela valut également pour l'enseignement universitaire. La philosophie devait sortir de sa position inférieure, elle ne serait plus une discipline pour débutants, mais régnerait sur l'université en tant que science rationnelle et critique des idées – elle constituerait la base et le système de références du droit, de la médecine, de l'étude du langage et des sciences naturelles. Ce schéma d'enseignement modèle fut développé en Allemagne par Humboldt et influença les établissements d'enseignement supérieur de toute l'Europe. Mais la période où la philosophie occupa une place dominante dans les universités fut assez brève. Bientôt, le positivisme, qui renonçait à la métaphysique et à tous les fondements philosophiques, devait s'imposer, la philosophie n'étant plus qu'une pure spécialité. Dans les universités et au lycée, elle n'a perdu sa position de premier plan qu'au XXe siècle. Il en allait différemment au XVIIIe. La pensée philosophique des fondements s'était solidement instaurée. Dans les universités, les professeurs qui avaient reçu une formation philosophique enseignaient suivant des manuels modernes.

En dehors des universités, les académies ou autres sociétés savantes indépendantes de l'enseignement supérieur s'efforçaient aussi de concevoir des schémas généraux d'inspiration philosophique. La société secrète *Phi Beta Kappa*, à l'université américaine William and Mary de Virginie, offre à cet égard un exemple particulièrement intéressant. *Phi Beta Kappa* est l'abréviation de la formule grecque Φιλοσοφία βίου κυβερνήτης – la philosophie est le guide de la vie[5].

La philosophie investit les salons français. La pensée rationnelle était devenue un leitmotiv, les habitués des salons se voulaient philosophes.

En outre, les auteurs d'ouvrages philosophiques connaissaient de plus en plus de succès. Leur production doubla, alors que celle des livres de théologie régressait. La philosophie ne restait toutefois pas pure théorie. Les connaissances philosophiques ne devaient pas uniquement servir la connaissance abstraite. On était convaincu que, les causes une fois déterminées, on pouvait agir en fonction de principes rationnels. C'est pourquoi il fallait « populariser » la pensée philosophique. La langue souvent difficile des grands philosophes était donc transposée en vulgarisation philosophique plus généralement accessible. Les écrivains français et anglais étaient particulièrement habiles à exprimer de manière élégante et raisonnable les connaissances philosophiques, car ces deux langues se prêtaient facilement – chacune à sa façon – à des formulations simples et pourtant pertinentes. D'après Voltaire, un bon livre devait être à la fois « curieux, amusant, moral et philosophique ».

Ainsi, un plus large public de lecteurs se familiarisait avec les considérations philosophiques. Chacun savait que la métaphysique apportait une réponse aux grandes questions intellectuelles : le savoir et la foi, les représentations idéales et leur pertinence logique. L'éthique, souvent appelée aussi philosophie morale, enseignait l'action bonne et mauvaise, les devoirs de l'Homme en soi, indépendamment de sa confession, de son appartenance nationale et de sa race. Penser en philosophe, c'était penser par soi-même. On ne devait plus se fier aux autorités traditionnelles. Tout devait être « questionné » – pour employer un terme d'aujourd'hui. Jusqu'alors, on s'était contenté des consignes dogmatiques de l'Église ou de la sagesse absolue du prince pour agir dans l'obéissance. On n'était plus désormais disposé à admettre l'autorité sans l'avoir d'abord examinée en fonction de critères philosophiques. Et ces critères étaient l'utilité et la morale, la clarté et le naturel de l'expression.

Le christianisme éclairé

Protestantisme et esprit des Lumières

Le XVIIe siècle avait été marqué par la théologie plus profondément qu'aucune des époques antérieures. Elle resta d'ailleurs, au XVIIIe siècle, la première des Facultés, et le clergé demeura, comme nous avons pu le voir, le support de la vie intellectuelle. Il est donc normal d'examiner d'abord le mouvement réformateur du côté des Églises et des théologiens.

La théologie protestante reposait toujours sur des interprétations de la Réforme durcies par l'orthodoxie. Lorsqu'on agrandissait au XVIIe siècle une faculté de théologie, on créait une chaire de théologie comparée, pour définir les oppositions entre les dogmes. Et ces oppositions étaient multiples : contre Rome, contre les autres systèmes protestants, et contre les hérétiques dans ses propres rangs, puisqu'il y avait depuis la Réforme des groupes qui interprétaient de façon plus libérale la doctrine chrétienne ou qui, même, comme les sociniens, remettaient en question la divinité du Christ. On s'opposait enfin aux « sectaires », descendants des anabaptistes, et aux nouveaux piétistes qui réclamaient une piété personnelle, intérieure, et rejetaient la froideur de l'Église officielle.

L'un des derniers triomphes de l'orthodoxie protestante devait être la *Formula Consensus* publiée en 1675 par les Églises réformées suisses et dans laquelle un calvinisme poussé à l'extrême se surpassait lui-même en affirmant, entre autres choses, que tous les termes de la Bible, jusqu'aux accents hébreux, devaient être considérés comme directement inspirés par le Saint-Esprit, et que le Christ n'avait souffert la crucifixion que pour les élus, autrement dit en fait pour les calvinistes. La *Formula* éveilla du reste en dehors (et même en partie aussi à l'intérieur) de la Suisse des réactions étonnées, voire hostiles. Tout cela paraissait curieusement dépassé et archaïque.

Quatorze ans plus tard, l'Angleterre, moins figée, promulgua le *Toleration Act* pour toutes les confessions protestantes. Dès lors s'opéra partout un changement rapide. On était saturé des chicanes théologiques ; si l'on voulait discuter rationnellement, au moins que ce ne fût pas dans un système aussi irrationnel que celui de l'orthodoxie. Des traditions humanistes enfouies refirent surface. Cet esprit des Lumières prit quelque distance par rapport aux représentants de la Réforme, chez qui l'on découvrait des restes de papisme, dont ces grands hommes n'avaient pas su se libérer tout à fait. On en avait finalement assez de ce confessionnalisme qui n'avait apporté que du malheur : en Allemagne, la guerre de Trente Ans, en Angleterre la guerre civile, en France l'exil des huguenots.

Le tournant s'effectua d'abord au sein de l'Église anglicane. Richard Cumberland, devenu en 1690 évêque de Peterborough, proclama la réduction de la doctrine du Christ à la *summa benevolentia aut amor universalis*, c'est-à-dire à l'amour de Dieu et de son prochain, aux Dix Commandements et à l'Évangile. John Locke alla encore plus loin lorsqu'il publia en 1695 son livre sur *The Reasonableness of Christianity* (La rationalité du christianisme), où il défendait la thèse selon laquelle le christianisme répondait aux exigences de la raison humaine. Enfin, Jonathan Swift, doyen de Saint-Patrick à Dublin, écrivit son *Conte du tonneau* où trois fils – Peter (le catholique), Martin (le luthérien ou l'anglican) et John (le calviniste) – se disputent sur le testament de leur père (Dieu le Père), alors que ce testament comporte des prescriptions très précises sur l'harmonie, l'amitié et l'amour qui doivent régner entre les trois frères.

Après l'amère expérience des luttes confessionnelles en Grande-Bretagne, les anglicans étaient enfin prêts à tendre la main pour se réconcilier avec les différents autres groupes protestants ; ils commençaient même à jeter des ponts vers les luthériens et les calvinistes en dehors de leur pays. Quant aux catholiques, pourvu qu'ils ne fussent pas irlandais, on les laissait tranquilles. Et on le faisait suivant le principe de ce que l'on a appelé le latitudinarisme, conception théologique très généreuse. On disait alors que l'Église anglicane baptisait tout, mariait tout, enterrait tout et n'importe quoi – un peu cher certes, mais sans enquêtes ni questions trop approfondies qui auraient risqué de troubler la paix, car elle estimait que la conscience était exclusivement l'affaire de Dieu. D'un autre côté, chez les puritains calvinistes, le zèle bien connu était remplacé par *the cauld clatter of morality* (le frisson froid de la moralité).

L'effet rétroactif sur le continent ne se fit pas attendre ; du reste, les émigrés huguenots avaient préparé le terrain. Ils avaient trop souffert des persécutions religieuses pour pratiquer à leur tour le sectarisme calviniste. Avant même la révocation de l'édit de Nantes, leur théologie avait été suspectée d'un libéralisme excessif.

En 1709, un théologien bâlois écrit : « *Nullum pondus habent argumenta nostra, si vita non doctrinae respondet*[6] » – nos arguments ne sont d'aucun poids si notre vie ne se conforme pas au dogme – ; ce qui signifiait que mener une vie chrétienne importait plus que la conviction dogmatique.

On entreprit timidement de soumettre la Bible elle-même à un examen scientifique critique. On suivait l'exemple de l'oratorien français Richard Simon, qui avait écrit en 1678 une *Histoire critique de l'Ancien Testament*, dont la deuxième édition ne put d'ailleurs paraître qu'à Rotterdam. Le publiciste Johannes Clericus, d'origine genevoise mais travaillant en Hollande, demandait que l'on considérât l'Ancien Testament comme une œuvre de littérature au même titre que les ouvrages grecs anciens. Certes, on s'en tenait encore à la doctrine de la révélation, mais la révélation n'était désormais rien d'autre que l'accomplissement de la *religion naturelle.* Toute personne humaine a, par nature, un besoin religieux. Tout le problème était désormais simplement d'ennoblir cette disposition par la doctrine chrétienne. C'était ouvrir la voie à une relativisation du dogme de la révélation, et même à son élimination, autrement dit au déisme, qui ne connaît rien d'autre que des lois naturelles divines sans divinité personnalisée, et même à la libre pensée ou à l'athéisme. Il y eut effectivement beaucoup de déistes, et quelques athées au XVIIIe siècle, mais en règle générale on conservait des racines religieuses, et surtout on restait au sein de l'Église où l'on était né ; non pas uniquement parce qu'il était un peu dangereux de se déclarer ouvertement déiste ou athée : certes, on ne vous brûlait plus comme hérétique, mais le risque existait toutefois de se voir banni de son pays.

Il n'y avait qu'en Angleterre, en Hollande et à Berlin sous Frédéric II que l'on pouvait afficher librement ce genre d'attitude.

Pour un pasteur protestant, la nouvelle orientation entraînait d'ailleurs un conflit de conscience, puisqu'on était toujours tenu de prêter serment sur la doctrine traditionnelle. Des conceptions trop libérales, ou trop piétistes, pouvaient entraîner des heurts avec les confrères conservateurs et l'on risquait même de se voir enlever sa charge. Pourtant, la position éclairée conforme à l'esprit de l'époque finit en quelque sorte par s'imposer partout. Les partisans de la stricte orthodoxie se retrouvèrent en minorité.

La nouvelle attitude réclamant une étroite implication dans la pratique, on commença par exemple à consacrer le sermon de Noël à la conservation du foin, puisque l'enfant Jésus avait été couché dans le foin de la crèche, celui de Pâques aux règles rationnelles à observer pour les chrétiens lorsqu'ils enterraient leurs morts, celui du dimanche de Pentecôte à la manière de se comporter prudemment et pieusement sous l'orage. En Angleterre parut dès 1715 une brochure sous le titre *Le Repos du pasteur, ou le Plaisir et l'Utilité que l'on peut tirer du jardinage*. On peut aujourd'hui en rire, ou hocher la tête pour des raisons d'ordre théologique, mais pour le prédicateur et pour ses auditeurs de l'époque, c'était sans doute bien plus utile que le discours dogmatique de l'orthodoxie. Les pasteurs étaient souvent les véritables piliers des sociétés d'utilité publique et autres.

On essaya de sauver le dogme de la révélation de manière un peu bizarre, en tentant d'expliquer rationnellement les miracles du Christ. La tolérance religieuse s'écrivait désormais en majuscules. Elle ne devait plus consister simplement à supporter l'existence des autres, mais à s'efforcer activement de les comprendre. C'était relativement facile dans le cadre des différentes doctrines protestantes, plus difficile, mais aussi plus important, en ce qui concernait le catholicisme. Un premier contact œcuménique s'amorça véritablement, souvent tout simplement par la rencontre matérielle entre représentants du clergé dans les régions de confessions mêlées.

En elles-mêmes, les Églises protestantes étaient assez disposées à adopter les idées des Lumières. La lecture de la Bible avait développé une éducation rationnelle, on était habitué à utiliser des moyens philologiques pour interpréter les textes, et les laïcs en tiraient profit. La pluralité de confessions pouvait être considérée positivement comme une pluralité de voies pour parvenir au salut. La collégialité de la direction des Églises – surtout en ce qui concernait les Églises réformées – permettait le débat entre pairs.

L'esprit des Lumières – se présentant au départ comme une nouvelle orthodoxie rationaliste – ne fut pas seul à provoquer l'éclatement des conceptions anciennes ; il y eut aussi le mouvement de religiosité intérieure du piétisme, qui ouvrit une brêche dans l'ordre établi de l'Église officielle rigoureusement conventionnelle et disciplinée [7]. Cette percée s'annonçait déjà au XVIIe siècle. En Angleterre, on trouvait déjà auprès des cathédrales anglicanes ou de la vieille église de village les *Chapels* des *dissenters* ou *non-conformists* – presbytériens réformés et baptistes. Récemment étaient venus s'y ajouter les quakers, partisans d'une piété tout à fait individuelle, et les méthodistes, avec une structure épiscopale comme les anglicans mais marqués par le piétisme. Aux Pays-Bas, on trouvait de la même manière, non loin de l'église principale, cachés dans des arrière-cours, les *Scheenkerken* des mennonites – également descendants des baptistes – et autres groupes. En Allemagne apparut, dans la ville saxonne et luthérienne de Halle, un nouveau mouvement chrétien que l'on retrouve dans de nombreuses autres régions et que l'on a appelé le piétisme. Ensuite, le comte de Zinzendorf fonda sa communauté de Herrnhut avec les frères moraves qui avaient fui la Tchécoslovaquie reconvertie au catholicisme. De toutes parts, les piétistes commencèrent à s'infiltrer dans les paroisses de l'Église officielle.

Les piétistes veulent constituer une confrérie d'expérience vécue et d'obligation morale communes. Ils tracent une frontière entre convertis et non-convertis, vivent la piété sur le mode de l'intériorité individuelle, en rapport direct au « Seigneur », sur qui ils peuvent décharger leurs soucis. Ils prétendent constituer un petit groupe de vrais chrétiens, procédant méthodiquement, suivant une discipline systématique et une extrême rigueur, comme les méthodistes anglo-saxons de John Wesley. Ils pouvaient, le cas échéant, rester au sein de l'Église officielle, où ils créaient un ferment actif de piété. Mais, souvent, l'Église officielle – qu'elle fût encore orthodoxe ou déjà éclairée – se montrait très intolérante à leur égard et les persécutait véritablement. Ce fut le cas, par exemple, dans ce pays de luthérianisme rigide qu'était la Suède, « où la chère Église de Dieu est attaquée par les syncrétistes, les piétistes, les quakers, etc. [...] sans parler des autres hérétiques [...] Nous sommes encore relativement heureux en ce pays dans la mesure où, même si ici ou là cette racaille se rassemble, elle doit quand même se tenir cachée, et rentrer les griffes, pareille au chat ».

Ainsi, le mouvement piétiste demeura-t-il séparatiste, caché dans quelque coin, « Église invisible, [...] communauté des saints, cachée mais simplement encore cachée et non pas invisible pour son Seigneur [...] qui en sonde le cœur et les reins et qui en voit la foi ». La communauté piétiste n'était libre qu'aux Pays-Bas, en Angleterre et dans les colonies d'Amérique du Nord, où le mouvement de la liberté confessionnelle dominait la vie religieuse et la vie en général, car la nature offrait là assez d'espace inoccupé. C'était sans doute le seul endroit de la Terre où s'appliquât la formule de Zinzendorf : « Il doit y avoir au moins vingt religions au monde, mais il n'y a qu'une famille de Dieu. »

Les chrétiens éclairés pouvaient aussi poursuivre ce rêve, la très ancienne utopie du royaume de Dieu sur la Terre. Que ce fût l'*Ecclesiola in ecclesia* – petite Église dans l'Église – ou l'Église officielle éclairée, l'une et l'autre étaient mécontentes de l'orthodoxie et cherchaient de nouvelles voies. Elles avaient en commun le principe de la liberté individuelle et de la responsabilité morale. Ainsi, Lessing écrivait-il dans son *Éducation du genre humain* : « Il viendra, c'est certain, ce temps d'un nouvel Évangile éternel, que nous promettent même les livres élémentaires de la Nouvelle Alliance. Peut-être même que certaines âmes ardentes des XIIIe et XIVe siècles avaient saisi un rayon de ce nouvel Évangile éternel ; et que leur seule erreur fut d'en annoncer l'avènement si proche [...] Ce n'était en aucun cas dans une mauvaise intention qu'ils enseignaient que la Nouvelle Alliance vieillirait comme avait vieilli l'Ancienne. Et il y avait toujours chez eux la même économie du même Dieu. Il y avait toujours – pour leur faire parler mon langage – le même projet d'une éducation générale du genre humain [8]. »

Dans sa pièce *Nathan le Sage*, Lessing étend le thème du *Conte du tonneau* de Jonathan Swift aux religions non chrétiennes. La voie de l'œcuménisme était en tout cas tracée. Et ce dès la fin du XVIIe siècle, à l'époque où le protestant Leibniz entretenait une correspondance avec le catholique Bossuet et, un peu plus tard, Zinzendorf avec Louis Antoine de Noailles, archevêque de Paris.

Ainsi, le piétiste Gerhard Tersteegen peut-il écrire aussi : « Je crois et j'ai la certitude qu'aussi bien dans le parti des catholiques romains que dans celui des luthériens, des réformés, des mennonites et en dépit de tous les usages particuliers de ces partis, les âmes ne sont pas moins aptes que parmi les séparatistes à accéder aux plus hauts niveaux de sainteté et de communion avec Dieu. »

Le catholicisme des Lumières

Le catholicisme eut un rapport au mouvement des Lumières plus difficile que celui du protestantisme. Le durcissement de l'orthodoxie par le concile de Trente (1563) avait entraîné une vie religieuse très intense. Les jésuites, admirablement bien organisés, avaient les choses bien en main. Mais, au cours du XVIIe siècle, se dégagea avec le jansénisme français une critique profonde du jésuitisme trop fortement centré sur la curie et par trop éloigné de la simplicité biblique. Pour si rigoureux que pût être le jansénisme dans sa piété ecclésiastique, et pour si distant qu'il fût du rationalisme des débuts des Lumières, il exerça – dans la mesure où il fut pour finir poursuivi par Rome et par le roi – un effet analogue à celui des huguenots. Il tenta en dernier ressort de se montrer, à l'intérieur de l'Église, tout aussi évangélique et non dogmatique que certains mouvements protestants. Dans les années 1720 se constitua même à Utrecht une Église catholique janséniste indépendante qui obtint la protection de la République. Le jansénisme recouvrait – un peu comme le piétisme évangélique – l'engagement réel pour une vie chrétienne et une pratique chrétienne de l'amour du prochain. L'élite française de la magistrature et celle du haut clergé autrichien se rallièrent au jansénisme. Ce n'était pas l'esprit des Lumières au sens du rationalisme, mais, contrairement au catholicisme courant de l'école jésuite, une pensée plus ouverte et plus axée autour de la pratique chrétienne. C'était donc essentiellement l'opposition réunie au sein même du catholicisme qui agissait avec ce nouveau courant : opposition de l'administration étatique contre l'Église (accusée d'être un État dans l'État), et orientation à la fois humaniste et humanitaire.

Le plus illustre exemple fourni à ce catholicisme du

XVIIIe siècle le fut par Fénelon (1651-1715) qui, alors qu'il était archevêque de Cambrai, entra en conflit avec l'Église et la royauté. Il avait publié en 1699 ses *Aventures de Télémaque, fils d'Ulysse*, roman d'éducation où la déesse Minerve, sous les traits du mentor de Télémaque, guide le héros. Fénelon traçait dans ce livre le portrait du bon monarque. *Télémaque* fut l'un des ouvrages les plus populaires du XVIIIe siècle. Le défenseur protestant du « droit de la nature » Barbeyrac – réfugié huguenot – disait à son propos : « On louera toujours l'éloquence majestueuse de l'illustre archevêque de Cambrai, l'adresse et le courage qu'il a eu de donner aux rois quantités de beaux préceptes [9]. » Un historien moderne porte le jugement suivant : « Qu'importe que Louis XIV se bâtisse son paradis à Versailles, si cet évêque subtil insuffle discrètement et doucement l'esprit des Lumières dans les cœurs les plus nobles et les têtes les mieux faites de France : ne vous troublez pas, mes amis, tout cela n'est que façade qui se dégrade ; ne nous irritons pas non plus, chers amis, d'être poursuivis et chassés ; nul ne peut nous dérober, ici et aujourd'hui, le royaume intérieur, la vie en Dieu.

« Fénelon passe à l'attaque à sa manière : dans une critique ouverte, il montre que dans les fondations dévotes de la Maintenon et de son roi, chez les Dames de Saint-Louis et les Demoiselles de Saint-Cyr, au travers d'une fausse ascèse, l'orgueil, la présomption et la dureté de cœur se déguisent en piété. – Fénelon reprend en l'occurrence le combat d'Érasme et de ses émules contre la perversion de la vie monastique et il le porte à un nouveau sommet. Il montre d'abord aux laïcs qu'il n'est pas besoin d'efforts volontaristes organisés pour mener dans le monde une vie pieuse, qu'il y faut plutôt un cœur franc, un esprit fraternel et des vertus civiques. Ce qui compte n'est pas la douteuse confraternité des cloîtres et des maisons religieuses, dans l'univers fermé sur lui-même d'une congrégation, mais c'est la fraternité avec tous les hommes qui vivent dans le monde : tous les hommes sont frères. »

Il y eut même en ce XVIIIe siècle un pape qui alla prudemment dans ce sens. Ce fut l'érudit Prospero Lambertini, pape de 1740 à 1758 sous le nom de Benoît XIV. Il autorise la lecture de la Bible sous la supervision de l'Église, réduit le nombre incroyable des fêtes chômées, adoucit la censure ecclésiastique et révise l'index des livres interdits. Il reconnaît même la liberté de la recherche, en s'engageant vers la levée de l'interdiction frappant les écrits de Copernic et de Galilée. Il était en relation avec les plus grands représentants des Lumières. Voltaire lui exprima son respect. Toutefois, ce vieil homme extrêmement cultivé était soupçonné de déisme au sein de la curie.

Et, à propos du pape Clément XIV, l'Italien Pilati, ennemi tout aussi acharné du cléricalisme, écrit : « Il haïssait la bigoterie et les démonstrations extérieures de dévotion. » Quant à la ville de Rome, il ajoute : « Les hérétiques ne sont point du tout gênés ici : on les laisse faire tout ce qu'ils veulent : ils ne se mettent à genoux ni devant Dieu ni devant le pape et personne ne les insulte pour cela. » La censure, dit-il encore, s'exerce sans rigueur, et l'on peut acheter à Rome tous les livres qu'on veut [10].

La plus grande réussite extérieure du catholicisme éclairé fut la dissolution de l'ordre des jésuites. Les jésuites avaient pris en main l'enseignement secondaire et supérieur. Dans toutes les villes catholiques, ils avaient leur collège qui faisait office de lycée très organisé. Le corps enseignant était cosmopolite. Mais l'influence des jésuites dépassait de loin le cadre des écoles, elle allait jusque dans les cours, où ils étaient les confesseurs des reines et des rois. Toutefois, leur stricte inféodation à Rome et leur pouvoir tant intellectuel qu'économique n'allaient bientôt plus convenir aux cours, qui étaient en train de s'émanciper, ni à leurs ministères. Or, malheureusement, ils ne manifestaient pas la moindre velléité de s'adapter en aucune façon aux nouveaux courants scientifiques. Condorcet – pourtant lui-même élève des jésuites – vilipendait leur première année de philosophie, qui « enseigne à réfuter tout ce que les philosophes enseignent de raisonnable » ; il dénonce cette morale absurde « où l'on apprend aux enfants qu'on ne peut faire de bonnes actions sans grâce et qu'il y a deux sortes de crimes : l'un, véniel, pour lequel on est brûlé pendant quelques siècles, l'autre, mortel, pour lequel on est brûlé éternellement [...] et que l'humiliation et l'opprobre sont l'état naturel du chrétien[11] ». Les jésuites enseignaient toujours une philosophie que le protestantisme avait abandonnée depuis longtemps. Le collège de jésuites de Lucerne, citadelle du catholicisme suisse, s'attirait un jugement moins dur, mais tout aussi négatif : « Seulement les sciences n'auront aucune chance de trouver d'amateurs chez nous aussi longtemps que la structure de nos écoles et l'éducation restent en leur état ancien. Les écoles sont entre les mains des jésuites ; on connaît leur pédagogie et l'on sait qu'elle n'est ni très profonde ni très utile, mis à part la théologie qui est ce qu'ils enseignent le mieux et le plus largement chez nous. Quant aux autres sciences, également nécessaires, il n'y a personne à Lucerne pour les enseigner. »

Lorsque étaient rédigées ces lignes, en 1758, le terrible événement venait juste de se produire au Portugal. En 1757, le tout-puissant ministre Pombal avait décrété la dissolution de l'ordre des jésuites à l'intérieur du royaume et dans ses colonies, et l'on était en train de les chasser. Le même éclat se produisit en France en 1764, en 1767 en Espagne et dans le vaste empire colonial espagnol, en 1768 encore à Parme. En 1773, cédant à la pression des cours – c'étaient toutes des cours de la famille des Bourbon –, le pape Clément XIV procéda à la dissolution totale de l'ordre. Une véritable persécution s'était engagée contre les jésuites – un bateau chargé de jésuites naviguait d'un port à l'autre de la Méditerranée sans jamais pouvoir accoster. A partir de 1773, il fallut aussi les chasser des autres États catholiques, en particulier allemands, ce qui se fit avec plus ou moins de dureté selon les États. Ils trouvèrent refuge précisément auprès du plus éclairé de tous les souverains, le roi Frédéric II, qui les employa volontiers au développement de la Silésie, récemment annexée à son royaume (et catholique), jusqu'à ce que son successeur les interdît à nouveau. Pour finir, il ne restait plus que la fuite vers la Russie orthodoxe. Un puissant système, un énorme édifice s'effondra ; il s'effondra définitivement surtout en Amérique latine, où les jésuites avaient instauré chez les Indiens du Paraguay et des pays andins une structure de villages qui fonctionnait très bien.

Du reste, on ne s'arrêta pas à la seule démarche négative de dissolution de l'ordre des jésuites. Une réforme du catholicisme supposait une véritable restructuration du système existant jusqu'alors. D'un côté – nous l'avons déjà indiqué –, l'État s'arrogea les fonctions de contrôle que l'État protestant exerçait déjà depuis plus de deux siècles : surveillance étatique des séminaires de prêtres, développement des écoles, dans les monastères et à l'extérieur, développement des universités par l'extension de l'enseignement des sciences modernes.

L'esprit des Lumières ne demandait toutefois pas uniquement l'intervention de l'État dans le domaine spirituel, il recherchait une transformation intérieure, un retour aux sources du christianisme. A la place de la bigoterie, de l'excès de liturgie et de rituel religieux, de fêtes religieuses et de pèlerinages, on voulait une intériorisation de la foi. L'une des principales revendications était aussi l'emploi des langues vivantes compréhensibles au lieu du mystérieux latin. On rejoignit là les principes protestants de l'adhésion à la pratique. Et il y avait un espoir de convaincre les protestants de se réintégrer dans l'Église catholique ainsi purifiée. La tolérance devenait une nécessité évidente, on recherchait le contact avec les protestants. Et ce aussi bien au niveau des évêques que des prêtres et pasteurs de villages.

Voltaire, si violemment anticlérical, nous a sans doute laissé le plus beau témoignage de ce nouveau catholicisme à visage humain de l'époque des Lumières : sa « Prière à Dieu ». Elle termine son *Traité sur la tolérance*, écrit à la suite du dernier procès d'hérésie que connut la France : l'affaire Calas. Le passage principal de la « Prière à Dieu », qui porte sur la question confessionnelle, est le suivant :

« Tu ne nous as point donné un cœur pour nous haïr, et des mains pour nous égorger ; fais que nous nous aidions mutuellement à supporter le fardeau d'une vie pénible et passagère ! [...] que toutes ces petites nuances qui distinguent les atomes appelés hommes ne soient pas des signaux de haine et de persécution ! Que ceux qui allument des cierges en plein midi pour Te célébrer, supportent ceux qui se contentent de la lumière de Ton soleil ! que ceux qui couvrent leur robe d'une toile blanche pour dire qu'il faut T'aimer ne détestent pas ceux qui disent la même chose sous un manteau de laine noire ! qu'il soit égal de T'adorer dans un jargon formé d'une ancienne langue, ou dans un jargon plus nouveau ! [...] Puissent tous les hommes se souvenir qu'ils sont frères ! qu'ils aient en horreur la tyrannie exercée sur les âmes, comme ils ont en exécration le brigandage, qui ravit par la force le fruit du travail et de l'industrie paisible ! Si les fléaux de la guerre sont inévitables, ne nous haïssons pas, ne nous déchirons pas les uns les autres dans le sein de la paix, et employons l'instant de notre existence à bénir également en mille langages divers, depuis Siam jusqu'à la Californie, Ta bonté qui nous a donné cet instant [12]. »

Le droit naturel : sur la voie des droits de l'homme

Les transformations des conceptions théologiques allèrent de pair avec des transformations de la conception du droit, qui, à son tour, influa sur l'éthique et la philosophie morale. Ces processus se déroulent alors en parallèle et s'influencent mutuellement. Les théologiens s'intéressent aux théories du droit et les juristes vivent dans l'univers de la théologie.

Il existait une forme de droit issue de la Bible, en quelque sorte l'application des Dix Commandements. Il existait en outre un droit formulé dans l'Antiquité. Les principes du droit romain étaient : vivre honnêtement, ne nuire à personne et reconnaître à chacun ce qui lui appartient (« *Juris praecepta sunt haec : honeste vivere, alterum non laedere, suum cuique tribuere* »). Toute personne cultivée était instruite du *De officiis* de Cicéron, qui définissait les devoirs de l'homme et du citoyen. Le Moyen Age avait su associer les principes de droit antiques et chrétiens pour établir un système en vigueur dans l'ensemble du monde chrétien. C'était ce que l'on appelait *Jus naturae*, le droit de la nature ou le droit naturel.

La Réforme entraîna une scission à l'intérieur de cette conception du droit, qui se situait jusqu'alors à un niveau supérieur. Les principes protestants s'opposaient aux principes catholiques. On manquait cruellement de règles valables, aussi bien en temps de paix qu'en temps de guerre, pour l'un et pour l'autre parti. En 1625, le Hollandais Hugo Grotius s'efforça, dans les trois volumes de son *De jure belli ac pacis* (Du droit de la guerre et de la paix), de formuler une nouvelle base du droit naturel et du droit des gens. Il commence par analyser ce qui fait alors autorité en matière de droit : il y a, premièrement, et surtout le droit du plus fort ou de l'intérêt, ce que l'on appelle «la raison d'État»; deuxièmement, le droit coutumier, qui n'a de validité que territoriale; troisièmement, les maximes philosophiques de tous les temps, qui, toutefois, ne sont pas uniformément identiques; quatrièmement, le droit romain, codifié à la charnière de l'Antiquité et du Haut Moyen Age, mais dépassé et non systématique; et, enfin, un droit inspiré de la Bible, le droit divin.

Grotius recherche une base générale commune et il la trouve dans le droit naturel fondé sur l'homme, ou plus exactement sur la coexistence entre les hommes. Se fondant sur des analyses historiques et logiques – nous dirions aujourd'hui psychologiques et sociologiques –, il parvient à la conclusion que l'homme est un être de raison et possède une liberté morale. Raison et liberté lui ont été données par Dieu, mais le droit naturel vaudrait même si Dieu n'existait pas, ce qui constitue en soi une impossibilité. De l'*appetitus societatis* – la sociabilité de l'homme –, Grotius déduit cinq lois fondamentales du droit naturel : premièrement, le respect de la propriété d'autrui; deuxièmement, l'obligation de payer une rétribution pour un bien acquis; troisièmement, l'obligation de tenir les promesses; quatrièmement, l'obligation de réparer les dommages causés à autrui; enfin, cinquièmement, la punition des infractions à ces principes du droit naturel.

Ce fondement simple – que Grotius développe dans sa préface à *De jure belli ac pacis* – fut surtout repris par le juriste allemand Pufendorf, qui élabora un véritable système à partir de là, dans le «grand» et le «petit Pufendorf» : *De jure naturali et gentium* (1672) – Du droit de la nature et des gens) et *De officio hominis et civis juxta legem naturalem* (1673) – Des devoirs de l'homme et du citoyen suivant le droit naturel. Le «Pufendorf» devint l'ouvrage fondamental obligatoire pour toute formation de juriste au XVIIIe siècle. Autour de lui s'organisèrent toute une série d'œuvres juridiques de contenu et de tendance analogues, en Allemagne surtout celles de Thomasius et, plus tard, de Christian Wolff, en Angleterre celles de John Locke et d'Anthony Shaftesbury. Pufendorf fut connu d'un vaste public grâce à la traduction du huguenot émigré Jean Barbeyrac (1706-1707).

Cette école du droit de la nature visait essentiellement l'établissement d'une base solide de droit international, un droit qui se situerait au-dessus des États. Étant donné que l'*universitas christiana* était désormais brisée – le pape avait jadis servi d'arbitre –, le droit de la nature en tant que droit international venait pallier le vide. Lorsque les diplomates européens se trouvaient réunis en « concert européen » aux congrès de la paix de Rastatt, d'Utrecht, de Baden, de Vienne, d'Aix-la-Chapelle ou de Paris, ils se laissaient guider par ces principes du droit de la nature permettant aux vainqueurs et aux vaincus de trouver ensemble des solutions.

C'est du droit naturel que s'inspira, au XVIIIe siècle, la pensée internationale, cosmopolite : déjà, dans son *Projet de paix perpétuelle*, en 1713, l'abbé de Saint-Pierre formulait l'utopie d'une société des nations. Et, dans son *Télémaque*, Fénelon écrivait à l'adresse des souverains : « Le rempart le plus sûr d'un État est la justice, la modération, la bonne foi et l'assurance où sont vos voisins que vous être incapables d'usurper leurs terres. Les plus fortes murailles peuvent tomber par divers accidents imprévus : la fortune est capricieuse et inconstante dans la guerre : mais l'amour et la confiance de vos voisins, quand ils ont senti votre modération, font que votre État ne peut être vaincu, et n'est presque jamais attaqué [13]. » C'était une autre utopie de ce siècle – où pourtant Frédéric II annexa la Silésie et où trois souverains entreprirent de se partager la Pologne. Pourtant, l'époque se croyait sur la voie de cet avenir meilleur qui nous est esquissé ; on ne pouvait pas prévoir encore qu'au lieu de l'harmonie universelle le XIXe siècle verrait se déchaîner la politique impérialiste des États nationaux.

Les partisans du droit naturel luttaient contre la raison d'État, contre la doctrine de l'intérêt particulier le plus brutal de l'État le plus puissant, telle que l'avaient exposée Machiavel dans *Le Prince* (1532) et Hobbes dans le *Léviathan* (1651). L'un et l'autre furent discrédités au XVIIIe siècle.

A partir des *devoirs* de l'homme et du citoyen se développa la doctrine des *droits* de l'homme et du citoyen : droit à l'inviolabilité de la personne humaine, droit à l'équité des tribunaux, droit à la propriété et – importante nouveauté – droit à la liberté de conscience. On ménageait à l'homme une certaine liberté, dont il devait toutefois concéder une part à la société, de manière à rendre seulement possible la coexistence sociale. Mais la société, autrement dit l'État, était tenue de respecter et d'intégrer à son système ces droits individuels. C'est ce qui fut effectivement réalisé avec le *Bill of Rights* de la « Glorieuse Révolution » et avec la Déclaration des droits de l'homme de la Constitution de la Virginie. Ainsi avait-on résolu de fixer une limite à l'arbitraire du prince. Même lorsque ce n'était pas inscrit dans la Constitution, c'était au moins la volonté des monarques et des ministres éclairés que d'assurer le respect de ces droits non écrits, par la promulgation de décrets particuliers ou de mesures spécifiques. Le très ancien respect de son semblable, en quoi les hommes étaient théoriquement unis dans le Christ depuis des temps immémoriaux, trouvait en l'occurrence une formulation nouvelle, plus précise et plus impérative.

Le XVIIIe siècle s'est appliqué à une véritable réforme en profondeur dans un domaine particulier, où l'injustice et l'inhumanité étaient ressenties encore plus durement que partout ailleurs : le droit pénal et la justice criminelle.

On se fondait sur une tradition du droit pénal très dure

et très ancienne, qu'avait fixée par exemple la *Carolina* (loi caroline) de Charles Quint, recueil d'instructions pénales de 1532. La peine de mort sous ses différentes variantes, la bastonnade, la condamnation aux galères étaient censées intimider. Le voleur de grands chemins et le meurtrier étaient systématiquement condamnés à mort. On obtenait les aveux par la torture. Les États catholiques connaissaient en outre les procès d'Inquisition. La critique du système en vigueur se fit de plus en plus virulente, jusqu'en 1764 où Cesare Beccaria publia son sensationnel traité *Dei delitti e delle pene* (Des délits et des peines [14]). Beccaria ne se contente pas d'attaquer la torture, qui ne peut conduire qu'à la condamnation de l'innocent de faible constitution physique, et l'Inquisition, qui ne donne aucune garantie juridique à l'accusé puisqu'il est accusé anonymement et n'est jamais confronté avec les témoins ; il va jusqu'à remettre en question la peine de mort : « Qu'est-ce donc que ce droit que se sont permis de s'arroger les hommes pour tuer leurs semblables ? » Beccaria se préoccupe surtout de l'exécution des peines, des prisons qu'il connaît pour avoir visité celles de Milan où les détenus sont traités comme des esclaves. Il ne revendique pas seulement un régime de peines plus différencié, mais aussi des mesures préventives pour empêcher le crime.

Beccaria était révolutionnaire dans la mesure où il considérait que le droit pénal était le résultat d'une société mal organisée : « Qu'est-ce donc que ces lois que je devrais respecter [...] qui les a faites, les riches et les puissants. Faisons sauter ces entraves fatales, attaquons l'injustice à sa racine ! »

Déjà, avant Beccaria, en 1740, Frédéric II avait aboli la torture dans ses États. Les juges qui se laissaient guider par un sain entendement humain n'y avaient plus recours. La France et l'Autriche suivirent le même exemple vers la fin du siècle et adoptèrent un droit pénal plus humain.

En tout cas, la mise à mort des sorcières, qui avait encore fait des ravages au XVIIe siècle, s'arrêta progressivement. Les dernières exécutions eurent lieu en Angleterre en 1712, en France en 1718, en 1749 dans l'évêché allemand de Wurtzbourg et en 1782 dans le canton suisse de Glaris ainsi qu'à l'abbaye princière de Kempten, en Allemagne.

Politique et exercice du gouvernement

Lorsque les hommes politiques et les écrivains du XVIIIe siècle se livraient à une réflexion sur leur époque, ils le faisaient dans des situations et des régimes politiques qui leur paraissaient épouvantablement archaïques. Ils se trouvaient enlisés dans un Moyen Age tardif. Avec ces monarchies de structure apparemment fort simple, et leur pouvoir si bien assuré, tout était complètement bloqué. La volonté du roi se heurtait à mille entités traditionnellement autonomes. Les villes et les régions, les provinces entières, l'Église, les corporations, les universités, les fondations ecclésiastiques, la petite noblesse avaient toutes leur existence propre qu'elles menaient de façon autonome, en s'appuyant sur des privilèges, acquis on ne savait plus très bien quand, en des temps très anciens. *Everything that is, is right, if it can show a charter*, disait-on en Angleterre : toute institution était dans son bon droit, dès lors qu'elle pouvait produire une charte, un document pour justifier son privilège.

Dans ces conditions, il était purement et simplement impossible de gouverner et d'administrer, sans parler de rénover. C'est pourquoi les rois, leur cour et leurs ministres essayèrent de mettre un peu d'ordre dans cette diversité et d'instaurer le pouvoir clairement défini du centre au lieu d'un désordre immobile. C'est ce que l'on appela l'absolutisme. Mais, d'un autre côté, l'absolutisme – avec le pouvoir théoriquement tout-puissant du monarque ou de l'administration qu'il nommait – contredisait les principes du droit naturel. Un monarque absolu à la Louis XIV ne représentait plus le bon principe d'ordre dans un univers de privilèges injustes et dépassés, il s'était transformé en despote, en tyran qui n'était plus là pour son peuple, mais uniquement pour lui-même. Fénelon écrit dans *Télémaque* que « le roi n'est digne de la royauté qu'autant qu'il s'oublie lui-même pour se sacrifier au bien public ». Or l'oubli de soi n'était pas la première vertu des rois du XVIIe ni même du XVIIIe siècle. Aussi Fénelon ajoute-t-il que le « pouvoir absolu fait autant d'esclaves qu'il a de sujets [15] ».

La critique allait parfois plus loin. Elle pouvait se réclamer du droit de résistance, droit – aussi vieux que l'État – qui est même un devoir lorsque le souverain oublie les siens. C'est pourquoi le défenseur du « droit de la nature », Barbeyrac, déclare qu'il y a un droit des sujets par rapport à leur souverain : ce dernier, en se rendant coupables d'énormes et d'intolérables injustices et en manquant à ses devoirs, les libère de toute obligation à son égard.

Tout le siècle se demande sous quelle forme il faut utiliser ce droit de résistance pour ne pas aboutir à la révolution et à l'anarchie.

Avec la « Glorieuse Révolution », la Grande-Bretagne avait trouvé en la matière une voie plus ou moins légitime. Cette voie, c'était en fait de revenir au dualisme de la fin du Moyen Age dans l'exercice du pouvoir. Autrement dit, d'en revenir à un système de contrôle mutuel entre le roi et le Parlement – où alterneraient les deux partis, *tories* conservateurs et *whigs* libéraux, pareillement aristocratiques. Dans certains pays – par exemple certaines principautés allemandes –, ces parlements existaient encore sous la forme du *Landtag* (diète). Était-il possible de les intégrer au principe unitaire de la monarchie, ou bien étaient-ils, comme l'assemblée des États généraux en France ou les *Cortes* espagnoles, tellement dépassés dans leur structure qu'il valait mieux les laisser en sommeil, pour pouvoir gouverner sans encombre et agir pour le bien de l'État sans devoir tenir compte de l'égoïsme des régions et des castes ?

Mais l'exemple anglais influait désormais sur l'Europe. Non pas tant à cause de ce Parlement très démodé et composé de façon très incommode, dont les élections avaient tourné à la véritable farce, qu'à la suite des thèses issues de ce système de 1688, en particulier les *Two Treatises of Government* (Deux traités de gouvernement) de John Locke qui parurent en 1690, immédiatement après le changement politique.

Locke est partisan du droit de la nature. Il part du principe que l'État est un contrat entre gouvernants et gouvernés, c'est-à-dire entre le roi et son peuple. Si on laissait l'humanité totalement libre, cela conduirait à l'anarchie, à la guerre de tous contre tous. La solution raisonnable est donc le contrat, et non pas la soumission au détenteur du pouvoir qui apporte de l'ordre dans l'anarchie par la violence – on parlerait aujourd'hui de solution totalitaire ou fasciste. Le XVIIIe siècle se plaît à se souvenir des contrats historiques entre un roi et son peuple. L'Angleterre a, par exemple, la *Magna Charta* de 1215. Il faut réinterpréter ces documents médiévaux.

Ainsi Locke écrit-il à l'article 95 de son deuxième *Traité* : « Tous les hommes étant, comme nous l'avons dit, par nature libres, égaux et indépendants, nul ne peut sans son propre consentement être arraché à cet état et soumis à la puissance politique d'un autre. La seule voie par laquelle l'individu se prive de sa liberté naturelle pour assumer les liens de la société civique est celle de l'accord avec d'autres hommes pour constituer une communauté et de s'unir pour vivre dans le confort, la sécurité et la paix les uns avec les autres, en s'assurant la jouissance de leur propriété, dans une plus grande sécurité contre tous ceux qui n'appartiennent pas à cette communauté. »

Rapporté à la réalité politique, cela signifie (article 89) : « [...] il n'y a de société civile ou politique que là et uniquement là. Et cela se produit chaque fois qu'un certain nombre d'êtres humains, qui se trouvent à l'état de nature, se réunissent pour former une société, un peuple, un corps politique sous l'autorité d'une instance suprême de gouvernement, ou encore lorsqu'un homme quel qu'il soit se rallie à une quelconque instance gouvernementale préexistante et se soumet à elle. Car, dès lors, il autorise la société ou, ce qui est exactement pareil, le pouvoir législatif à promulguer pour lui des lois conformes à ce qu'exige le bien public de la société en question [16]. »

La société, ou le peuple, est représentée par le pouvoir législatif qui formule au nom de la population des lois que le pouvoir exécutif, autrement dit le roi et son ministère, doit appliquer.

Les pensées de cet ordre et la réalité qui y correspondait en Angleterre – même si elle restait encore très imparfaite – servirent de modèle au moins à une partie des responsables de gouvernement en Europe. Derrière les ministres éclairés, il y avait un grand nombre de juristes et d'écrivains politiques. La pensée politique éclairée atteignit son sommet lorsqu'elle fut reformulée en français en 1748, sur la base d'une analyse historique exhaustive et des principes du droit naturel, par Montesquieu dans *De l'esprit des Lois*. Il croyait voir dans le système anglais la concrétisation de la séparation des pouvoirs : le roi représentait l'exécutif, la Chambre basse le législatif et – c'est là qu'il se trompait – la Chambre haute l'instance juridique. Cela recouvrait l'idée d'une possibilité de contrôle et de freinage de l'appareil gouvernemental absolutiste.

Montesquieu voulait par là ramener la monarchie sur des voies légales. Le système absolutiste – qu'il qualifiait de despotique – était à ses yeux fondé sur la peur. La véritable monarchie devrait être guidée par le principe de l'honneur, puisque la noblesse serait son soutien. Mais la république devrait avoir pour principe fondamental la vertu politique. Cela avait déjà une consonance assez bourgeoise.

Vint ensuite Rousseau, avec essentiellement son *Contrat social*, en 1762. L'œuvre fit un effet révolutionnaire, car elle érigeait la république en régime idéal et posait le principe de l'égalité des citoyens. C'était la volonté générale qui devait décider, et non plus un principe de castes. Beccaria, Mably et d'autres reprirent cette idée pour s'orienter vers une utopie politique.

A part la Grande-Bretagne, seul le Danemark parvint à effectuer une transformation dans le cadre de la légalité. En 1665, avec la *Lex regia*, le royaume de Danemark avait concentré tout le pouvoir entre les mains du roi qui pouvait gouverner sans représentation des États. L'absolutisme apporta néanmoins l'égalité de tous les sujets. Un siècle plus tard, au moins, l'absolutisme danois fut aboli progressivement par les voies légales : plus de censure, liberté dont les Danois surent du reste faire bon usage, et émancipation des paysans jusqu'alors entièrement dépendants des propriétaires terriens. Ce n'avait jamais été qu'un absolutisme « généreux ». Voltaire disait des Scandinaves qu'ils étaient des « peuples libres sous les rois ». La Suède également – même si elle ne procéda pas aussi systématiquement – réaménagea son absolutisme.

Seuls les États-Unis d'Amérique nouvellement fondés réussirent à se donner aussi bien dans chacun des États qu'au niveau de la confédération une Constitution républicaine « moderne ». Elle repose sur la propriété et l'instruction. Elle devint par la suite – au même titre que l'éphémère première Constitution française de la Révolution – le modèle de l'État libéral du XIXe siècle.

Le principe d'une Constitution fondée sur les garanties des droits naturels du citoyen demeura en Europe une pure utopie au XVIIIe siècle – mais sur le plan des idées, le terrain était déjà très bien préparé.

Économie, éthique du travail, libéralisme économique

Avant les Lumières, le monde vivait encore en majeure partie dans un système d'économie médiévale, le paysan produisait pour sa propre consommation et, si possible, pour le marché de la ville. Les céréales étaient exportées vers des régions plus lointaines, de même que le beurre et le fromage, ce dernier servant souvent de provisions aux navires d'outre-mer. La production agricole était soumise en règle générale au vieux système du troc, fonctionnant suivant des règles traditionnelles.

On peut dire à peu près la même chose de l'artisanat, soumis pour sa part au système des corporations. Les marchands avaient toutefois fait éclater ce système rigide. Ils transportaient déjà leurs marchandises, sur des chevaux utilisés comme bêtes de somme, sur des péniches et des bateaux, bien au-delà des frontières européennes. Les entrepreneurs du textile déplaçaient la production à la campagne, où les travailleurs à domicile faisaient marcher pour eux le métier à tisser et le rouet. Les étoffes partaient ensuite aux quatre coins du monde, monde bien cloisonné d'innombrables barrières aux portes des villes et aux ponts, où l'on prélevait une foule de taxes et de péages.

Si la vie était tranquille, on ne travaillait pas moins activement, même si ce n'était pas partout avec la même intensité. Et c'était particulièrement vrai depuis que la vieille morale du travail, ancrée dans la Bible, avait été ardemment relancée par les représentants de la Réforme – avant tout, Zwingli et Calvin. L'un et l'autre définissaient le travail comme un devoir chrétien, l'heureux labeur dans les vignes du Seigneur, et ils soupçonnaient la vie monacale de n'être qu'une forme d'oisiveté organisée derrière les murs des monastères.

En tout cas, on constate au XVIIIe siècle que les pays protestants sont en règle générale plus laborieux et, de ce fait, plus riches : « Les catholiques sont pauvres dans les mêmes endroits où les protestants sont riches [...] Dans les pays catholiques, la populace danse et boit à la fureur presque dans toutes les auberges ; cela se voit très rarement chez les protestants. [...] Malgré leur extrême grossièreté, les catholiques allemands sont naturellement bons. Les bourgeois et les gentilshommes, qui ne voyent pas souvent la cour, sont en général de très bons lourdeaux, qui font tout le bien qu'ils savent faire, qui est de donner à boire et à manger. Mais les protestants de toute condition sont fins, réservés et un peu méfiants, ils aiment moins la société et la gaieté que les catholiques [17]. »

Ces paroles d'un catholique italien préfigurent déjà le célèbre ouvrage de Max Weber, *L'Éthique protestante et l'Esprit du capitalisme*. Une analyse plus détaillée permettait d'établir que les calvinistes étaient plus riches que les luthériens, les plus prospères étant apparemment les mennonites issus des anabaptistes aux Pays-Bas.

Une preuve spectaculaire de l'efficacité économique des calvinistes fut offerte au monde par l'expulsion des huguenots du royaume de France, dont l'Angleterre, la Hollande, les régions protestantes d'Allemagne et la Suisse tirèrent grand profit. C'est ce que Voltaire, ulcéré, rappelle à un critique anglais : « Des protestants, qui ont quitté ses États [de Louis XIV], ont porté chez vous-mêmes [en Angleterre] une industrie qui faisait la richesse de la France. Comptez-vous pour rien tant de manufactures de soie et de cristaux ? Ces dernières surtout furent perfectionnées chez vous par nos réfugiés, et nous avons perdu ce que vous avez acquis [18]. »

Certes, les régions en question étaient normalement déjà industrialisées par elles-mêmes lorsque les huguenots y arrivèrent – mais ils apportèrent de nouvelles méthodes de vente et de nouvelles techniques.

Toutefois, l'activité huguenote s'inscrivait encore dans le cadre de l'ancien système économique.

C'est au XVIIIe siècle que les monarchies adoptèrent dans la pratique le système d'économie mercantile appelé colbertisme. L'État favorisait une industrie destinée essentiellement à la consommation de luxe des cours, de la haute noblesse et du clergé ainsi que de la bourgeoisie aisée – par exemple, avec les Gobelins et la manufacture royale de glaces – ou à satisfaire les besoins de l'armée et de la marine avec des fonderies de canons, des arsenaux et des chantiers navals. En développant les exportations et en imposant de fortes taxes à l'importation, on comptait draîner chez soi l'argent des autres pays. Une nation de marins comme l'Angleterre essaya d'imposer ce système en instaurant des barrières à l'importation contre les Pays-Bas, qui déployaient également leur activité économique dans l'espace maritime.

La critique du système économique en vigueur jusqu'alors provint pour commencer d'un groupe de théoriciens français réunis autour du médecin personnel du roi, de Quesnay : les physiocrates. Ils allaient plus loin que les agronomes plus pragmatiques, qui se trouvaient essentiellement en Angleterre. Leur doctrine était dénommée la physiocratie parce qu'elle prétendait revenir au règne de la *physis*, de la nature, c'est-à-dire à l'agriculture criminellement négligée par le colbertisme, laquelle, par sa production et ses impôts et redevances, permettait seule l'existence de tout le système féodal et monarchique. Prenant la suite des agronomes anglais et français, les physiocrates voulaient ramener la noblesse à l'exploitation de ses domaines, de manière qu'elle investît son capital dans l'agriculture, créant ainsi pour l'État un nouveau système économique qui reposerait sur l'abolition des privilèges économiques et l'abolition des taxes, autrement dit sur la totale libération de la production et du commerce.

La théorie était d'une intimidante nouveauté et son système n'était pas facile à comprendre. Les physiocrates furent très vite pris dans de furieuses polémiques journalistiques avec leurs adversaires ; on les accusa ensuite d'être « la Secte », et leurs publications furent finalement interdites en France, car on se rendait parfaitement compte qu'en prétendant abolir l'exemption d'impôts pour la noblesse et le clergé, ils remettaient en cause jusque dans ses fondements tout le système politique et économique de la vieille monarchie.

Les physiocrates introduisirent, dans la communauté conservatrice du village ou dans l'univers seigneurial et patriarcal de la paysannerie, de nouvelles idées éclairées. Ils travaillaient avec des méthodes mathématiques, statistiques, rationnelles, sur des éléments de calcul. Leur théorie était orientée vers le profit, et ils défendaient une conception individualiste de la propriété, combinée toutefois avec des idées qui ont rétrospectivement presque une consonance écologique. Par exemple, ils s'opposaient au gaspillage insensé de terres cultivables que causait le nouveau réseau de routes royales. A partir des années trente du XVIIIe siècle, « on projeta en France la construction d'un réseau routier quasi gigantesque de plusieurs milliers de kilomètres, dont la réalisation débuta dans les années cinquante. Les nouvelles routes royales devaient relier Paris à toutes les grandes villes de province et à tous les ports, réduire de moitié la durée des voyages, et être carrossables en toute saison, qu'il plût ou qu'il neigeât. Ces chaussées traversaient la campagne en ligne droite dans toute la mesure du possible, elles avaient environ vingt mètres de large, et atteignaient même bien vingt-sept mètres avec les fossés et les allées attenants. Sur la chaussée centrale bien empierrée et posée sur de solides fondations et sur les bandes latérales, six carrosses ou autres véhicules pouvaient circuler sans peine côte à côte – c'étaient des autoroutes avant la lettre et, jusqu'à la construction tardive des autoroutes dans le pays, ces chaussées rendirent les meilleurs services deux siècles durant [19] ». L'opposition des physiocrates remporta une relative victoire, dans la mesure où le ministre Turgot, qui était proche d'elle, réduisit le programme et modula les largeurs de route.

En Grande-Bretagne, toujours pionnière en matière d'économie, une théorie qui n'était pas sans ressemblance avec celle des physiocrates se développa un peu plus tard. Ce fut à l'instigation d'Adam Smith, avec son livre resté célèbre jusqu'à ce jour, *Recherches sur la nature et les causes de la richesse des nations*, publié en 1776. A l'instar des physiocrates, il soumettait l'ensemble du système de monopoles et de privilèges existant à une critique exhaustive, et proposait le libre-échange comme solution d'avenir : « Dans le cadre de ce libre-échange, la concurrence entre les nations ferait que la marge de profit ne dépasserait son niveau normal ni sur le nouveau marché ni dans la nouvelle branche d'activité. Le nouveau marché créerait un nouveau produit pour son propre besoin ou sa propre offre, sans rien enlever pour autant au marché existant, et ce nouveau produit engendrerait un capital nouveau pour faire fonctionner la nouvelle branche [20] […] »

Il était parfaitement normal que l'idée de liberté des partisans du droit naturel s'appliquât aussi à l'économie. Les nouveaux théoriciens de l'économie pensaient à l'échelle mondiale, de même que les théoriciens du droit naturel, et ils se représentaient le monde dans son ensemble comme un immense marché de libre-échange qui s'autorégulerait. Le système existant jusqu'alors était immobile, il conduisait à la fermeture des États mercantiles les uns par rapport aux autres, à la guerre et aux dévastations réciproques. Il fallait le remplacer par un système plus fructueux pour l'avenir. Ce fut encore l'une des grandes utopies que poursuivit le XVIIIe siècle.

L'élite instruite dévora les livres des économistes comme ceux des spécialistes du droit naturel ou des philosophes politiques. Et certains hommes d'État essayèrent de mettre en pratique les doctrines des théoriciens politiques et des économistes dans le cadre du système existant. Au lieu du despote absolu, on aurait désormais le *bon roi*, père de la nation dans un sens moderne, conseillé par ses ministres éclairés. Nombreux furent ces hommes avisés qui, avec beaucoup d'intelligence et de prudence, tentèrent d'améliorer la situation de leurs États : ce furent par exemple en Autriche Kaunitz, à Milan Firmian, en Toscane Rosenberg-Orsini, en Espagne Enseñada, Aranda et Campomanes, à Hanovre Münchhausen, en France par exemple d'Argenson et d'Aguesseau puis – avec moins de chance – Turgot, et au Danemark, avec encore moins de chance, Struensee. L'objectif était toujours la modernisation de l'administration, l'abolition des privilèges et des inégalités, la plus juste répartition des ressources.

Sciences naturelles, médecine et technique

Les pensées qui se développèrent au XVIIIe siècle, que ce fût dans le domaine religieux, politique ou économique, présentent toutes un caractère utopique, qu'elles traitent d'un empire divin de la raison sur la Terre, d'une monarchie fondée sur les droits du citoyen, ou d'une organisation économique de la libre production et du libre-échange. Les sciences naturelles et la technique étaient moins utopiques, car leurs « découvertes », qui commencèrent à se précipiter au XVIIe siècle, étaient des réalités, même si bien souvent elles ne furent pas tout à fait comprises des contemporains. Néanmoins, sciences naturelles et techniques n'étaient pas non plus tout à fait exemptes d'utopie, la « spéculation » ne leur était pas totalement étrangère ; sans quoi on ne serait peut-être pas parvenu aux découvertes correspondantes, et – comme nous le verrons – toutes sortes d'utopies subsistèrent, sur des problèmes qui ne pouvaient pas être résolus avec les moyens de l'époque.

Les sciences naturelles, les mathématiques et la technique avaient toujours eu leur place dans la vie publique. La mathématique et la physique faisaient partie des sept arts libéraux que le Moyen Age avait empruntés à l'Antiquité et que l'on enseignait dans les universités, même si ce n'était que de façon marginale, et longtemps uniquement pour servir la théologie. Différents facteurs conduisirent, aux XVe et XVIe siècles, à l'extension de ces disciplines ; les exigences de la navigation, devenue alors d'une importance capitale, ne furent pas l'un des moindres. Alors qu'au XVIIIe siècle, le système des différentes orthodoxies religieuses exerçait à bien des égards un effet de conservatisme et de freinage, ces sciences continuèrent de se développer en toute quiétude, même si c'était pour une bonne part sur un mode ludique d'activités annexes.

Cette évolution continua au XVIIIe siècle. Le médecin et naturaliste zurichois Jakob Scheuchzer retrace ce processus de façon très caractéristique en 1721. Scheuchzer (1672-1733) est à plus d'un titre l'exemple type du naturaliste de cette époque. Pour commencer, il est de bonne famille – une lignée de conseillers de la ville de Zurich –, corporatiste, issu de la classe moyenne. Déjà, le père était médecin. Il fait ses études de médecine à Utrecht, c'est-à-dire aux Pays-Bas, connus non seulement pour l'enseignement des sciences de la nature, mais aussi pour l'esprit de tolérance. En 1694, il y présente sa thèse de médecine. Dans sa république d'origine, il assume la charge de médecin de la ville et occupe par la suite la chaire de mathématiques à l'université. Il exerce toute sa vie dans sa petite ville natale de Zurich. C'est là qu'il crée la *Gesellschaft der Wohlgesinnten* (Société des bien-pensants), société « polyhistorique » de sciences naturelles qui existe de 1697 à 1709, et forme une petite académie républicaine d'érudits. Mais il fait partie aussi de la république internationale des savants, est membre de l'*Academia naturae curiosorum* en Allemagne, de la *Royal Society* à Londres et de l'académie de Saint-Pétersbourg. Avec Scheuchzer, la recherche sur la haute montagne, la géologie des Alpes, entre dans le domaine scientifique.

En 1721, il publie à Zurich un gros livre qui porte un double titre : *Jobi Physica Sacra oder Hiobs Naturwissenschaft verglichen mit der heutigen* (*Jobi Physica Sacra* ou la Science naturelle de Job comparée à celle d'aujourd'hui[21]). Œuvre typique : encore profondément ancré dans le monde théologique, l'auteur essaie d'y faire coïncider les découvertes des sciences de la nature avec la vérité biblique.

Le troisième verset du chapitre XXVIII du Livre de Job offre à Scheuchzer l'occasion rêvée d'évoquer les progrès des sciences naturelles : « *Tenebris posuit (Deus) terminum et ad omnem perfectionem ipse scrutatur lapidem in caligine et denissima umbra abditum* » – Dieu met fin aux ténèbres, on fouille jusqu'à l'extrême limite la pierre obscure et sombre.

Scheuchzer fait ici intervenir Dieu – prétendument selon l'esprit du texte. Or, suivant l'interprétation actuelle, il s'agit plutôt de l'homme qui met fin aux ténèbres – ce qui correspondrait mieux à une pensée éclairée. Mais

Scheuchzer recherche, comme il le dit ailleurs, la connaissance de Dieu au travers de la nature. Il livre ainsi à la théologie orthodoxe éclairée de l'époque des arguments capitaux.

Ce chapitre XXVIII du Livre de Job traite dans l'ensemble de la véritable sagesse de Dieu et de l'homme quant à la recherche et à l'exploitation des trésors enfouis dans les profondeurs de la terre.

Scheuchzer discute pour commencer les interprétations plus anciennes. Il rejette entre autres la thèse selon laquelle les ténèbres seraient ici le néant et ajoute : « Je préfère l'idée [...] que Job fait allusion à toutes les découvertes nouvelles qui, de temps en temps, selon l'universelle sagesse de la providence divine à tel ou tel siècle, jaillissent des ténèbres et sont amenées à la lumière pour l'usage particulier de la société humaine. »

Avec « l'usage particulier de la société humaine » s'annonçait la conception nouvelle selon laquelle, peu à peu, seule serait reconnue la valeur d'utilité aux dépens des domaines spirituels, intellectuels et artistiques. Enfin, Scheuchzer défend l'idée caractéristique des Lumières selon laquelle on est arrivé à la fin des ténèbres et à l'aube de temps nouveaux et de temps meilleurs : « Si jamais cette explication est vraie et qu'elle ait fixé la fin des ténèbres pour un certain siècle, nous pouvons dire en tout cas qu'aucun n'a été aussi fécond en nouvelles inventions que ce XVIIe siècle qui vient de s'achever, où l'on a fait dans tous les domaines plus de découvertes qu'au cours des dix-sept siècles précédents considérés dans leur ensemble. »

L'auteur exprime ensuite sa déférence envers le grand philosophe du XVIIe siècle : « Quelle stature n'a-t-il pas eue, ce personnage de Cartesius avec sa nouvelle philosophie ? Et même s'il n'est pas resté sur le trône où il avait été élevé, n'a-t-il pas du moins ouvert la porte à la *Philosophia Mathematica* en vigueur encore aujourd'hui, dont se réclament non seulement les sciences naturelles, mais aussi la médecine et pour une part aussi la morale, dans la mesure où elle dépend de la connaissance approfondie des mouvements de l'âme ? »

Scheuchzer reconnaît le rôle décisif qu'a joué Descartes pour la pensée moderne. A partir du doute fondamental, le philosophe a vu dans la pensée mathématique la seule méthode légitime. Cette pensée mathématique, logique, a permis depuis en sciences naturelles des découvertes qui auraient été inimaginables jusqu'alors. Il a défini la nature de l'homme en tant qu'être doué de raison. Il devait avoir par la suite des contradicteurs, mais à l'époque de Scheuchzer régnait toujours la *Philosophia Mathematica*, avec sa conception mécaniste du monde, lequel, pareil à un mécanisme d'horloge remonté par Dieu, fonctionnerait suivant des lois immuables.

On considère dès lors aussi le corps humain comme une *machine*. Montesquieu écrit : « Ma machine est si heureusement construite que je suis frappé par tous les objets assez vivement pour qu'ils puissent me donner du plaisir, pas assez pour me donner de la peine [22]. »

En fait, on était parvenu à une étude médicale plus précise du corps humain. Scheuchzer récapitule pour commencer les découvertes du XVIIe siècle dans ce domaine : « En médecine, nous avons fait de nouvelles découvertes [...] sur la circulation du sang, qui nous a été mise en lumière par Guillelmus Harveus [Harvey] [...] En anatomie, d'innombrables nouvelles choses ont été découvertes [...], nouveaux *ductus salivales*, conduits salivaires ; structure du cerveau par Willisius [Willis], de l'oreille [...], du cœur [...], des petites glandes et artérioles les plus subtiles. En somme, toute l'anatomie du corps humain a pris une allure radicalement nouvelle. »

Le XVIIIe siècle fit encore progresser la médecine, ouvrant la voie de l'évolution qui la conduirait à la place d'exception qu'elle occupe entre toutes les sciences au XXe siècle. Les nouvelles découvertes transformèrent très vite la pratique médicale. Peu à peu apparurent de nouvelles écoles destinées à l'enseignement de la pratique en dehors des facultés : par exemple, en 1724, le *Collegium Medico-Chirurgicum* à Berlin, et en 1795, la « Pépinière », pour les médecins militaires, également à Berlin.

Tandis que la médecine humaine s'orientait plus précisément vers la pratique, la médecine vétérinaire trouvait place parmi les sciences : l'*École vétérinaire* ouvrit ses portes à Paris en 1762, la *Tierarzneischule* à Berlin en 1790. Ce fut également un aspect des réformes qui devait revêtir une importance capitale pour l'agriculture.

Scheuchzer évoque ensuite le vaste domaine de la mathématique et de la mécanique. Les travaux de Newton et de Leibniz devaient être poursuivis par les Bernoulli, cette étonnante lignée de mathématiciens bâlois qui produisit en trois générations huit mathématiciens et physiciens brillants, qui enseignèrent d'abord aux Pays-Bas, puis à Saint-Pétersbourg, à Berlin et dans leur ville natale de Bâle. Le passage à la technologie s'effectua à la quatrième génération ; on était alors déjà au XIXe siècle : « Le monde entier est plein de nouvelles découvertes mathématiques et mécaniques. Je pourrais citer un *Cartesium* et son algèbre poussée au point extrême avec le plus grand acharnement, un *Leibnitium* et un *Neutonum* avec leur *calculo infinitesimali*, les *Bernoullios* avec les nouvelles courbes et leurs propriétés. *Galileum de Galileis*, heureux restaurateur de la doctrine de Copernic, grâce à un nouveau téle-scope, un homme exceptionnel persécuté par la prêtraille romaine. »

Scheuchzer en est donc arrivé à Galileo Galilei qui est le point critique des sciences nouvelles. En mentionnant la persécution par le clergé romain, il aborde la querelle sur la doctrine copernicienne, toujours d'actualité à son époque.

Le treizième verset du chapitre X du Livre de Josué dans la Bible dit : « Le soleil se tint immobile au milieu du ciel et près d'un jour entier retarda son coucher », ce, suivant l'ordre du Seigneur, pour permettre la victoire du peuple élu des Israélites sur les Amorites.

A partir du moment où l'on pensait que la Terre tournait autour du Soleil, cette Terre, avec son Église – seule source de salut – et les instances mises en place par Dieu même, n'était plus le centre de l'Univers. La voie était grande ouverte à la relativité des choses. Au cours du XVIe siècle, plus libéral, Copernic avait conçu – en combinant l'observation de la nature et la mathématique – la nouvelle doctrine de l'héliocentrisme. Galilée en avait renforcé la démonstration, et l'Église l'avait condamné au silence. Non seulement l'Église romaine, mais toutes les autres Églises restaient attachées à la doctrine ancienne.

Dans son *Job*, Scheuchzer fut également contraint par la censure zurichoise à supprimer tous les passages concernant la doctrine copernicienne. Il s'exécuta avec beaucoup d'humour, supprima toutes les parties que pouvaient comprendre le profane – mais les citations retranscrites ici sont restées : il semble que les censeurs zurichois ne les aient pas remarquées. Cette censure fut l'un des derniers signes de résistance de la vieille orthodoxie. Les Églises protestantes se montraient déjà plus ouvertes dans les endroits où la théologie ancienne avait été remplacée par l'orthodoxie raisonnable ou latitudinariste. L'Église romaine suivit, comme l'on sait, peu après le milieu du siècle.

Scheuchzer mentionnait surtout Galilée à cause de son télescope. Il lui adjoint : « *Cassinum* [Cassini] et *Hugenium* [Huyghens] avec leurs nouvelles planètes tournant autour de Jupiter et de Saturne [...] Leuwenhoek avec ses *microscopialibus* ou lentilles grossissantes [...] Tschirnhauser avec ses loupes, Guericke [...] et d'autres avec leurs *thermometris*, *Toricellium* [Toricelli], Pascal avec le baromètre [...] *Drebbelium* [...] avec ses *navigiis subaquaeis*, ou navires qui avancent sous l'eau [...] »

Ainsi Scheuchzer passe-t-il dans l'univers de la technique. L'application devait toutefois encore se faire attendre longtemps. Les XVIIe et XVIIIe siècles jouaient encore avec les découvertes – par exemple, l'électricité, ou les expériences de chimie. Une bonne illustration nous en est offerte par Drebbel avec ses *navigiis subaquaeis* dont la réalisation ne fut techniquement possible qu'au début du XXe siècle. On pourrait dire la même chose du vaisseau aérien. Les premières montgolfières s'élevèrent néanmoins vers le ciel dès la fin du XVIIIe siècle. Goethe écrivait alors : « Lorsqu'on a vécu la découverte des montgolfières, on peut témoigner du mouvement qu'elles causèrent dans le monde, de l'intérêt que l'on porte aux navigateurs aériens, des aspirations qu'ils éveillent au cœur de milliers d'âmes [...] de la fraîcheur et de la volubilité avec laquelle [...] les journaux relataient tous les essais réussis [23]. » Les aéroplanes ne feraient leur apparition qu'encore cent ans plus tard.

Scheuchzer voit très bien les nouvelles possibilités techniques qui s'offrent à l'homme, et il évoque ensuite les grandes constructions de canaux : « Méritent également d'apparaître sur notre scène les grands princes et rois qui ont lancé des projets jusqu'alors inouïs, un Louis XIV, roi de France, avec son [...] canal entre l'Océan et la Méditerranée, un Fredericus Wilhelmus, prince électeur de Brandebourg, avec le canal reliant l'Oder à la Spree, un duc de Holstein avec son idée de relier la mer allemande (mer du Nord) à la Baltique, un Pierre Alexis, tsar moscovite, avec son entreprise de jonction entre la mer Caspienne et le Pontus Euxinus [mer Noire] ainsi qu'entre l'océan Glacial Arctique et la mer Baltique. »

L'Europe, et en particulier la France, sont alors sillonnées d'un réseau de canaux qui facilitent considérablement les transports. L'amélioration des routes est venue plus tard. Et celle-ci ne fut à son tour rendue possible que dans la mesure où le génie civil s'était développé de plus en plus et où l'on avait ouvert des écoles spécialisées dans ce domaine.

Pour finir, Scheuchzer en revient aux inventeurs en tant que personnes privées. « Des potentats j'en reviens aux personnes privées, et je songe au *perpetuum mobile* de Becher et de Drebbel, à l'*antlia pneumatica* ou pompe à air de Guericke et de Boyle, au pendule des horloges de Huyghens, à la marmite de Papin, dans laquelle on peut réduire les os en bouillie [...] »

Scheuchzer mentionne là deux découvertes décisives de son temps. L'horloge, que l'on pourrait ériger en véritable symbole du siècle, avait déjà là une mécanique de précision qui permettait de mesurer très exactement le temps, et par conséquent de l'utiliser mieux : dès lors, c'en était du reste fini de la paisible intemporalité du monde plus ancien. La marmite de Papin devait finalement conduire à la machine à vapeur, qui révolutionnerait la technique à la fin du XVIIIe siècle. La machine à vapeur elle-même fut mise au point par l'équipe de techniciens de la *Lunar Society* dans les années soixante, à Birmingham.

Scheuchzer termine son énumération des inventions techniques par ces mots : « En somme, je trouverais moi-même le temps long si je voulais exposer ici toutes les découvertes qui figurent dans les *Transactiones anglicanae*, les *Mémoires de l'Académie royale*, les *Deutsche Ephemerides*, les *Berlinische Miscellanea*, etc. »

Il rend ainsi hommage au rôle des grandes académies scientifiques, en énumérant les publications de la *Royal Society*, de l'Académie des sciences, de l'*Academia Naturae Curiosorum* allemande, et de l'académie de Berlin. Plus tard, ce seraient les sociétés d'utilité publique, les sociétés pour le développement du commerce et de l'artisanat, les sociétés d'agriculture qui feraient de la propagande pour l'application et le perfectionnement des découvertes scientifiques et techniques. Autant de sociétés au sein desquelles les personnes privées que Scheuchzer fait entrer en cause – souvent des pasteurs avec leur cabinet de sciences naturelles et leurs observations météorologiques, ou des artisans ingénieux – trouveraient de l'aide et de nouvelles idées.

C'est avec un optimisme étonnant que Voltaire, d'ordinaire plutôt sceptique, loue le progrès de l'esprit humain au siècle de Louis XV, autrement dit de 1720 à 1770 : « Les académies ont rendu service en accoutumant les jeunes gens à la lecture, et en excitant par des prix leur génie avec leur émulation. La saine physique a éclairé les arts nécessaires ; et ces arts ont commencé déjà à fermer les plaies de l'État, causées par deux guerres funestes. Les étoffes se sont manufacturées à moins de frais par les soins d'un des plus célèbres mécaniciens. Un académicien encore plus utile par les objets qu'il embrasse a perfectionné beaucoup d'agriculture et un ministre éclairé a rendu enfin les blés exportables, commerce nécessaire défendu trop longtemps[24]. »

Éducation – enseignement – culture populaire

Considérant rétrospectivement l'évolution technique, on pouvait se demander par exemple : qu'est-ce qui est venu d'abord, la charrue moderne ou le livre scolaire ?

On ne saurait répondre sans équivoque à la question mais, en tout cas, le rôle du livre de lecture et du manuel scolaire en tant que moyen de formation, surtout des couches de la population paysanne, ne doit en aucun cas être sous-estimé. La lecture et l'éducation scolaire ne sont pas seulement nécessaires pour le développement de la technique, elles sont aussi à la base de toute formation philosophique et politique. L'éducation est essentielle, que ce soit pour transmettre des valeurs traditionnelles ou pour ouvrir des voies nouvelles.

Les Lumières devaient assumer l'héritage de la Réforme et de la Contre-Réforme. Partout, les protestants avaient accordé une valeur particulière à la formation d'une corporation de pasteurs, mais ils savaient que l'éducation devait aller plus loin, puisque c'était le peuple tout entier qu'il fallait amener à la nouvelle croyance. Cela supposait la scolarisation de tous les enfants. Le primat était donné à l'enseignement religieux, qui se faisait à l'aide du catéchisme, petit livre enseignant par questions et par réponses la bonne croyance et la bonne action, subtil concentré théologique des idées puisées dans la Bible, mais rédigé de telle sorte que tout le monde comprît. On s'entraînait à ce jeu de questions et de réponses données, on y trouvait les instructions nécessaires à un bon comportement, on apprenait la définition des concepts théologiques élémentaires et l'on était initié à l'univers du peuple d'Israël, haute civilisation très ancienne qui représentait l'une des bases de la culture européenne. Tout cela devait être approfondi par une lecture intensive de la Bible.

Le catéchisme catholique devait produire un effet analogue, toutefois la lecture de la Bible était pratiquement exclue et les débordements des manifestations culturelles du baroque agissaient sur la sensibilité. On ressentait là toute la grandeur du monde chrétien. Le savoir et la lecture étaient plutôt l'affaire de la classe supérieure, en particulier des jésuites avec leur monopole des enseignements supérieurs.

En tout cas, dans toute la mesure du possible, les Lumières s'appuyaient sur l'œuvre de la Réforme. Il fallait néanmoins nuancer. Lorsque Locke écrivait *On Education*, il entendait former des êtres libres, des individus et des citoyens. Dès lors, les publications pédagogiques se succédèrent sans fin. Rousseau fit entendre un accent nouveau en plaçant l'enfant, *le petit homme*, au centre de son propos pour élever son Émile selon les lois de la nature. Pestalozzi poursuivit dans ce sens, préconisant qu'on éduquât l'homme à l'humanité au lieu de lui inculquer des techniques.

La réforme de l'école devint l'une des principales tâches des Lumières. On se trouvait en effet en présence d'un système scolaire complet que l'on trouvait figé et étriqué. Dans tous les domaines, on se précipita vers le changement, bien souvent contre une résistance qui émanait du corps enseignant. En tout cas, on se ferma totalement, par exemple à l'université de Bâle, aux propositions de réformes du grand mathématicien Jakob Bernoulli en appliquant le principe fondamental suivant lequel *limites quos posuere Veteres non moveto* – il ne faut pas modifier les limites qu'ont fixées les Anciens [25].

Ce principe avait été énoncé en 1691. Pour conserver sa place, une université devait toutefois se soumettre à un minimum de transformations. Aux disciplines anciennes de la mathématique et de la physique – que l'on développait activement – devaient s'ajouter les sciences naturelles – observation des animaux, de l'homme et des plantes, mais aussi des minéraux et des phénomènes géologiques. La géographie informait de l'état de cette merveilleuse planète sur laquelle on vivait et sur laquelle se multipliaient les découvertes. Mais même l'histoire – qui ne constituait jusqu'alors qu'une branche de la rhétorique, destinée à la plus grande gloire du prince – était désormais conçue sinon comme la science d'un avenir meilleur, du moins comme celle de l'homme dans son action au fil des siècles. A l'histoire de l'Antiquité, jusqu'alors largement prédominante, s'ajoutait l'histoire récente et l'histoire de la patrie – *Historia Patriae*. Dans les facultés de droit, les théories du droit naturel se frayaient leur chemin et supplantaient l'éthique aristotélicienne.

Le latin resta néanmoins dominant à l'université, même

si, à tel ou tel endroit, on enseignait dans la langue du pays. L'accès à l'université passait par l'apprentissage du latin qui commençait aux alentours de la dixième année. Il fallut attendre le XIXe siècle pour la percée des langues nationales comme langues d'enseignement et pour l'ouverture sur les langues étrangères. Par ailleurs, les universités et les lycées gardèrent l'empreinte des structures anciennes : manuels imposés, cours *ex cathedra*, soutenances de thèses. Le débat sur la littérature au sens le plus large était l'affaire des salons, des sociétés savantes et des sociétés de lecture où, du reste, c'étaient souvent des professeurs qui donnaient le ton.

L'université ne préparait traditionnellement qu'à trois carrières ; elle formait des théologiens, des juristes et des médecins, sans guère de contacts avec la pratique. Celle-ci entraîna pourtant, vers la fin du siècle, des transformations capitales des facultés de médecine. Jusqu'alors, le *doctor medicinae* était le spécialiste qui diagnostiquait la maladie et l'analysait scientifiquement. L'intervention manuelle était l'affaire du chirurgien qui n'avait pas fait d'études universitaires et qui était l'exécutant du docteur. Les progrès de la science médicale imposaient une réorientation des universités ou des sociétés médico-chirurgicales. On était sur la voie du médecin moderne.

En attendant, la société et son État avaient besoin de développer d'urgence d'autres professions qui demandaient une formation difficile. Il fallait surtout des ingénieurs parce que le progrès technique se manifestait de toutes parts. Des charpentiers, des maçons, des constructeurs de ponts et des architectes, il y en avait eu depuis toujours. Mais c'est alors qu'on commença de leur donner une formation systématique en s'appuyant sur la mathématique et la géométrie. Les grandes écoles d'ingénieurs se développèrent, surtout en France avec la fondation de l'École nationale supérieure des ingénieurs en 1718, de l'École nationale des ponts et chaussées en 1747, de l'École nationale du génie maritime en 1765, de l'École nationale supérieure des mines en 1778 ; elles étaient toutes à Paris et toutes fortement axées aussi sur le domaine militaire. Les mathématiques jouaient un rôle déterminant dans l'artillerie. En Allemagne, on ouvrit surtout des écoles des mines : à Berlin en 1770, à Clausthal-Zellerfeld en 1776, à Freiberg en Saxe en 1776. Le métier d'ingénieur apparaissait à peine ; il ne s'imposerait définitivement qu'au XIXe siècle avec les nombreuses grandes écoles supérieures polytechniques. Dès avant la deuxième moitié du XVIIIe siècle, la formation technique et artisanale plus générale est assurée par les *Kunstschulen*, précurseurs des écoles d'arts appliqués, des écoles de l'industrie, des lycées de mathématiques et de sciences naturelles, et des établissements d'enseignement technique.

Parallèlement, la formation de marchands par des *écoles de commerce*, pragmatiques, enseignant la comptabilité et surtout les principales langues étrangères, devenait une nécessité. Pour les fonctionnaires, de plus en plus nombreux, les écoles « camérales » (d'administration) qui prodiguaient un enseignement juridique et économique semblaient s'imposer. Déjà, Louis XIV avait créé des écoles de cadets pour les futurs officiers et fonctionnaires royaux. Un certain nombre de princes des Lumières – et non pas uniquement le duc Charles-Eugène de Wurtemberg – assurèrent une meilleure formation de leurs fonctionnaires d'État.

Mais le siècle des Lumières pouvait-il se permettre d'en rester là ? La formation professionnelle était certes nécessaire et très souhaitable – mais ne courait-on pas le risque, à force de techniques et de savoir rationnel, de négliger l'homme ? L'orientation philanthropique répondait à cette objection, avec les premières tentatives d'éducation complète qu'essayèrent de réaliser par exemple Basedow à Dessau, Ulysses von Salis dans le canton des Grisons.

Mais cela ne touchait qu'une certaine élite : des enfants de la classe supérieure, ou tout au plus de la classe moyenne, en milieu urbain. Était-ce vraiment assez ? Il était dans la nature même du mouvement novateur de faire accéder aux nouvelles lumières le plus grand nombre de personnes possible, que ce fût pour des raisons de convictions humanitaires générales ou pour des considérations de subtile tactique politique. Déjà, au début du siècle, on commence à se demander si des problèmes quotidiens tout simples ne seraient pas aussi dignes d'intérêt que les grandes questions de la philosophie : « Seulement l'art de gérer bien et intelligemment un ménage semble méprisable à tout le monde et indigne qu'on lui consacre quelques maximes d'enseignement[26]. »

Si l'on voulait vraiment éclairer le peuple, ce ne pouvait être qu'en luttant pour commencer contre l'analphabétisme, par une meilleure formation scolaire, plus complète et accessible au plus grand nombre. On pouvait y parvenir d'abord par la création d'écoles spéciales pour les classes inférieures, écoles d'usines, écoles des pauvres – comme celles qu'établit par exemple Pestalozzi à Neuhof en Argovie, ou le junker Rochow pour les enfants de paysans à Rekahn dans la marche de Brandebourg.

On pouvait aussi démocratiser les écoles de ville ou de village qui existaient déjà, de manière qu'elles fussent ouvertes à tous. Il fallait alors se résigner à ce que les enfants de patriciens soient enfermés dans le même local confiné que les enfants de pauvres, qui sentaient mauvais, et l'on continua donc de préférer souvent à l'école publique l'enseignement donné à domicile par un étudiant en théologie sans travail. Le rêve de voir s'asseoir riches et pauvres sur les mêmes bancs d'école ne devait se réaliser qu'au XIXe siècle – avec plus ou moins de succès selon les États.

Les mesures prises dans ces domaines touchaient les enfants. Mais que devait-il advenir des adultes, dont les modestes connaissances scolaires sombraient vite dans l'oubli à cause de la rigueur du labeur quotidien ? Que pouvaient-ils avoir à lire, si les lectures disponibles étaient en règle générale destinées et adaptées aux classes supérieures ? Même les encyclopédies si prisées n'étaient en l'occurrence d'aucun secours, car qui pouvait s'offrir ces splendides ouvrages ? Il fallait trouver une nouvelle forme d'information, une littérature qui donnât des instructions sur un mode familier, surtout dans le secteur agricole, qui occupait la majeure partie de l'humanité. Il ne s'agissait plus uniquement d'instructions et de commandements moraux, mais d'enseignements directement relatifs à la pratique, apportant une information concrète sur des problèmes concrets.

Cette information ne devait pas nécessairement se transmettre par écrit. Ce fut parfois une des nouvelles tâches des pasteurs de villages – surtout dans les régions protestantes. Le pasteur pouvait faire plus que lire à ses paroissiens les mandats des autorités supérieures. Son sermon pouvait être appliqué à la pratique. Le pasteur devenait instructeur du peuple. Il ne devait pas seulement assurer le salut dans l'au-delà, mais aussi viser la prospérité ici-bas ; d'où ces sermons en chaire, dont on se moqua tant par la suite, sur le foin à l'occasion de la fête de Noël, ou sur le paratonnerre agréable à Dieu. Le pasteur tirait lui-même ces connaissances pratiques des articles correspondants de sociétés économiques et d'utilité publique. Il fallait toutefois veiller en même temps à ce que l'ordre social établi ne se trouvât pas menacé. Le seul souci des propriétaires terriens et des magistrats était tout simplement que l'économie du pays fournît une production plus élevée. D'un autre côté, on avait tout intérêt à ce que se réduisît le nombre des pauvres totalement illettrés.

Ce rôle d'instructeurs des pasteurs fut complété bientôt par la diffusion de petites brochures populaires comportant des instructions précises et devant aller directement entre les mains des paysans – pour autant qu'ils savaient lire. Encore dans les années 1740, on se heurtait aux conceptions anciennes. « On combat en 1749 le préjugé selon lequel beaucoup de choses qui se passent sur la terre résulteraient de la malédiction divine après le péché originel, de sorte qu'il serait vain de chercher à améliorer l'agriculture. Lorsqu'on a l'esprit assez embrumé, dit-on à ce propos, pour ne pas mieux distinguer la théologie des autres sciences, on n'a guère de chances de progresser. On trouve à ce sujet dans toutes les publications des sociétés économiques d'utilité publique d'innombrables conseils pratiques pour faciliter le travail et l'organiser de façon plus efficace. Comment utiliser les nouvelles connaissances des sciences naturelles dans l'agriculture ? Comment améliorer l'agriculture – globalement et dans le détail – de manière à ce que tous les ordres en tirent profit ? [...] Quels fourrages sont mieux adaptés à tel ou tel sol ? Comment lutter contre les maladies des céréales ? Que faire contre les épidémies du bétail ? Le lecteur est instruit de l'utilité de l'élevage du cochon, un dictionnaire des engrais est là pour lui permettre d'améliorer les sols, on explique même comment procurer aux pauvres gens un lit chaud à bon marché. »

En 1756, on pouvait lire dans l'hebdomadaire *Der Wirt und die Wirtin* (L'économie domestique), qui traitait de problèmes moraux et économiques, l'exhortation suivante : « Unissons nos forces et œuvrons pour le bien de nos frères ; ne rougissons pas de jouer les maîtres des hommes du commun, car ce que nous sommes, ils le seraient devenus, ils seraient même devenus davantage, si seulement, comme nous, ils avaient été éduqués. Le monde peut très bien se passer de nous, mais non pas d'eux. »

Aux petites brochures d'instructions pratiques – qui se présentaient parfois sous la même forme que le catéchisme avec un jeu pédagogique de questions et de réponses – venaient s'ajouter les journaux, les *Intelligenzblätter* (feuilles d'annonces, gazettes) et, bien entendu, les traditionnels almanachs qui pratiquaient la vulgarisation des connaissances en matière d'économie et de sciences naturelles. L'almanach faisait partie de la bibliothèque minimale du paysan, qui possédait en outre quelques ouvrages spirituels ou moraux – par exemple les *Psaumes* et un livre de piété.

Le livre de conseils médicaux avait aussi sa place dans ce fonds. Le premier fut l'œuvre du médecin de Lausanne Auguste Tissot, *Avis au peuple sur la santé*, paru en 1761 et traduit dans plus de dix langues. D'innombrables ouvrages médicaux lui firent suite.

En 1768, on dénombre dans le domaine germanophone plus de huit cents écrits sur la lutte contre la variole. A cela s'ajoutent des centaines d'ouvrages vétérinaires. Et, parallèlement, se poursuit la lutte contre la superstition. Dès 1755 paraît à Leipzig un *Register abergläubischer Meinungen und Handlungen* (Catalogue de la superstition).

Peu à peu, les citadins gagnés à l'esprit des Lumières trouvèrent leur paysan modèle. L'un des meilleurs exemples en est le Zurichois Jakob Guyer devenu mondialement célèbre grâce à l'ouvrage du médecin de la ville Johann Kaspar Hirzel, *Wirtschaft eines philosophischen Bauers*, traduit en français sous le titre de *Socrate rustique*. Dans la ville de Zurich, la commission économique de la Société de recherches en sciences naturelles organisait régulièrement des entretiens avec les paysans, auxquels participaient des bourgeois et des paysans. La bourgeoisie et la noblesse commençaient à s'apercevoir que le bon sens et la capacité de réflexion personnelle se rencontraient aussi dans le peuple.

C'est ainsi que les Lumières découvrirent le peuple et l'intégrèrent à l'univers de la bourgeoisie, établissant des liens entre les ordres, de différentes manières et avec un succès variable suivant les pays. Nous nous en sommes tenus ici à des exemples empruntés à l'Allemagne et à la

Suisse, où le mouvement était particulièrement intense. C'était l'abandon du monde des ordres coupés les uns des autres avec leurs préjugés, et l'aube du patriotisme. Le jeune Goethe critique du reste à cet égard un écrivain qui ne connaît pas le peuple pour l'avoir observé lui-même : « Combien ses jugements seraient autres s'il avait condescendu à regarder l'homme dans sa famille, le paysan à sa ferme, la mère auprès de ses enfants, l'artisan dans son atelier, l'honnête bourgeois devant son pot de vin [...] ! »

Vertu et patriotisme

Les Lumières voulaient former un homme nouveau et meilleur. C'est dans cette perspective qu'elles faisaient leur la conception ancienne de la morale, la doctrine éthique de l'*arétè* grecque et de la *virtus* latine, qui s'était figée dans ces quatre vertus cardinales de Justice, Prudence, Tempérance et Courage, lesquelles figuraient encore de toutes parts sur des fontaines, dans des hôtels de ville ou des églises. C'étaient des vertus d'origine divine, mais qu'il s'agissait désormais de reformuler conformément aux principes du droit naturel et de la raison, afin qu'elles vaillent pour tous les hommes.

En règle générale, les écrivains des Lumières font la distinction entre les vertus individuelles, valables pour chacun dans les actes de sa vie privée, et les vertus concernant l'homme dans la société ou la cité.

Les vertus individuelles supposent une référence à certains principes. On obéit à la conscience morale et on suit des règles éthiques. Le déiste se doit de se conformer à la loi naturelle, même s'il ne reconnaît aucune divinité personnelle. Les athées écoutent leur voix intérieure. Les tenants des Lumières demeurent largement tributaires d'une attitude religieuse : non pas d'une orthodoxie contraignante, naturellement, mais du sentiment religieux de l'honnête homme [27]. Aussi bien, on faisait partie de l'une des Églises, on assistait à la messe ou au culte. On commençait sa journée en se recueillant, ou bien l'on réunissait pour cela toute la maisonnée. Il ne s'agissait pas essentiellement, en l'occurrence, du dogme de la confession dont on se réclamait, mais plutôt d'une religiosité universelle et éclairée, teintée selon les cas de jansénisme ou de piétisme. Conscient que l'homme était à l'image de Dieu, le chrétien examinait alors ses pensées et ses actes à la faveur d'une introspection dont il notait souvent par écrit les résultats. Sa conscience devait lui dire ce qui était juste ou faux. Le théologien allemand Spalding déclare : « C'est ainsi que j'appris à mieux me gouverner moi-même, la conscience prenant pour moi de plus en plus d'importance. » Cette conscience pouvait tout aussi bien guider le déiste affranchi de tout lien avec une Église ou bien l'athée déclaré, et prendre la place du sentiment religieux.

L'intérêt universel pour l'Homme pouvait se manifester par une vertu : l'*amour de l'humanité*, qui est une des vertus principales des Lumières, et la transposition active d'une attitude religieuse. Ce siècle forgea pour la désigner le terme de « philanthropie », qu'il entendait au sens d'une amitié active portée à tous les hommes : il s'agissait toujours de « faire le bien » conformément aux convictions chrétiennes, mais en élargissant dorénavant cette action à l'extérieur des Églises et à des œuvres d'intérêt public. Ce qui revenait à brider en chacun égoïsme et égocentrisme.

Cela allait de pair avec une vertu proche, celle de *modestie*, y compris dans la manière de paraître. D'où le combat mené par beaucoup contre le luxe, la somptuosité comme on disait alors. On réduisait les dépenses personnelles.

Non loin de la modestie, l'on trouve la vertu de *modé-*

ration, en matière de besoins personnels, mais aussi quant à l'autodiscipline et à la lutte contre les passions, auxquelles l'époque baroque avait donné libre cours, et non seulement dans les arts. La modération signifiait le choix d'une voie moyenne, illustrée entre autres par ce dicton anglais : « *In moderation placing my glory, The Tories call me Whig and Whigs a Tory* » (Mettant ma fierté à être modéré, je me fais traiter de *whig* par les *tories*, et de *tory* par les *whigs*). Choisir la voie moyenne implique en effet qu'on se résolve à essuyer les critiques des deux partis.

Enfin, l'application au travail, l'*industrie*, fait aussi partie des vertus individuelles. La paresse reste un vice et doit être combattue. La discipline du XIXe siècle, avec son mépris du loisir et de la méditation, se dessine déjà.

Ces vertus individuelles que sont le sentiment religieux, l'amour de l'humanité, la modestie, la modération et l'industrie sont en fait autant de conditions préalables au comportement familial, social et civique. Si importantes que fussent la solidarité familiale, la sollicitude envers enfants et cousins, et la défense du rang social de chacun (noble ou bourgeois), on se faisait une vertu – surtout lorsque la chance, les traditions et le travail vous avaient valu le succès – de consacrer une part de son temps, de sa peine et de son argent à la collectivité. En ce siècle de luxe, l'argent et le prestige auraient pu s'investir ailleurs : dans la chasse, le jeu et les femmes quand on était noble ; dans de fructueuses opérations financières ou de joyeuses agapes traditionnelles lorsqu'on était dans le commerce ; ou bien, si l'on était homme d'Église, dans la bonne chère, les intrigues concernant les prébendes ou encore une contemplative fainéantise.

Quand on occupait une place dans la cité, que ce fût comme conseiller municipal, juge, bailli, administrateur, bourgmestre ou ministre d'un prince, on avait à servir sans compter le *bien public*. Cet engagement altruiste pouvait avoir pour cadre les sociétés économiques ou d'utilité publique. Le XVIIIe siècle disposa partout de semblables superstructures élitaires, dont l'impact fut naturellement différent selon les pays. L'esprit qui animait de telles actions portait le nom de *patriotisme*. Nous le trouvons exprimé sous les formes les plus diverses. Il peut inspirer le roi, le ministre, le châtelain, l'administrateur rural, le bourgmestre et ses conseillers, les commerçants et les artisans, les ecclésiastiques, les enseignants, les médecins et les paysans éclairés. On ne le rencontre pas uniquement dans les républiques, mais, comme la gloire et l'honneur y sont étroitement circonscrites, c'est là qu'il a le plus de force. A Hambourg, par exemple, ce patriotisme est un jour défini comme « ce puissant élan intérieur visant le bien de la cité et cherchant par tous les moyens à en favoriser la prospérité [28] ».

La condition pour que l'individu pût agir dans et sur la collectivité, c'était qu'il fût assuré de la plus grande *liberté* possible. Tout homme avait droit à la liberté personnelle, à la sécurité et à la garantie de ses biens, et ces droits minimaux devaient être respectés et protégés par l'État. La forme politique de celui-ci (monarchique ou républicaine) était secondaire. Tant qu'était respectée la dignité humaine, tout était dans l'ordre.

Aux vertus individuelles devaient dès lors s'adjoindre des vertus patriotiques, autrement dit utilisables pour la collectivité. Les anciennes vertus cardinales connaissent en ce sens une réinterprétation.

La *prudentia* – la sagesse – est naturellement la condition. Le vieux combat contre la *stultitia* – la sottise – se poursuit avec les armes d'un esprit acerbe, comme chez un Swift et un Voltaire. Mais on ne cesse de rééditer, de traduire et de lire l'*Éloge de la folie* d'Érasme.

La vertu cardinale de la *temperentia* – la modération – s'interprète désormais comme tolérance. L'une des premières formulations de ce principe se trouve dans le *Frame of Government* de William Penn, pour la colonie de Pennsylvanie : « Toutes les personnes vivant dans cette province qui reconnaissent le Dieu unique, éternel et tout-puissant, qui confessent qu'Il est le créateur, conservateur et souverain du monde, et qui se sentent obligées par leur conscience de vivre dans la paix et le droit au sein de la société civile, ont le droit de n'être ni inquiétées ni désavantagées en raison de leurs convictions religieuses[29]. » Cet article de tolérance reflète l'amère expérience des années de persécution que subirent les minorités religieuses dans l'Angleterre des Stuart ; en même temps, il contribua de façon décisive à définir la politique originale que William Penn adopta vis-à-vis des Indiens. Cette loi ne fait pas que tolérer, elle reconnaît la liberté des convictions religieuses. Cela correspond à la pensée des Lumières, bien avant que ne soient promulgués les édits correspondants en Prusse ou en Autriche. La tolérance est l'expression d'un sentiment religieux.

La *justitia* – la vertu cardinale de justice – va de soi pour les tenants des Lumières. Elle implique désormais l'impartialité qui s'impose obligatoirement à tous les responsables des affaires publiques, sous quelque forme que ce soit.

La vertu cardinale du *fortitudo* – le courage – implique pour sa part que l'on s'engage vaillamment pour défendre la cause des Lumières et que l'on soit prêt à essuyer des revers. Un article paru dans les publications de la Société économique de Berne parle ainsi de la « crainte du jugement des hommes » : « Rares sont les entreprises utiles fondées sur la circonspection ; à distance, les objets ne font qu'une faible impression. On ne songe habituellement aux remèdes qu'au moment où le mal les rend nécessaires. Même alors, une inertie naturelle nous empêche souvent, lorsqu'elle n'est pas compensée par l'élan d'une passion, de conjurer un péril grandissant sous nos yeux, car tantôt nous font défaut le zèle et la volonté, tantôt la constance, pour surmonter quelques difficultés que s'exagère notre imagination effrayée. Notre peu de confiance en nos forces peut aussi découler d'une source blâmable : cela peut tenir à une crainte par trop servile que nous inspire le jugement des hommes, déterminé qu'il est par le succès ; notre amour propre ne veut pas courir le risque de s'être trompé[30]. »

La constance doit vaincre l'inertie, et la confiance en notre propre énergie doit surmonter les insuccès. Confronté à la misère humaine, au malheur et aux catastrophes naturelles, *l'ami des hommes* peut en être ébranlé, « mais il n'est ni censé ni contraint d'en être accablé[31] ». L'extrême limite que peut atteindre la vertu de courage, c'est, dans l'Antiquité déjà, la mort pour la patrie. Ce sujet fut traité, avec la guerre de Sept Ans en arrière-plan, par l'écrivain allemand Thomas Abbt. Mais ce sacrifice est surtout réservé aux officiers et aux soldats. Selon les conceptions des Lumières, une existence non guerrière peut elle aussi sacrifier toutes ses forces à la patrie.

Et que signifie ce terme de « patrie » ? C'est l'espace où l'on se trouve placé et où il est question d'agir ici et maintenant. Ses limites ne sont pas nationales, car ce qu'on fait pour son pays, on le fait pour l'humanité. Le patriote, en travaillant au bonheur de sa patrie, travaille aussi au bonheur de tous les hommes. Le patriotisme n'est pas encore le nationalisme.

Il existe un *patriotisme politique*, qui peut particulièrement bien s'accomplir dans une république où le citoyen fait son devoir et se met à la disposition de l'État. Mais les monarchies elles aussi offrent au sujet des possibilités de collaborer à l'État, en administrant loyalement le pouvoir qui lui est délégué.

Un *patriotisme national* se laisse guider par l'image de l'histoire nationale. Il s'inspire avec zèle des héros qui ont servi la patrie, en temps de guerre comme en temps de paix. Il sait ce que signifie la défense des biens les plus précieux lorsqu'ils sont menacés.

Le *patriotisme universel* se rend à l'évidence que la nation est toute provisoire, que son histoire est appelée à toucher finalement un but d'universelle humanité « quand toutes les nations en seront devenues une seule », comme Lavater en exprime l'espoir dans sa « Prière ».

Le *patriotisme œcuménique* continue les traditions chrétiennes, mais désormais en un sens qui dépasse les confessions, au sens d'une tolérance envers toutes les convictions religieuses – y compris non chrétiennes –, pourvu qu'elles soient humaines.

Lorsque de l'utopie l'on passe aux réformes, cela veut dire qu'un *patriotisme pédagogique* s'efforce de donner aux hommes une éducation qui les humanise, qu'un *patriotisme social* s'occupe d'assister les hommes qui souffrent, et qu'un *patriotisme économique* travaille à garantir un minimum de revenus à tous.

La morale des Lumières situe d'abord ses devoirs dans un champ limité, mais qui se laisse facilement étendre : « Chaque père de famille travaille au bien de sa patrie en éduquant bien ses enfants ; chaque mère de famille fait de même en étant bonne ménagère et en évitant la somptuosité ; la jeunesse, en se montrant respectueuse et docile ; les vieux, par leur expérience et leur bon exemple ; le maître, par le soin qu'il apporte à surveiller ; les domestiques, par leur loyauté ; l'ouvrier et l'artisan, par leur ardeur au travail ; le soldat par ses armes ; le commerçant par son honnêteté et sa bonne foi ; le savant par l'utilité de ses sciences, de ses écrits et de ses découvertes ; l'ecclésiastique par la pureté de sa doctrine et une vie pieuse ; les pouvoirs par l'exercice de la justice et par un gouvernement conforme aux lois [32]. »

Tel était le programme simple de l'âge des Lumières, exprimé en un langage clair, délesté de toute philosophie ou théologie obscure : une éthique dépouillée, comme on la revendiquait depuis des siècles et du temps de Socrate et d'Épictète déjà, pour combattre la malignité du monde.

Les notions de vertu et de patriotisme ont souvent connu un bien mauvais usage au cours du XIXe siècle. La vertu put dégénérer en hypocrisie et en pur conformisme, le patriotisme en nationalisme aveugle et dominateur. De surcroît, la nouvelle doctrine psychanalytique dépouilla la vertu de son origine divine et la réduisit à de simples dispositions psychiques. Le fascisme et le nazisme étaient appelés à pervertir définitivement les vertus patriotiques. Cependant, le programme des Lumières existe toujours, si utopique que fût sa conception, si exigeant qu'il fût envers l'individu. Les membres de l'*Accademia dei Pugni*, à Milan, n'avaient-ils pas raison de réclamer *belle virtù, doveri – virtù senza noia*, nobles vertus, devoirs – vertus sans ennui [33] ? La vertu devait être gaie et allègre, et non point ennuyeuse. Tendre vers la vertu était une tâche fascinante.

Ainsi se développait cet homme des Lumières, avec son esprit logique et clair, son courage sobre et son activité bien mesurée. Objectif et réaliste, il n'était plus mené par des idées traditionnelles, par un juridisme passionné ni par l'enthousiasme de l'époque baroque. C'était comme si les stoïciens romains avaient ressuscité. Au revers de la médaille, on trouvait une bonhomie sans élan et un rationalisme froid. La génération romantique qui allait suivre reprocherait aux Lumières la platitude triviale de ce rationalisme. Et pourtant, les portraits du XVIIIe siècle nous montrent aujourd'hui encore des visages intelligents de femmes et d'hommes au regard clair, qui se tiennent bien droits et nous adressent un sourire affable souvent non dépourvu d'humour.

CHAPITRE VI

L'ouverture sur le vaste monde

Le mouvement des Lumières fut d'abord centré sur l'Europe. Il y avait tant de choses à remettre en ordre dans cette vieille Europe, tant de problèmes à envisager sous un angle nouveau et à réinterpréter ! Toutefois, les Européens savaient qu'ils n'étaient pas seuls au monde. Le réseau de communications avec les autres continents était déjà assez développé pour que l'on fût contraint d'envisager des comportements nouveaux [1].

Commençant son histoire universelle par *De la Chine*, Voltaire donnait un ton résolument nouveau. Il relativisait les idées de l'Antiquité et du christianisme. Jusqu'alors, qu'il fût profane ou religieux, l'enseignement donnait toujours comme base historique allant de soi : le peuple d'Israël, la Grèce antique, la Rome ancienne. On était habitué depuis toujours à l'Orient ancien, puisque c'est de là qu'était jadis venue la lumière. Mais ces relations avaient été quelque peu assombries. Les guerres contre les Turcs, le siège de Vienne n'étaient pas encore très loin et les Vénitiens livrèrent au début du XVIIIe siècle leurs dernières batailles navales en Méditerranée.

Depuis la découverte de Christophe Colomb, on connaissait l'existence du vaste continent américain de l'autre côté de la grande mer. Les Espagnols et les Portugais s'étaient partagé le monde du XVIe siècle. Du Mexique au Chili s'étendait une deuxième terre espagnole, tandis que le Brésil appartenait aux Portugais, au même titre que l'Afrique et l'Inde. Mais les Hollandais, les Anglais et les Français vinrent bientôt perturber cet équilibre. Tous les États situés sur l'Atlantique voulaient avoir leurs colonies, même les Danois qui constituèrent en 1755 leurs Indes occidentales danoises avec quelques îles de la Virginie. Pratiquement tous les ports clefs de l'Afrique et de l'Inde tombèrent sous l'influence européenne. La puissance coloniale conquérante plantait son drapeau sur le territoire découvert pour le démarquer des autres. Les Européens émigraient sur ces continents étrangers. Les deux Amériques devinrent des terres de peuplement européen, en particulier l'Amérique du Nord, pays d'émigration classique des pauvres ou de ceux qui quittaient leur pays pour des raisons confessionnelles : presbytériens à Boston, huguenots à Charleston, anabaptistes ou mennonites dans l'Ontario et ailleurs.

Les Lumières survinrent donc dans un monde déjà infiltré par les Européens. Le marchand d'Amsterdam était chez lui à Batavia sur l'île de Java, celui de Londres à Madras, le français à Pondichéry, le portugais à Goa. Les vice-rois et les archevêques espagnols étaient déjà installés de Mexico à Lima. Les Portugais, les Britanniques, les Hollandais et les Français affirmaient leur pouvoir sur leurs comptoirs de la côte africaine.

Les Européens étaient partis en conquérants, futurs gouvernants, aventuriers et marchands. Ils voulaient réaliser des bénéfices économiques et exercer leur pouvoir politique, comme ils étaient habitués à le faire en Europe, où néanmoins on se heurtait de toutes parts à des frontières anciennes. Mais en dépit de toutes les privations, la colonisation avait quand même été trop facile. Pour les Européens si nettement supérieurs, l'indigène n'était pas un égal. C'était un barbare. Or les barbares étaient par nature destinés à l'esclavage, ainsi qu'on pouvait le lire déjà chez Aristote. Il fallait d'abord les soumettre, puis les « domestiquer ». Cette méthode coloniale frappa d'abord les Indiens, dont on élimina très vite la très haute et très obscure civilisation. Ils tentèrent en 1780-1781 une ultime révolte désespérée, menés par Tupac Amaru, descendant de la dynastie des Incas, qui essayait encore une fois de faire revivre l'ère précolombienne. Quoi qu'il en soit, les Indiens furent convertis au catholicisme et ils eurent leurs somptueuses cathédrales jusque dans les régions montagneuses les plus reculées. Très tôt, la mauvaise conscience des chrétiens colonisateurs s'était fait entendre. Bartolomé de Las Casas, évêque espagnol de la ville mexicaine de Chiapas, immédiatement après la conquête, lutta sa vie durant en faveur des Indiens et réussit à établir une législation leur assurant une protection relative. Au cours du XVIIe siècle, les jésuites édifièrent ensuite dans la région limitrophe entre le Paraguay et le Haut-Pérou leur théocratie de trente et une *redduciones* (réductions) où les Indiens étaient protégés, jusqu'à la période de 1750 à 1776 où ils furent partagés entre les deux puissances coloniales et retombèrent dans leur état d'ilotes.

En Amérique du Nord, c'est le quaker anglais William Penn qui se mit sur un pied d'égalité avec les Indiens pour la signature des accords territoriaux. Dans la charte de 1680, il s'engageait « à enseigner par la bonté et la justice la voie de la société civilisée et de la religion chrétienne aux indigènes sauvages ». Penn avait pris le conseil de représentants anglais des Lumières comme Locke et Shaftesbury. Le problème posé était celui de la tolérance, exactement comme en Angleterre. « L'expérience sacrée » échoua toutefois à long terme, et l'on ne sait que trop le sort réservé aux Indiens d'Amérique du Nord.

Le colonialisme frappa surtout les Africains, emmenés comme esclaves dans les deux Amériques, surtout au XVIIIe siècle. Environ dix millions d'entre eux furent transportés en l'espace de trois siècles de l'autre côté de l'océan. Le commerce des esclaves était considéré comme allant de soi, et les tribus africaines n'étaient que trop contentes de livrer leurs voisins ennemis. Si, en Amérique latine, dans le cadre d'un environnement catholique latin moins rigide, les Noirs arrivèrent assez vite à une relative intégration – surtout au Brésil –, ils mirent très longtemps à développer leur propre identité culturelle dans l'Amérique du Nord protestante et britannique. Ce ne devint possible qu'avec la christianisation, au début du XIXe siècle.

Dans la deuxième moitié du XVIIIe siècle, un grand nombre d'Européens et d'Américains blancs réalisèrent avec horreur ce qui s'était passé : l'impitoyable destruction d'hommes d'une autre couleur et d'une autre culture, non seulement par l'esclavage et l'humiliation, mais aussi par le simple génocide avec l'importation sur ces autres continents de maladies contre lesquelles les autochtones s'étaient révélés sans défenses immunitaires. C'est alors que se firent entendre les premières voix anticolonialistes. Se référant aux récits de Las Casas, Voltaire déclarait que l'auteur exagérait sans doute en plus d'un endroit, mais que le reste suffisait néanmoins à emplir quelqu'un d'horreur. La mentalité d'exploiteurs des colonisateurs tomba sous le coup de la critique des Lumières. Si l'on parlait en Europe d'égalité de droits, de libre autodétermination de l'individu, cela devait valoir pour tous, et par conséquent aussi pour les « sauvages ». Du reste, on commençait déjà depuis quelque temps à considérer ces sauvages comme de « bons et nobles » sauvages.

Le baron de La Hontan, aventurier français, avait découvert dans les années quatre-vingt du XVIIe siècle les Indiens d'Amérique du Nord. Il publia en 1703 le *Dialogue de M. le baron de La Hontan avec un sauvage de l'Amérique* : « Adario le sauvage discute avec La Hontan le civilisé [...] A l'Évangile, Adario oppose triomphalement la religion naturelle. Aux lois européennes, qui ne cherchent à inspirer que la crainte du châtiment, il oppose la morale naturelle. A la société, il oppose un communisme primitif, qui assure en même temps justice et bonheur [...].

« Son ignorance même est un privilège : ne sachant ni lire ni écrire, il s'épargne une foule de maux ; la science et les arts sont une source de corruption. Il obéit à sa bonne mère, la nature : et donc, il est heureux. Les civilisés sont les vrais barbares : que l'exemple des sauvages leur apprenne à retrouver la liberté et la dignité humaines [2]. »

Cela fut écrit bien avant les œuvres qui marquèrent véritablement le changement de ton en ce siècle : l'*Essai sur les mœurs et l'esprit des nations* de Voltaire, en 1756, et le *Discours sur l'origine de l'inégalité parmi les hommes* de Rousseau, en 1754. Le vaste panorama historique de Voltaire s'écartait pour la première fois des sentiers battus d'une histoire universelle centrée sur le christianisme ; il attirait l'attention sur la pluralité des civilisations, en accordant une place plus particulière à la culture chinoise et à la culture islamique, étant donné leur haut degré de développement. Tandis que Voltaire demeurait fidèle à la pensée rationaliste du progrès, Rousseau contribua largement à une déstabilisation culturelle de l'Européen, qui devait être lourde de conséquences, en mettant l'accent sur les phases non écrites, « non civilisées » de l'évolution de l'humanité. La fiction rousseauiste tout à fait hypothétique de l'homme naturel était issue de l'insatisfaction de l'individualiste face à la société absolutiste des cours de l'époque rococo ; ce personnage, qui avait pour lui l'indépendance économique, la liberté politique et la pureté morale, déclarait la guerre à tout ce qui risquait de restreindre, de corrompre et d'aliéner l'homme de cette époque. L'idée que le voyageur, en même temps qu'il parcourait l'espace, partait à la découverte de ses propres origines et de phases plus heureuses de son évolution antérieure, était une idée nouvelle et importante, qui connut une grande popularité au travers des écrits des adeptes de Rousseau.

Vingt ans plus tard, à l'occasion du voyage autour du monde du capitaine Cook, le président de la *Royal Society* énonçait les recommandations suivantes : « Il ne faut jamais oublier que verser le sang de ces peuples est un crime capital, car il s'agit d'êtres humains créés de la main du même Dieu tout-puissant et placés sous la protection de ce Dieu, au même titre que l'Européen plus policé, et ce sont peut-être des êtres encore moins belliqueux et, par conséquent, encore plus dignes de la faveur divine. Ils sont les propriétaires naturels et légaux, au sens le plus strict du terme, des différents territoires qu'ils habitent. Aucune nation européenne n'a le droit d'occuper une partie de leur territoire ni de s'installer parmi eux sans leur libre assentiment. La soumission d'un peuple pareil ne peut donner aucun titre de droit qui soit valable, puisqu'il ne s'est pas présenté en agresseur. »

C'était, au nom du droit de la nature, la reconnaissance des droits de ces peuplades exotiques et le rejet fondamental de l'esprit du colonialisme. Les hommes d'autres races et d'autres civilisations devaient être respectés parce qu'ils étaient aussi des hommes. C'est ainsi que la vieille idée des missions prit un aspect éclairé. Depuis longtemps déjà, les missions chrétiennes s'étaient tournées vers les hommes de couleur pour les faire participer aux espérances de salut de la religion chrétienne. Même si la démarche était univoque – puisqu'il s'agissait précisément de les convertir –, les jésuites et les capucins et, plus tard, les protestants piétistes considéraient quand même ces hommes comme des créatures de Dieu. On aurait pu dire de tous les missionnaires ce que l'on a dit de la mission piétiste : « Beaucoup partaient dans la plus grande abnégation et bravaient les pires dangers pour réaliser des exploits inouïs de pionniers, bien loin de la vie religieuse traditionnelle et conventionnelle, délimitée et réglementée, qu'ils auraient vécu dans leur pays natal. D'innombrables autres vivaient l'aventure de la mission en Asie et en Afrique au travers de récits et de traités, et cela élargissait non seulement leurs horizons géographiques, mais aussi leur conscience religieuse par ailleurs extrêmement provinciale et intraeuropéenne [...] il y avait quand même derrière la mission la grande idée d'un universel royaume de Dieu englobant toutes les mers et toutes les terres[3]. » Il ne faut pas oublier en outre que les méthodistes anglais furent les premiers à soutenir, dès les années 1770, le mouvement contre l'esclavage.

Toutefois, le problème du rapport aux civilisations étrangères n'était pas uniquement celui de l'humanitarisme chrétien, c'était aussi une question de curiosité et d'intérêt scientifique, en ce siècle des Lumières à l'affût de toutes les nouveautés. On voulait en savoir plus sur le monde entier. Les récits de voyages étaient devenus une lecture de prédilection, l'exotisme était à la mode, et cette mode gagnait jusqu'aux aménagements intérieurs et aux plans des jardins.

L'ouvrage qui fit le plus d'effet fut sans doute *Robinson Crusoé* que Defoe publia en 1719. Même si le marin anglais s'efforce d'européaniser ce nègre qu'est Vendredi, il le présente quand même comme un être capable d'accéder à la culture, et non pas comme un méprisable barbare.

Defoe situe l'action de son roman sur l'île Juan Fernandez, dans l'océan Pacifique. L'univers des îles des mers du Sud est la plus fascinante des nouvelles découvertes. Jusqu'alors, dans cette région, mis à part l'Indonésie devenue hollandaise, ces îles mystérieuses n'avaient guère présenté d'attrait pour les Européens. C'est la dernière partie du monde dont les Européens aient pris conscience qu'elle existait, dans la deuxième moitié du XVIIIe siècle.

Au cours de ces décennies, les explorateurs commencèrent à voyager autrement que par le passé. Ils cherchaient le contact avec les indigènes, espéraient en apprendre quelque chose. Le naturaliste français de Gérando écrit vers 1800 : « Le principal objet sur lequel devraient donc se diriger aujourd'hui l'attention et le zèle d'un voyageur vraiment philosophe serait de recueillir avec soin tous les moyens qui peuvent servir à pénétrer dans la pensée des peuples au milieu desquels il serait placé, et à s'expliquer la suite de leurs actions et de leurs rapports. Ce n'est pas seulement parce que cette étude est de toutes la plus importante en elle-même, c'est encore parce qu'elle doit servir de préliminaire et d'introduction à toutes les autres. Comment se flatter de bien observer un peuple qu'on ne sait pas comprendre et avec lequel on ne peut s'entretenir ? Le premier moyen pour bien connaître les sauvages est de devenir en quelque sorte comme l'un d'entre eux ; et c'est en apprenant leur langue qu'on deviendra leur concitoyen. »

On critique violemment l'exploration à l'ancienne mode, et le baron de Gérando ne manque pas d'ajouter que Christophe Colomb n'a envoyé au Nouveau Monde que d'avides conquérants, ou que les cruels aventuriers espagnols n'ont apporté avec eux que la destruction.

L'Européen se livre à une véritable autocritique. « Il serait sérieusement à souhaiter », déclare le naturaliste allemand Forster, qui a accompagné Cook dans sa deuxième expédition, « que le contact des Européens avec les habitants des îles des mers du Sud soit interrompu avant que les mœurs corrompues des peuples civilisés n'aient contaminé ces gens pleins d'innocence qui vivent si heureux dans leur ignorance et leur unité. Mais c'est une bien triste vérité que l'amour du prochain et les systèmes politiques d'Europe ne s'accordent pas très bien ensemble. »

On avait du reste découvert très tôt des civilisations qui avaient fait preuve d'une certaine résistance, les civilisations anciennes comme celles de l'Égypte, de la Perse, de l'Inde, du Japon et de la Chine où, depuis longtemps déjà

– alors que les Européens n'étaient eux-mêmes encore que des sauvages –, on savait lire et écrire, où s'étaient développées une administration politique et une législation complexes, où l'on construisait avec le plus grand art et où le raffinement des mœurs était la chose la plus naturelle du monde.

Dès le XVIIe siècle, le Proche-Orient a fait l'objet des réflexions de certains Européens : *le sage Égyptien*, déjà présent dans l'Antiquité chez Hérodote et chez Strabon, a été redécouvert par les missionnaires capucins en Haute-Égypte. Bossuet reprend ce thème dans son *Discours sur l'histoire universelle*, il rectifie les idées erronées qui circulaient à propos des musulmans. D'autres récits suivirent, concernant également les Arabes. En 1730, Boulainvilliers écrit sa *Vie de Mahomet*, où il s'efforce de montrer que celui-ci a vécu la sagesse des Arabes comme le Christ celle des Juifs.

Mais la Chine éclipse tout, car les missionnaires jésuites y sont confrontés à une situation tout autre qu'en Amérique ou en Afrique. Ils n'y ont pas affaire à des sauvages, mais à des gens très courtois qui ont non seulement de très bonnes manières à table, mais s'intéressent intellectuellement à l'Européen et à ses usages. Pour étrangère que pût sembler cette civilisation très ancienne, on ne pouvait s'empêcher d'éprouver une certaine infériorité sociale. Les Chinois eux-mêmes considéraient certes les Européens comme des barbares, mais des barbares qu'il convenait de traiter correctement. Les jésuites s'adaptèrent vite très habilement et furent parmi ceux qui apportèrent le plus d'informations sur la Chine. « Tandis que les adeptes de Rousseau se livraient au culte du noble sauvage sous ses différentes variantes, les voltairiens, les libres-penseurs et les progressistes convaincus orientèrent toutes leurs aspirations vers l'Empire du Milieu qui, du fait même qu'il restait si difficilement accessible et si lointain, éveillait toutes sortes de représentations utopiques. Ce sur quoi les jésuites portaient encore un jugement négatif dans leurs récits trouva une interprétation positive. Ainsi Leibniz, l'un des premiers admirateurs de la Chine en Europe, expliquait-il la faiblesse militaire de ce pays par un courant fondamentalement pacifiste très répandu dans ce pays, et qu'il comparait ensuite à la pensée chrétienne ; et Voltaire voyait dans la hiérarchisation très marquée de la société et le centralisme du système chinois l'expression d'un sage souci du bien commun pareil à celui que manifestait le despotisme éclairé. A peine un peu plus tard, le style rococo reprit avec empressement des éléments décoratifs et de nouvelles techniques de l'art extrême-oriental et la "chinoiserie" accorda à l'aménagement des intérieurs de la cour une place à laquelle jamais aucune civilisation d'outre-mer n'avait pu prétendre depuis l'Islam. Ces modes n'ont toutefois pas suffi à amorcer un rapprochement intellectuel sérieux avec les civilisations extrême-orientales. »

On puisa d'abord les connaissances sur tous ces pays si curieux et si divers dans les rapports de mission des pères jésuites et capucins, puis dans les récits de voyages qui allèrent se multipliant au fil du XVIIIe siècle. Grâce à Anson (1748), Byron (1768), Bancks et Solander (1771), Wallis (1773), Hawkesworth (1773) et Forster (1777), on disposait de récits de voyages dans tous les coins du monde, et ils fascinaient particulièrement par les descriptions des terres de l'océan Pacifique jusqu'alors pratiquement inconnues. En ce qui concernait l'Asie, il fallait se reporter à Choisy pour le Siam (1687), à Chardin (1711) et Holwell (1766) pour l'Inde. La Hontan avait décrit dès 1683 l'Amérique du Nord et ses bons sauvages. Les récits de Venegas sur la Californie vinrent plus tard (1757). En ce qui concernait l'Amérique du Sud, Gumilla traita de l'Orénoque (1738) et de La Condamine écrivit sur l'ensemble du continent (1743). Pour l'Afrique, Kolb écrivit sur le cap de Bonne-Espérance (1705), Coyer sur la

Côte-de-l'Or (1714), Barbot sur la Guinée du Nord et du Sud (1732). On disposait de toute une littérature sur le Proche-Orient, avec des ouvrages de Drummond sur l'Euphrate (1754), de Hanway sur la Perse (1753), de Norden sur l'Égypte et la Nubie (1755). Maundrell (1703), Pococke (1745) et Hasselquist (1757) publièrent des ouvrages sur la Palestine, avec laquelle on était déjà familiarisé par la Bible. En 1765, Shaw écrit sur le Proche-Orient. Il y eut aussi un renouveau d'intérêt pour le Grand Nord avec les ouvrages d'Egede sur le Groenland (1741), de Hoegstroem sur la Laponie (1747) et de Horrebow sur l'Islande (1750). En 1747 parut l'*Histoire générale des voyages* de Prévost, recueil de descriptions de toutes les régions du monde.

Au XVIIIe siècle, on eut enfin réuni assez d'informations sur les pays exotiques pour pouvoir passer à une analyse et à une interprétation systématiques. La première tâche était le relevé cartographique exact des mers et des côtes, l'hydrologie, fondement même de la géographie. James Cook rapporta de ses voyages (1768-1779) toutes les données nécessaires pour établir la carte du Pacifique.

En même temps, les explorateurs pénétraient de plus en plus loin dans l'arrière-pays. Envoyé par l'*African Association* de Londres, Mungo Park arriva jusqu'à la boucle du Niger ; Lewis et Clark atteignirent le Pacifique à partir du Mississippi, Antonio Ruiz de Pavón explora les hauts plateaux des Andes au Pérou et au Chili, Alexandre von Humboldt l'Amazonie. L'intérieur de l'Afrique et l'Australie seraient explorés au XIXe siècle. Et l'on commença par ailleurs à dégager les ruines de temples engloutis par la forêt vierge à l'intérieur du Mexique et à retrouver les traces des civilisations précolombiennes.

La géographie n'était toutefois pas uniquement la cartographie, elle s'accompagnait de recherches botaniques et zoologiques intensives. On observait et classifiait avec une ardeur jusqu'alors inconnue. Les élèves du botaniste suédois Linné travaillèrent dans toutes les régions du monde : Peter Kalm en Amérique du Nord, Adam Atzelius et Andreas Sparrmann en Afrique, Karl Peter Thunberg au Japon, Karl Solander dans les mers du Sud. Leurs recherches apportèrent en Europe une extraordinaire extension des connaissances des différentes espèces de plantes et d'animaux.

La publication la plus importante fut, en 1746, l'*Histoire naturelle* de Buffon en trente-six volumes. On y trouve, dans l'introduction au chapitre sur les animaux sauvages, un passage qui montre bien à quel point la zoologie était devenue universelle : « Dans les animaux domestiques et dans l'homme, nous n'avons vu la nature que contrainte, rarement perfectionnée, souvent altérée, défigurée et toujours environnée d'entraves ou chargée d'ornements étrangers ; maintenant, elle va paraître nue, parée de sa seule simplicité, mais plus piquante par sa beauté naïve, sa démarche légère, son air libre, et par les autres attributs de la noblesse et de l'indépendance [4]. »

Les animaux d'Europe comme le daim, l'écureuil, le hérisson, le loup et l'ours figurent là à côté d'animaux exotiques comme le rhinocéros, la girafe, le lion et la panthère. L'animal exotique est aussi noble sinon plus que l'animal européen. Buffon était membre de l'Académie des sciences et directeur du Jardin des plantes à Paris. Plus tard, les *Kew Gardens* de Londres offrirent un véritable herbier vivant.

On ne s'intéressait pas uniquement aux plantes et aux animaux, mais bien évidemment aussi à l'homme en tant que tel. C'est alors que l'ethnologie se constitua comme domaine de recherche scientifique à part entière, ne se limitant plus à la simple diffusion de curiosités.

Pour continuer d'écrire l'histoire du monde, il ne suffisait pas en réalité de commencer par la haute civilisation chinoise (au lieu d'Israël), il fallait remonter aux *premiers hommes* dont on pouvait encore retrouver le mode de vie en Afrique, en Amérique et dans les mers du Sud. L'histoire de l'humanité devait rendre compte de toutes les cultures, les plus hautement développées comme les plus élémentaires. En 1759, Antoine-Yves Goguet publia *De l'origine des lois, des arts et des sciences et de leurs progrès chez les anciens peuples*, en 1760, Nicolas-Antoine Boulanger ses *Recherches sur l'origine du despotisme oriental*. La même année, le Danois Jens Kraft publia sa *Kurze Geschichte der vornehmsten Einrichtungen, Sitten und Meinungen der wilden Völker* (Brève histoire des institutions, des coutumes et des pensées les plus nobles des peuples sauvages). En 1761, Charles de Brosses fit paraître son *Histoire des dieux fétiches* et, en 1764, Isaak Iselin publia *Philosophische Mutmassungen über die Geschichte der Menschheit* (Conjectures philosophiques sur l'histoire de l'humanité) dont les parties principales étaient ethnographiques. En 1766, Adam Ferguson prit la suite avec son *Essay on the History of Civil Society*, et Johann Gottlieb Steeb avec le *Versuch einer allgemeinen Beschreibung von dem Zustand der ungesitteten und gesitteten Völker nach ihrer moralischen und physikalischen Beschaffenheit* (Essai de présentation générale de l'état des peuples civilisés et non civilisés d'après leur constitution morale et physique). Tout le programme était indiqué dans le titre. Le tabou était rompu.

Le monde était devenu universel et devait être saisi comme tel. Ainsi le grand médecin, naturaliste et philosophe Haller écrivait-il en 1755 : « Rien n'est plus propre à dissiper les préjugés que la connaissance de nombreux peuples chez qui les coutumes, les lois et les pensées sont différentes, différence qui nous enseigne, si nous voulons bien faire un petit effort, à rejeter ce en quoi les hommes se distinguent et à tenir pour la voix de la nature ce en quoi tous les peuples sont pareils : pour si sauvages et grossiers que soient les habitants des îles dispersées dans l'océan Pacifique, pour si éloignés que les habitants du Groenland puissent être du Brésil ou des chaînes du cap de Bonne-Espérance, les premiers principes du droit de la nature sont les mêmes chez tous les peuples. N'offenser personne, laisser à chacun ce qui lui appartient, être parfait dans son métier ont toujours été les voies de l'honneur chez les Romains de l'Antiquité comme chez les riverains du détroit de Davis et les Hottentots [5]. »

CHAPITRE VII

L'émancipation : l'abolition des contraintes anciennes

L'émancipation politique et sociale

L'esprit des Lumières mis en application, c'est l'émancipation, autrement dit la libération de possibilités nouvelles par l'abolition d'ordres anciens. La notion d'*emancipatio* signifie, en droit romain, la levée de l'autorité paternelle, autrement dit l'abolition des liens patriarcaux, avec les implications précisées par une définition de la fin du XVIIIe siècle : « L'émancipation de l'obéissance aveugle rend toutes les contraintes et tous les commandements superflus et suppose en même temps que nous ayons en nous-mêmes la ligne directrice de notre comportement [1]. » L'émancipation, qui marquait une rupture avec le monde traditionnel, toucha non seulement des individus, mais aussi des groupes : les bourgeoisie, les sujets des souverains, la classe inférieure, les serfs, les esclaves, tout particulièrement les Juifs et, dans un certain sens, les femmes.

La bourgeoisie s'émancipa surtout dans les États monarchiques, où elle revendiqua sa place à côté de la noblesse. Avec ses commerçants, elle était devenue bien plus riche que beaucoup de nobles, et elle était généralement plus cultivée, non pas uniquement pour ceux de ses représentants qui avaient fait des études supérieures. Elle aspirait à la liberté économique et intellectuelle, et voulait participer aux affaires politiques. Il fallait, pour y parvenir, surmonter bien des obstacles, qui furent souvent trop grands. Dans les États républicains, l'émancipation de la bourgeoisie était permise dès le départ. Il ne restait plus qu'à réduire les privilèges du patriciat.

Jusqu'alors, le bourgeois enrichi avait pu rêver d'être un jour anobli. Voltaire se rit de cette attitude lorsqu'il évoque les rêves de parents ambitieux : « Quand son père le vit si éloquent, il regretta vivement de ne lui avoir pas fait apprendre le latin, car il lui aurait acheté une grande charge dans la robe. La mère, qui avait des sentiments plus nobles, se chargea de solliciter un régiment pour son fils ; et en attendant il fit l'amour[2] [...] »

Mais, avec le temps, la bourgeoisie ne voulait plus accéder au rang de la noblesse, ni être intégrée au patriciat : on voulait rester bourgeois et fier de l'être.

D'une façon générale, l'émancipation toucha tous les sujets, ceux des nombreuses monarchies comme ceux des républiques. Tout le problème était en l'occurrence celui de l'égalité de droits. L'objectif n'était pas de renverser le monarque, ce que les Anglais avaient essayé au temps de Cromwell ou les Hollandais avec la révolte contre le stathouder de la maison d'Orange et ses allures monarchiques. En Suisse, pays « libre », on ne compte pas moins d'une dizaine de révoltes régionales entre 1653 et 1789 : elles furent toutes réprimées.

Les gouvernants avaient pour but, en règle générale, de prouver que leurs sujets pouvaient être heureux grâce à la bienveillante protection de leurs souverains. La majorité de la population s'estimait satisfaite de la situation, de la domination du bon père du peuple, « notre gracieux seigneur ». Contre le véritable pouvoir tyrannique, tel qu'il pouvait être exercé dans certaines principautés allemandes, on ne pouvait pratiquement pas organiser de véritable résistance sur une base assez large. La police du prince et les armées de mercenaires étaient toujours là pour réprimer la moindre révolte en germe. Lorsqu'un Jakob von Moser, ou un Daniel Schubart, se montraient trop virulents dans leur critique, on les enfermait dans les citadelles de Hohentwiel ou de Hohenasperg. En France, on avait la Bastille.

En Prusse, au XIXe siècle encore, on pouvait parler de « mentalité bornée de sujets soumis ». Ces sujets n'étaient pourtant pas pour la plupart de pauvres diables, mais des paysans propriétaires, des marchands, des universitaires...

Néanmoins, il y eut aussi un mouvement d'émancipation des « pauvres diables ». Mais là, l'émancipation vint d'en haut, car enfin qu'est-ce que des analphabètes, des semi-mendiants et des nécessiteux auraient pu entreprendre tant que la faim ne les poussait pas au désespoir ? Les esprits éclairés eurent le mérite de comprendre le problème des pauvres et de la classe inférieure. Non seulement dans les pays industrialisés, mais dans tous les pays, on était convaincu qu'il fallait faire quelque chose.

Nous prendrons ici le problème de l'Espagne, où les sociétés d'utilité publique se penchèrent surtout sur le problème des pauvres. Elles le firent pour commencer en réalisant des études théoriques, une fois que le conseiller de Castille en eut chargé les *Sociedades de los amigos del païs*. En 1777, la société de Valence établissait que « la classe supérieure pouvait, par l'intermédiaire de la société, aider d'autres classes de la population à acquérir de bonnes mœurs chrétiennes et civiles qui mettraient fin à l'inactivité et à la mendicité [3] ». Il y avait à Valence des bandes de mendiants qui se composaient d'individus en bonne santé de tous âges, et surtout d'enfants des deux sexes : « Beaucoup d'entre eux se parent du titre d'étudiant mais savent à peine lire. » Ils avaient grandi dans un mauvais milieu, où les ressources étaient insuffisantes, et resteraient leur vie durant sans travail, puis sombreraient dans le crime. C'était la conséquence de la crise économique de 1771, qui avait entraîné la fermeture de nombreuses fabriques de soie de la ville et précipité dans la misère environ mille six cents familles.

On constatait en outre que le nombre excessif de jours de fête – problème commun à l'ensemble du monde catholique, qu'en revanche le monde protestant ne connaissait plus depuis la Réforme – incitait à la paresse.

On s'en prenait au système arbitraire, aveugle et incontrôlé des aumônes tel qu'il se pratiquait jusqu'alors. Les Espagnols nourrissaient l'idée erronée que la charité était une vertu, un acte de piété. Le ministre Campomanes estimait à cent quarante mille le nombre de mendiants dans le pays.

Les solutions proposées étaient exposées ensuite : on distinguait – comme jadis la Réforme – la pauvreté méritée et la pauvreté innocente. On constatait que la croissance démographique sans création d'emplois entraînait un appauvrissement général. On préconisait donc, pour commencer, la fondation d'hospices comme les *Montepios* ou les *Casas de misericordia*. Mais les hospices existant jusqu'alors ne donnaient aucune éducation et ne possédaient pas les équipements techniques nécessaires pour fournir du travail. Les gens étaient enfermés dans ces établissements et ne pouvaient pas se marier. Il fallait donc trouver du travail, et pour les paresseux on avait besoin en fait de maisons de redressement avec travail obligatoire. Les « soupes populaires » devaient assurer la nourriture des familles nécessiteuses. En 1779, on installe dans l'hospice royal des pauvres à Madrid une filature subventionnée par l'État et placée sous l'autorité de la *Sociedad* madrilène. Au bout de trois mois de travail à Madrid, les pensionnaires doivent être transférés en province où seront installés des établissements du même ordre.

Mais les difficultés ne tardent pas à surgir. On ne dispose pas de moyens financiers suffisants. Les pauvres ne montrent pas les capacités nécessaires au travail qu'on leur demande. A Madrid, les salaires qu'il faut leur verser sont trop élevés, et le cours des matières premières étant sujet à des fluctuations, la vente est incertaine. (De 1774 à 1780, Pestalozzi avait d'ailleurs dû faire la même expérience négative, et son école des pauvres de Neuhof près de Brugg avait été un échec.)

On préconisa donc des réformes plus profondes qui auraient supposé pour une part une modification du système : transformation de l'ordre des corporations, formation plus poussée des apprentis, abolition du monopole des corporations, création d'un fonds de secours pour les périodes de crise, caisse d'épargne pour les pauvres. On réclamait surtout une plus forte industrialisation, ce qui supposait que les entreprises bénéficient de dégrèvements fiscaux. Les *Sociedades* devaient se multiplier et prendre sous leur direction la réalisation de ces projets. L'objectif ultime était une *occupación honesta y útil* – une occupation honnête et utile de la population.

Dans tous les pays se manifestaient déjà les problèmes qui seraient ceux du XIXe siècle et subsisteraient jusqu'à une date avancée du XXe, et qui sont aujourd'hui les problèmes du tiers monde.

La persistance du servage, c'est-à-dire de la propriété de la personne par le seigneur, qui pouvait la traiter comme un objet, constituait un cas particulier : le cocher, le cheval et la voiture représentaient une seule entité économico-politique. Toutefois, le servage n'était plus qu'une survivance médiévale en Europe occidentale et il avait généralement été transformé en un impôt sur les personnes. Mais, du point de vue du droit, c'était un démenti de tous les principes éclairés. Le système avait conservé toute sa dureté et était considéré comme allant de soi en Russie et en Europe de l'Est ; cela commençait même en Prusse orientale. Dans ces pays, on avait « mis à pied » les paysans au fil des ans. Il fallut parfois attendre jusqu'au milieu du XIXe siècle pour que le servage fût au moins théoriquement aboli.

La plus profonde humiliation de l'homme était l'esclavage. Il concernait surtout les Noirs en Amérique. Nous avons vu qu'il devint l'objet d'un débat public vers la fin du XVIIIe siècle. Même dans ce domaine, la libération ne s'accomplit qu'au cours du XIXe siècle.

L'émancipation des Juifs

L'émancipation des Juifs représentait un cas très particulier de ce problème général. Il s'agissait en l'occurrence d'une double émancipation – extérieure, dans le cadre de la coexistence avec l'univers différent de la tradition chrétienne médiévale prédominante, et intérieure par rapport à l'orthodoxie des communautés juives. Les époques de persécution avaient alterné avec celles d'une coexistence pacifique. Au début du XVIIIe siècle, les Juifs se trouvaient encore dans la situation du Moyen Age, inégalement répartis autour de la Méditerranée et sur toute l'Europe, enfermés dans des ghettos, où ils étaient en même temps relativement protégés, ou menant une existence isolée de colporteurs et de marchands itinérants. Ils étaient en règle générale méprisés, redoutés et haïs. Après tout, c'étaient les Juifs qui avaient tué le Christ ; et puis, ils étaient extrêmement actifs dans le commerce, bien plus intelligents que leur entourage et complètement différents. Et pourtant, ils étaient indispensables, pour le commerce de détail comme pour le commerce à grande échelle, pour la banque, les finances de l'État et les fournitures des armées. La tradition juive s'était particulièrement bien conservée en Europe de l'Est, où les Juifs avaient pu maintenir leurs us et coutumes – mais à l'écart. Même dans la capitale impériale autrichienne, ils n'avaient pas le droit de mener leur vie selon leurs propres règles dans un ghetto à l'intérieur de la ville. Ils étaient soumis à un péage très élevé lorsqu'ils franchissaient les portes de la ville et devaient payer de fortes « taxes de tolérance ». Ils étaient tenus de porter un costume particulier avec une marque jaune et n'avaient le droit de loger que dans les maisons qui leur étaient prescrites. Ils devaient rester chez eux les jours de fêtes religieuses chrétiennes, et il leur était formellement interdit de jeter un coup d'œil de leur fenêtre sur les processions. L'accès des lieux publics, des théâtres et des salles de concerts leur était également interdit. Avec quelques variantes, ils étaient soumis partout à des restrictions de cet ordre. Et comme ils n'étaient pas autorisés à acheter des terres, ils devaient forcément se rabattre sur d'autres activités que l'exploitation agricole.

Les Juifs d'Europe occidentale jouissaient d'une plus grande liberté – même s'ils relevaient d'une législation spéciale. Ceux qui avaient été chassés d'Espagne au XVe siècle avaient pu s'établir aux Pays-Bas, en Angleterre et dans différentes villes commerçantes. Un commentaire de l'Italien Pilati, esprit tout à fait moderne et éclairé, est très significatif à cet égard : « [...] il n'y a que les Juifs portugais qui soient à la fois industrieux et honnêtes, et par conséquent propres à procurer bien des avantages, sans aucun inconvénient, au public : mais ils sont trop prudents pour aller s'établir ailleurs qu'en Hollande et en Angleterre [4]. » Dans ces deux pays – surtout en Hollande, pays de liberté et de tolérance –, une grande bourgeoisie juive avait pu se développer.

L'atmosphère ouverte et cosmopolite des villes commerçantes d'Europe occidentale ne pouvait rester sans influence sur les communautés juives jusqu'alors très fermées. Les courants d'évolution générale ne pouvaient plus passer à côté d'elles. Différentes tendances mystiques – comparables au piétisme – soumirent les communautés à des tiraillements internes. Certains individus isolés quittèrent la communauté. Le rationalisme des intellectuels éclairés ne pouvait pas les laisser indifférents. Leur tradition théologique fondée sur l'interprétation des textes – comme celle du protestantisme – avait tout pour s'accorder au rationalisme de l'époque. Cette rupture avec la communauté juive était déjà illustrée au XVIIe siècle par le *Tractatus theologico-politicus* de Baruch Spinoza – descendant d'une famille de Juifs émigrés du Portugal aux Pays-Bas. Spinoza s'inscrivait dans la ligne de Descartes, mais il développait un système d'explication du monde psychologico-rationnel bien plus extrémiste. Cela lui valut une réputation d'athéisme qui disparut tout juste à la fin de l'époque des Lumières. Spinoza ne fut pas seulement marginal par rapport au mouvement des Lumières à peine naissant – il le fut aussi par rapport aux Juifs qui l'exclurent de leur communauté. Ses principes de liberté, d'égalité, de tolérance et d'éthique restèrent isolés.

L'émancipation intellectuelle n'intervint que dans la deuxième moitié du XVIIIe siècle. La grande bourgeoisie juive avait accédé alors à la maturité culturelle qu'il fallait pour assimiler le mouvement des Lumières, dès lors que les conditions nécessaires étaient réunies. C'est ce que fit le brillant philosophe Moses Mendelssohn qui, issu d'une famille d'enseignants juifs, fut admis à Berlin, devenu une capitale beaucoup plus ouverte, dans le cercle des auteurs et universitaires éclairés. A ses yeux, les Juifs sont eux aussi soumis aux lois du droit naturel : « La vraie religion divine n'a besoin ni de bras ni de doigts pour son usage, elle n'est que cœur et esprit[5]. » Mendelssohn ne rompt pas avec les traditions juives, mais il veut les simplifier, les épurer. Il demeura toujours un Juif pieux et pratiquant. Mais ses coreligionnaires orthodoxes ne voulurent pas le comprendre, et Mendelssohn représentait dans leur esprit à peu près la même chose que les théologiens libéraux des deux Églises chrétiennes.

La présence de ce Juif à Berlin était naturellement une aubaine pour les esprits éclairés. Ils avaient même désormais le soutien d'un Juif qui partageait leurs idées, leur était intellectuellement égal, sinon supérieur, plein d'esprit et d'astuce. En outre un homme qui menait une vie d'une modestie et d'une simplicité exemplaires, non pas un grand bourgeois parvenu, mais un petit négociant, qui le resta toute sa vie, et exerçait une activité professionnelle, comme beaucoup de publicistes de l'époque. Mendelssohn prit véritablement valeur de symbole, lorsque l'acteur Iffland donna à Nathan le Sage, dans la pièce de Lessing, les traits de ce personnage.

Le Berlin de Mendelssohn a été la source de l'émancipation culturelle juive, et son rayonnement ne s'étendit pas seulement sur toute l'Allemagne et vers l'Est. Les communautés juives modernisèrent leurs écoles, les rabbins se mirent à défendre des idées modernes. Bien souvent, toutefois, les Juifs éclairés se convertissaient au christianisme, car c'était le seul moyen de parvenir à l'intégration complète. Beaucoup restèrent cependant fidèles à la synagogue, où l'interprétation des Écritures évolua en fonction de leur temps, et où l'on venait d'introduire les orgues (comme chez les calvinistes). Des intellectuelles juives – comme Rachel Varnhagen et Henriette Herz – ouvrirent leurs salons, où elles s'émancipaient à la fois en tant que femmes et par l'affirmation de leur goût pour le débat philosophique. Les Juifs éclairés s'entendirent à la perfection à jouer sur deux registres : ouverture à l'égard du monde bourgeois, réception de la mentalité des Lumières, et en même temps insertion au sein de la vieille communauté, toujours solidaires de la diaspora juive extrêmement ramifiée. Ainsi, un Juif allemand pouvait-il à tout moment être chaleureusement accueilli au sein des communautés juives, que ce fût au sud de la France ou en Pologne.

En 1781, Christian Wilhelm Dohm publia – à l'instigation de Mendelssohn – *Uber die bürgerliche Emanzipation der Juden* – De l'émancipation civique des Juifs. Le problème était posé publiquement, et devint un principe politique.

Mais déjà soixante-sept ans avant Dohm, en Angleterre, John Toland avait publié ses *Reasons for Naturalising the Jews in Great Britain and Ireland*. On devait accorder aux Juifs, sinon l'égalité complète, du moins un statut de citoyens. Sans grandes difficultés, s'opéra en Angleterre une libération qui fut ensuite sanctionnée juridiquement au XIXe siècle. Dès 1740, dans les colonies britanniques d'Amérique du Nord, les Juifs avaient obtenu le droit de citoyenneté. En 1820, l'égalité de droits était établie dans tous les États membres du Royaume-Uni. Sur le continent – où Frédéric II se montra réticent –, parmi les monarchies, c'est la Réforme de Joseph II, pour l'Autriche et ses territoires annexes, qui marqua le début de l'émancipation légale. Il rompait ainsi avec l'antisémitisme de sa mère, l'impératrice Marie-Thérèse, et il rencontra de toutes parts une opinion publique mal préparée. Peu après, la Révolution française tira les conclusions politiques. En 1787, l'abbé Grégoire publia son *Essai sur la régénération physique, morale et politique des Juifs*, et Mirabeau son ouvrage *Sur Moses Mendelssohn (et) sur la réforme politique des Juifs*. Mendelssohn pouvait donc même servir d'exemple en France ! Au cours des années suivantes, la France, qui déterminait tout, procéda à la libération totale des Juifs. Là encore, la Restauration entraîna un retour en arrière. Cette longue histoire de souffrances n'en était pas encore à sa fin. L'émancipation resta un principe théorique. Heine écrivait en 1823 : « Quelle est [...] la grande tâche de notre temps ? C'est l'émancipation. Non pas seulement celle des Irlandais, des Grecs, des Juifs de Francfort, des Noirs des Indes occidentales et autres peuples opprimés, mais l'émancipation du monde entier, mis à part l'Europe, qui est devenue majeure [6]. »

Le discours sur le rôle des sexes : sur la voie de l'émancipation des femmes

Lorsque Heine parle de l'émancipation, il pense à la libération des nations opprimées, à celle des Juifs et à celle des esclaves. Aurait-il oublié les femmes ? L'émancipation des femmes est de nature fondamentalement différente de celle de certains groupes sociaux, ethniques ou politiques. C'est un problème qui concernait tout le monde, une question anthropologique vieille comme le monde, qui se pose indépendamment de la nationalité, de la confession et de la race. Ce n'est pas non plus avant tout un problème juridico-politique.

Le siècle au cours duquel – par le hasard des successions – de nombreuses femmes, impératrices, reines ou princesses, régnèrent sur des territoires plus ou moins importants, fut aussi celui où se tint pour la première fois un discours sur le rôle de la femme. Depuis que Poullain de la Barre avait publié , dès 1673, son traité *De l'égalité des sexes*, il y avait une théorie en la matière. Ce cartésien posait pour commencer, en raison de la séparation du corps et de l'esprit, que la différence physique entre l'homme et la femme ne pouvait avoir d'incidence sur l'entendement : « L'esprit n'a pas de sexe. » Jusqu'alors, la seule thèse admise était celle de la loi de l'homme, selon la formule biblique « ta convoitise te poussera vers ton mari, et lui dominera sur toi » (Genèse 3, 16). Certes, il y avait depuis toujours un domaine spécifiquement féminin qui était celui de la maison. Dans la paysannerie, la femme y régnait en maîtresse absolue. Elle gérait le petit commerce du travail de filature et de tissage à domicile, vendait les fruits de son jardin, indépendamment de son mari. Chez les commerçants, la femme jouait parfois aussi un rôle non négligeable, ainsi que le montre cet exemple zurichois du XVIIe siècle : « Les affaires domestiques sont entièrement laissées au soin des femmes : la propreté qui ne devait toutefois pas être poussée jusqu'à en devenir gênante pour la famille et les amis ; l'économie qui n'empêchait pas la célébration des fêtes ; l'organisation nécessaire pour que chaque chose se passât en son temps et dans l'ordre, que l'essentiel des travaux fût assuré par le personnel de la maison, de manière à ne pas payer de rétribution à l'extérieur, que tout le nécessaire fût à profusion, et que le confort fût assuré comme il le fallait ; la connaissance et la maîtrise de tous les travaux domestiques depuis la cuisine jusqu'aux travaux d'aiguille, et un certain exercice de la musique, pour son propre plaisir et pour celui de son mari, telles étaient ses joies ; et sa plus haute ambition était d'honorer son époux, d'avoir des enfants bien aimés et bien élevés, de seconder son mari dans ses affaires professionnelles, de le remplacer en son absence, et de faire certaines choses aussi bien que lui. Elle partageait les soins de l'éducation avec son mari, mais suivait en cela les mêmes projets et dispositions que lui [7]. »

Les domaines étaient donc plus ou moins séparés, mais la domination de l'homme incontestée. La femme était exclue de ses activités civiques en ville. Un voyageur anglais qui se trouve en Suisse à la même époque constate avec un certain étonnement : « Les femmes se consacrent entièrement aux travaux de la maison. Même les épouses des plus hauts personnages de Berne s'occupent de toutes les choses de la maison jusqu'à la cuisine, comme la plus simple paysanne. Les hommes et les femmes n'ont guère de rapport de sociabilité entre eux. Les femmes trouvent tant de satisfactions dans la gestion du ménage et se prêtent si peu au commerce amoureux que l'on n'observe pas chez elle, à ce que m'a dit un grand médecin, les vapeurs bien connues ailleurs, qu'il attribue pour sa part à l'oisiveté et aux intrigues amoureuses. »

A Zurich, « les femmes n'ont pas de rapport avec les hommes, mis à part ceux de leur famille. Même dans la rue elles ne répondent pas à la politesse des étrangers, qui du reste sont les seuls à quitter leur chapeau devant les femmes [8] ». Ce que l'on observe en Suisse vaut sans doute aussi pour la bourgeoisie citadine de toute l'Europe.

Dans les cours et dans les milieux de la noblesse (ou de la haute bourgeoisie), c'était différent. Au moment même où Poullain de la Barre écrivait son traité sur l'égalité des deux sexes, le type de la femme savante était juste en train d'apparaître. A Paris, Mme de Sévigné réunissait autour d'elle des hommes et des femmes cultivés pour discuter philosophie. C'était le début des salons ! Des femmes commençaient à correspondre avec d'autres femmes ou avec des hommes, elles publiaient même des livres. Louise Kulmus, épouse du critique littéraire de Leipzig, Gottsched, n'est à cet égard qu'un exemple parmi beaucoup d'autres. Vers la fin du siècle, dans les cercles de la haute société, la femme cultivée qui participe à un débat intellectuel n'est plus l'exception.

Bien entendu, ce nouveau rôle des femmes n'est pas à l'abri de l'ironie et de la dérision. On joue toujours *Les Précieuses ridicules*. Mais, d'un autre côté, les hommes sont de plus en plus nombreux à priser la forme d'intelligence particulière d'un nombre de plus en plus grand de femmes – et ce pas uniquement en tant que personnages de roman. Le piétisme a développé en outre une nouvelle appréciation de la femme, en s'appuyant sur l'exégèse du Nouveau Testament. Les femmes de toutes les classes sociales pouvaient jouer un rôle dominant dans les « conventicules » – le pasteur n'avait plus la place décisive...

Vers le milieu du siècle, Mme Nordenflycht pouvait représenter une importante société littéraire suédoise. Et un diplomate autrichien qui revenait d'Espagne, pays pourtant prétendument attardé, pouvait écrire en 1785 :

« Le 6 du mois dernier, la fille du marquis de Montealegre âgée de dix-sept ans [...] après avoir passé ses examens de droit et de philosophie à Alcala [...] a reçu le titre de docteur de l'université d'Alcala qui lui a été décerné de la façon la plus solennelle. Aux différents examens, elle avait fait la preuve de ses connaissances non seulement en métaphysique, en physique et en morale, mais aussi en géométrie, en géographie et en mythologie, de même qu'en grec, en latin, en français, en italien et dans sa propre langue maternelle[9]. »

Une femme présidente d'académie, et une femme docteur en philosophie constituaient certes des exceptions. Mais de nombreux signes montraient que les femmes commençaient à revendiquer une formation égale. Elles ne pouvaient du reste l'obtenir qu'en dehors du système scolaire officiel, sur le mode autodidacte ou avec un enseignement privé. Effectivement, le précepteur du château eut dès lors à s'occuper aussi des filles, qui révélaient bien souvent un esprit plus vif que les fils de la noblesse. A partir de la deuxième moitié du siècle, la voie était ouverte pour la fondation de véritables écoles de filles, qui entreprirent de compléter l'enseignement élémentaire par une formation supérieure. Ces écoles revêtaient du reste un caractère spécifiquement féminin, en mettant l'accent sur les travaux manuels et le chant – mais elles allaient plus loin, perfectionnant l'écriture et la lecture de la langue maternelle et la complétant par l'enseignement d'une langue étrangère, le plus souvent le français.

Vers la fin du siècle, la situation avait suffisamment évolué pour que l'académicien Condorcet publie *Sur l'admission des femmes au droit de cité* (1788) et le président du conseil de la ville de Kœnigsberg, Theodor Gottlieb Hippel, *Uber die bürgerliche Verbesserung der Weiber* (De l'amélioration de la position civique des femmes) en 1792. Les deux auteurs constataient que les femmes étaient traitées comme des esclaves noirs, puisqu'elles ne faisaient pas partie de la communauté des citoyens à part entière. En revanche, elles étaient parvenues du point de vue culturel à l'égalité du mode de vie. Elles pourraient donc participer au débat public. Ils préconisaient tous deux l'égalité sur le plan privé comme sur le plan politique. Cela relevait encore de la pure utopie, puisque même la Constitution de la Révolution française n'irait pas aussi loin.

Au moment même où ils écrivaient, l'émancipation des femmes avait déjà été freinée. Le rationalisme de la première moitié du siècle avait atteint sa limite. Entre-temps, on avait découvert la constitution naturelle de la femme. Tout être humain – on le savait désormais – était un animal doué de raison, mais de nature simplement différente selon le sexe. On trouvait à nouveau la destination de la femme dans sa faculté de porter des enfants. La découverte de la vie des sentiments, le sensualisme, supplantait le pur rationalisme. « On reconnaît certes désormais aux femmes une rapidité intellectuelle et une imagination vive, mais en même temps on diagnostique chez elles une incapacité à la raison et à la réflexion approfondie que l'on croit fondée biologiquement et liée à la constitution sexuelle de la femme. La réflexion rationnelle et l'effort intellectuel restent donc réservés à l'organisme masculin, plus fort. Ces arguments relevant de la théorie de la connaissance correspondent à une théorie sociale : la constitution physiologique de la femme impose à la femme sa place de mère et d'épouse dans la société. Cela aboutit à une "sexualisation" de l'existence féminine[10]. »

Cette théorie nouvelle se répand et finit par être généralement admise, essentiellement à la suite de la publication de *Julie ou la Nouvelle Héloïse* par Jean-Jacques Rousseau. Il reprend le thème de cet étrange personnage féminin du XIIe siècle, amante du grand théologien Abélard. La nouvelle Héloïse était censée recréer l'état de nature des temps idylliques détruit par la raison masculine. Avec son humanité spontanée, la femme devient dès lors porteuse d'une nouvelle morale dans l'univers de la concurrence, de la violence et de l'armée. C'est la Raison qui a conduit précisément à ce besoin impitoyable et inassouvi de pouvoir et de pur utilitarisme. « La définition de la femme comme du sexe moral se retrouve dans de nombreux écrits sur l'éducation des femmes après Rousseau. Et l'aspect contradictoire de cette conception y apparaît clairement. D'un côté, les efforts pour l'éducation des femmes sont la conséquence du droit au savoir qui leur a enfin été concédé. D'un autre côté, l'idée d'une éducation spécifiquement féminine, qui ne s'accomplit qu'à une certaine distance respectueuse du savoir, révoque à nouveau ce droit au savoir. La formation des femmes – immédiatement mise au service de la morale – ne peut jamais être un objectif en soi. Elle n'est conçue que comme un exercice de l'esprit, pour éviter le péril de l'ennui, et elle n'est admise que comme condition nécessaire à l'exercice de l'influence moralisatrice de la femme sur sa famille [11]. »

L'évolution se poursuit dès lors sur deux voies : les femmes de la noblesse, de la cour, et même de la grande bourgeoisie peuvent continuer de se consacrer à des débats intellectuels, tandis que la femme de la bourgeoisie montante est certes envoyée dans un école de filles ou un pensionnat, mais que sa formation est faite pour servir le cercle étroit de la famille. Les mères cultivées élèvent leurs fils dans l'optique des carrières qui les mèneront à des fonctions importantes. Elles leur donnent un premier cadre dans lequel tout ce à quoi ils doivent s'attendre est déjà présent en germe, les tâches et les responsabilités professionnelles, sociales, politiques. Elles surveillent les jeux de petits soldats de plomb, les premiers manuels de lecture et livres d'enfants, car le père n'a pas assez de temps à consacrer à sa progéniture, puisqu'il travaille à l'extérieur. Les mères initient également à l'univers de la religion ; elles enseignent à leurs enfants les prières et leur racontent les histoires de la Bible. Bien sûr, les filles participent aussi à cette éducation. Elles ont le droit elles aussi de jouer avec des petits soldats et, dans la salle de jeu, elles s'y retrouvent souvent mieux que leurs frères. Elles peuvent lire l'*Iliade* et l'*Odyssée*, le *Télémaque* de Fénelon, *Paméla ou la Vertu récompensée* de Richardson et *Robinson Crusoé* du Daniel Defoe. Les lectures sont souvent les mêmes pour les filles et pour les garçons, même si dans certains cas on sélectionne et recherche tout particulièrement des lectures pour les filles.

Ce qui se répand ainsi dans le courant du XVIIIe siècle achève de s'instaurer au XIXe. Les femmes se voient définitivement interdire les fonctions importantes au sein de l'économie et de l'État, et l'accès à la formation de l'enseignement supérieur. Mais même la femme d'ouvrier, qui est intégrée comme son mari dans l'activité professionnelle, aspire à une existence bourgeoise. L'ascension sociale signifie pour elle qu'elle n'a plus besoin de travailler et, pour en exprimer sa gratitude à son mari, elle lui laisse tout pouvoir de décision. Au XIXe siècle, même les impératrices et les reines sont cantonnées dans leur rôle de femmes. C'est en vain que Condorcet a évoqué au début de la Révolution française les exemples d'Élisabeth d'Angleterre, de Marie-Thérèse d'Autriche et de Catherine de Russie. Il stigmatise l'attitude des hommes – même les plus éclairés : « Tous n'ont-ils pas violé le principe de l'égalité des droits en privant tranquillement la moitié du genre humain de celui de concourir à la formation des lois [12] ? »

Le XIXe siècle séparera rigoureusement l'univers des hommes de celui des femmes. Il contraint les hommes – qu'ils le veuillent ou non, et qu'ils en soient capables ou non – à jouer leur rôle viril de maîtres de maison, d'hommes d'État et d'officiers de commandement. Combien de jeunes garçons n'ont-ils pas été modelés et dressés dans ce sens – et combien ont échoué plus tard pour cette raison ! L'univers des femmes vit sur l'image idéale de la jeune fille pure, il est censé préserver les réserves d'humanité, sauvegarder une oasis de pureté – d'abord dans le cadre du rêve romantique, puis sur le mode victorien de l'ardeur au travail. D'un autre côté, il y a les femmes pionniers du Far West américain qui décident et gouvernent en toute liberté, et plus tard, en Europe, les suffragettes qui s'engagent pour la défense des droits de la femme dans les pays anglo-saxons et scandinaves – des femmes qui poursuivent dans le cadre d'une démocratie bourgeoise, et cette fois pour obtenir une véritable émancipation politique, les objectifs qui avaient été exposés pour la première fois par une élite des Lumières.

CHAPITRE VIII

La radicalisation des Lumières et son rejet

Le rationalisme extrémiste

Le début du mouvement des Lumières s'était d'abord audacieusement dégagé de la pensée baroque vers la fin du XVIIe siècle – et à une date plus ou moins avancée selon les pays – pour poser les principes d'une philosophie plus libérale et les premières pierres d'une ère nouvelle qui serait celle de la raison. Ces changements de mentalité devaient nécessairement se produire dans le cadre de l'environnement traditionnel. Les transformations s'effectuèrent imperceptiblement, sans bruit, mais le ton changea.

Vers le milieu du XVIIIe, la génération des plus grands représentants des Lumières put tranquillement continuer d'œuvrer sur ces fondements. Elle avait été initiée à l'esprit des temps nouveaux dès l'école. On savait désormais que l'on pouvait éliminer les préjugés anciens, sans détruire arbitrairement l'héritage traditionnel. Les gouvernements amorcèrent prudemment des innovations. Frédéric II, qui monta sur le trône de Prusse en 1740, donna le signal.

Dans la deuxième moitié du siècle – période tardive des Lumières –, les esprits se divisèrent. Beaucoup restèrent fidèles à un rationalisme modéré, mais d'autres suivirent l'escalade du mouvement. Par réaction, on commença à redouter les débordements de la pensée nouvelle, et l'on s'arma pour s'en défendre.

Rousseau donne l'un des premiers signes de durcissement avec son *Discours sur l'origine et les fondements de l'inégalité parmi les hommes* en 1754. Rousseau était pour certains le grand prophète d'un monde naturel, plus libre et plus juste, pour d'autres un esprit confus et utopique, sinon un dangereux extrémiste. Dans une critique italienne de l'époque, il est déjà traité de « socialiste ». Cette notion devait se généraliser pour désigner au XIXe siècle tous ceux qui intervenaient en faveur d'une égalité absolue.

La publication du discours de Rousseau provoqua des réactions politiques immédiates. Le citoyen de Genève trouva des adeptes dans sa ville, et les événements de Genève déclenchèrent à leur tour des phénomènes analogues en Amérique du Nord et aux Pays-Bas.

Plus tard, la radicalisation du mouvement franc-maçon, par la fondation de la *Geheimgesellschaft des Illuminatenordens* (Société de l'ordre des Illuminés) en Allemagne, fit sensation. Les illuminés voulaient aller plus loin que les loges maçonniques, qui se limitaient bien souvent alors à la spéculation intellectuelle ou à un rapport de sociabilité. Ils formaient une confrérie secrète et espéraient parvenir à une influence politique concrète dans leurs pays respectifs : « L'objectif ultime de l'ordre est donc que la lumière se fasse, et nous sommes en lutte contre l'obscurité, c'est le culte du feu[1]. »

C'est en Bavière, en 1776, que le professeur d'Ingolstadt, Adam Weisshaupt, auquel se joignit bientôt le baron Adolf von Knigge, créa cette société secrète des Illuminés. L'ordre devait, plus explicitement encore que les francs-maçons, agir en faveur du rationalisme et de la morale. Le mouvement se répandit rapidement, d'abord dans les États catholiques, puis dans les États protestants de l'Empire allemand. Les membres – en dernier lieu au nombre d'environ sept cents – se recrutaient dans les corps des fonctionnaires et enseignants, du clergé et de la noblesse.

L'organisation était analogue à celle de la franc-maçonnerie. La hiérarchie comprenait des novices, des minervals, etc., et au niveau suprême l'*Illuminatus dirigens*. Un aéropage – dont la composition restait secrète même vis-à-vis des membres de l'ordre – dirigeait cette organisation aux vastes ramifications. Le secret allait jusqu'à l'attribution de noms de guerre : Weisshaupt s'appelait *Spartacus*, Knigge *Philo*, le duc Charles Auguste de Saxe-Weimar *Achille*, et les éminents hommes politiques de l'époque napoléonienne qu'étaient Mongelas et Dalberg s'appelaient *Musäus* et *Bacon de Verulam*. Pestalozzi portait le nom d'*Alfred*.

Tout un système de direction de l'ordre des Illuminés avait été prévu – par Knigge. L'Allemagne était divisée en provinces de l'ordre, là encore avec de faux noms : la région de la Bavière s'appelait la *Grèce* et se subdivisait en différentes préfectures : l'*Achéie* (le grand-duché de Bavière), la *Calabre* (archevêché de Salzbourg), la *Chaldée* (Ratisbonne, Passau, Ortenburg, etc.) et le *Delta* (Haut-Palatinat). Les directions respectives des provinces se trouvaient dans les capitales : *Athènes* (Munich), *Nicosie* (Salzbourg), *Corinthe* (Ratisbonne) et *Thèbes* (Freising). Les autres provinces étaient l'*Illyrie* (Franconie), la *Pannonie* (Souabe). Toute l'Allemagne se divisait en quatre secteurs d'inspection : l'*Achéie* (Allemagne du Sud), l'*Éthiopie* (Rhénanie), l'*Abyssinie* (Saxe) et l'*Égypte* (Autriche), ainsi parcourait-on dans un univers imaginaire tout l'ancien monde depuis *Damiette* (Stuttgart) jusqu'à *Capoue* (Brunswick) en passant par *Delphes* (Carlsruhe). Ce n'était certes qu'un projet, mais cela nous donne une idée de l'extension géographique de l'ordre des Illuminés.

En 1778, l'objectif de l'ordre était défini comme suit dans ses statuts : « Rendre attrayant à l'homme l'effort pour l'amélioration et le perfectionnement de son caractère moral, diffuser les pensées humanitaires et sociales, prévenir les intentions malfaisantes dans le monde, soutenir la vertu opprimée contre l'injustice, soutenir les personnes de valeur, et enfin récompenser par une déférence, un hommage et un honneur particulier, à l'intérieur et à l'extérieur de la société, les hommes particulièrement méritants qui, par leur talent, leur richesse ou leur prestige ont rapporté quelques avantages à l'ordre. »

Les commandants de l'ordre poursuivaient du reste un objectif plus lointain que l'action de l'individu autonome dans son cercle. Ils prévoyaient de miner intérieurement l'État existant pour mettre en œuvre un rationalisme absolu. La société secrète des Illuminés vit le jour peu après la dissolution officielle de l'ordre des jésuites et elle était orientée contre la persistance de l'influence de la réaction catholique. Ainsi l'ordre des Illuminés représentait-il un mélange d'institution morale bourgeoise, de société savante et de ligue politique secrète.

Visant à infiltrer les rouages politiques essentiels, l'ordre va plus loin que les loges maçonniques, qui exercent une action plus généralement philantropique et d'utilité publique, sans chercher à changer le système politique ni la société, se consacrant en gros avant tout à l'amélioration de leurs propres loges et de la situation de leurs membres. L'activité des Illuminés se situait au moment de la radicalisation des tendances, juste avant qu'éclatât la Révolution française, dans le cadre du conflit qui se dessinait de plus en plus nettement entre Révolution et Contre-Révolution.

D'ailleurs, les Illuminés n'ignorent pas où se situe l'adversaire : « Les prêtres et les princes, et les Constitutions politiques actuelles entravent fortement la réalisation de ce projet. Que devons-nous donc faire ? Favoriser la Révolution, tout renverser, lutter contre la violence par la violence, échanger des tyrans contre d'autres tyrans ? Loin de nous cette idée ! Toute réforme violente est à rejeter, car elle ne saurait arranger les choses, tant que les hommes conservent leurs passions telles qu'elles sont, car la sagesse n'a pas besoin de cette contrainte. » L'ordre n'existait pas encore depuis dix ans que ses adversaires cléricaux obtinrent son interdiction. Il s'ensuivit une persécution générale relativement dure sur l'ensemble du territoire allemand qui toucha aussi les loges maçonniques – avec lesquelles les Illuminés étaient certes en contact personnel, mais sans que pour autant les organisations fussent liées.

L'apparition de l'ordre des Illuminés n'est qu'un exemple de la façon dont les Lumières remirent en question une foule de valeurs traditionnelles. La froide clarté de la raison démasquait brusquement tout ce que l'orthodoxie avait figé, perçait à jour les autorités établies comme l'absolutisme de droit divin et les privilèges de la noblesse et des patriciens, dépouillait de leurs draperies baroques les principes que l'on avait voulu faire passer jusqu'alors pour des principes scientifiques ou philosophiques, et dénonçait les superstitions profanes ou religieuses. Ce que les représentants de la génération intermédiaire des Lumières avaient prudemment laissé entendre devient plus tard une pleine certitude. Ainsi, par exemple, chez le théologien Andreas Riem, dont la publication *Über die Aufklärung* (Des Lumières) fit grand effet à Berlin en 1780. A ses yeux, les Lumières « ne sont rien d'autre que l'effort de l'esprit humain pour mettre en lumière tous les objets de l'univers des idées, toutes les opinions humaines et leurs conséquences et tout ce qui influe sur l'humanité, suivant les principes d'une pure théorie de la raison, dans un but d'utilité[2] ». Il démontre cette démarche sur la plus sacrée de toutes les religions, le christianisme : car à chaque nouvelle lumière qu'apporte le rationalisme, elle ressort d'un plus haut éclat avec son fondateur et se révèle conforme à la raison. Un théologien sans l'esprit des Lumières, sans l'aspiration à mesurer toute religion au critère de sa rationalité, de sa moralité et de son utilité, lui semble une plaie de l'humanité. Riem rattache aux Lumières la Réforme du XVIe siècle, et en particulier la théologie réformée de Zwingli. Il qualifie donc le Christ de « sage éclairé » et son message de « message de la raison », voulant entendre par là essentiellement le pur enseignement de la vertu par le Christ.

En l'occurrence, les Lumières du rationalisme sont considérées sur un mode bien plus positif que le tendre reflet d'une douce aurore. La thèse de Riem sur l'histoire religieuse se rapproche de la théologie rationaliste néologique, qui remplace progressivement l'orthodoxie du début du siècle, dont le rationalisme était bien plus prudent.

Certains allaient plus loin ; ils ne voulaient pas seulement ouvrir la voie à un christianisme rationnel, mais rejetaient tout simplement l'idée de religion. Il n'a pas fallu attendre l'époque des Lumières pour que l'athéisme fît l'objet d'une réflexion. Les débats sur ce point avaient toujours entraîné les plus vives controverses, mais voilà que cette hérésie était défendue ouvertement. Les naturalistes jouèrent en la matière un rôle important : dans *L'Homme-machine*, en 1748, La Mettrie conclut de la mécanique à un matérialisme sans Dieu. Holbach présente dans son *Système de la nature*, en 1770, un ordre de la nature qui peut se passer du Dieu créateur traditionnellement censé commander la marche du monde.

Condorcet dépasse les formulations prudentes des philosophes français et se déclare ouvertement athée. L'idée de Dieu est superflue, l'institution d'une Église dangereuse, parce qu'elle contribue à la perpétuation de principes nuisibles au progrès. Condorcet renonce à l'Église et mène une lutte extrémiste contre le clergé catholique. En France, c'était déjà possible avant la Révolution. En règle générale, l'athéisme affiché demeura une entreprise périlleuse, en pays catholique comme en pays protestant.

Il était plus facile de s'attaquer aux grandes thèses historiques. La critique ne pouvait pas s'arrêter aux mythes et légendes. Elle commença à s'appliquer à la vision bien-aimée d'un ancien monde idyllique. Toutes les origines légendaires des rois et de leurs peuples furent soumises à l'examen du doute, surtout en ce qui concernait les premiers rois de Rome, Romulus, Remus et autres. Voltaire se moqua de Jeanne d'Arc et la présenta comme une simple petite paysanne superstitieuse. Guillaume Tell, révéré bien au-delà des frontières de la Suisse, passa brusquement pour un conte danois, sous prétexte que l'on trouvait la même histoire de tir sur une pomme à une date bien antérieure chez le Norvégien Toko. Par bonheur, le gouvernement d'Uri fit brûler par le bourreau la brochure composée par des Bernois, de telle sorte que la légende fondatrice de la Confédération pût encore une fois être sauvée.

La maxime juridique *quod non est in actis, non est in mundo* (ce qui ne figure pas dans les actes n'existe pas dans le monde) devint le principe directeur de l'historiographie. Il n'y avait d'autre vérité historique que reposant sur des sources écrites. La destruction des mythes ne devait toutefois se pratiquer très activement qu'au XIXᵉ siècle, où l'histoire se concentra avant tout sur les phénomènes juridiques et politiques.

La pensée rationnelle avait fait de grands progrès dans tous les domaines. On était enfin sorti du Moyen Age. Un mépris souverain frappait tout ce qui n'était pas éclairé : les protestants éclairés regardaient d'encore plus haut les catholiques attardés – que ce fût en Allemagne, en Suisse, ou en Irlande. Et les catholiques éclairés, en France comme en Italie, se moquaient à plaisir de leurs propres coreligionnaires rétrogrades. Toute l'Europe éclairée s'accordait en tout cas à penser que l'Espagne, jadis si fière, n'était pas au sommet de sa splendeur. Un récit autrichien disait : « Si on n'y a guère fait de progrès dans les arts, les progrès des sciences n'y sont pas plus notables. Pour tel ou tel écrivain, qui a véritablement grand mérite, il y a l'innombrable foule de ceux qui méritent à peine d'être lus, et il se pourrait bien que manquent dans les célèbres grandes écoles espagnoles ces fondements élémentaires du savoir qu'il convient d'insuffler à la tendre jeunesse. Cela mis à part, de temps en temps quelqu'un sort un de ces écrits critiques qui contribuent avec le temps à éclairer ceux à qui il ne manque rien d'autre que le bon jugement et le goût. Pour autant que je sache, on n'entend pratiquement pas ou pas du tout parler des nouvelles découvertes[3]. »

Les jugements de cet ordre auraient naturellement pu tout aussi bien s'appliquer à tout l'est de l'Europe...

Les Lumières décrétées

Le mouvement des Lumières impliquait d'« éclairer » et d'assister les hommes par des arguments convaincants jusqu'à ce qu'ils se laissent d'eux-mêmes guider par la raison. On espérait qu'avec le temps tous les hommes y verraient plus clair et que d'eux-mêmes ils se dégageraient des contraintes de l'orthodoxie pour respirer un air plus libre. On y parvenait généralement sans que l'État s'en mêlât lorsqu'il s'agissait des pays protestants, ou bien d'une France où l'héritage janséniste et huguenot était vivace. Mais comment fallait-il s'y prendre lorsque (y compris dans certains pays protestants) la population était encore bridée par l'orthodoxie rigoureuse du clergé et l'ignorance des autorités locales ? L'idée s'imposait alors que les Lumières devaient être décrétées d'en haut et imposées par l'État, pour le bien d'une population retardataire. Selon les cas, la succession du souverain et le changement des ministres pouvaient alors être décisifs.

Un premier exemple fut donné par Frédéric II lorsque, en montant sur le trône, il abandonna le style de gouvernement patriarcal et conservateur de son père et fit place aux idées modernes, mais sans finalement modifier beaucoup les institutions de ses États, car il appréciait la morale loyaliste des officiers et des fonctionnaires. A sa table de Sans-Souci, loin de ses sujets, il pouvait jouer le libre esprit à la française et assortir ses décrets de notes marginales séduisantes, affirmant qu'il appartenait à chaque sujet prussien de trouver son salut à sa guise, et qu'aucune gazette ne devait être censurée pourvu qu'elle fût intéressante. La Prusse était un État protestant, et donc engagé du même coup sur la voie des Lumières en plus d'un domaine. Il en allait un peu différemment dans les États marqués par le catholicisme, comme par exemple en Sardaigne-Piémont, où l'on disait des nobles qu'ils se distinguaient des nobles français par leur piété et leur ignorance. La plupart des États italiens n'en conservaient pas moins une certaine liberté de pensée – la Renaissance n'y était pas tout à fait oubliée – tandis que l'Espagne et le Portugal étaient marqués par la rude école de la Contre-Réforme.

Le Portugal fut le premier État à émerger de ce monde ancien quand, à l'avènement de Joseph Ier, au milieu du siècle, tout le pouvoir revint au ministre José de Carvalho e Mello, marquis de Pombal : « Il se fixa pour tâche de moderniser son pays par des réformes en profondeur. Il réorganisa le Trésor et la flotte, encouragea les manufactures, les entreprises de transport, les moulins à papier, l'agriculture et la pêche. Il s'occupa de la reconstruction de Lisbonne, entièrement détruite par le tremblement de terre de 1755, et de la fondation de la société littéraire réformiste *Arcadia*. En même temps, il rogna sur les dépenses somptuaires de la cour, réduisant de quatre-vingts à vingt le nombre des cuisiniers du roi. L'esclavage fut aboli en 1773 dans la partie européenne du Portugal. L'ardeur réformiste n'est pourtant qu'un des aspects du caractère de Pombal, marqué aussi par l'arbitraire et la cruauté. Au fort de Junqeira, transformé en prison d'État, se retrouvèrent finalement des milliers de prisonniers politiques. Certains jésuites y firent dix-neuf ans de cachot, après que leur ordre eut été expulsé sous prétexte de complicité dans l'attentat perpétré contre le roi par le duc d'Aveiro. Le 20 septembre 1761 fut étranglé puis brûlé le vieux père jésuite Malagrida. Ainsi, le dernier bûcher du Portugal fut dressé par un tenant des Lumières. Pombal tomba en 1778, lâché par Pierre III, frère et successeur de Joseph Ier [4]. »

Pombal avait bien montré au monde que les Lumières décrétées d'en haut pouvaient avoir deux visages : d'un côté, le progrès, l'édification et la modernisation, d'autre part, en revanche, l'exercice absolu d'un pouvoir sans scrupules et brutal.

Chez le voisin espagnol, en particulier sous Charles III et plusieurs ministres, on eut également le projet de réformes éclairées – mais sans y mettre la cruauté d'un Pombal. Il s'agissait simplement de chapeaux et de manteaux : le comte Squilace, Italien d'origine appelé Esquilache en Espagne, voulant lutter contre le crime organisé, résolut d'interdire le port des manteaux longs – qui pouvaient dissimuler des armes – et des sombreros – qui cachaient le visage. Des fonctionnaires furent armés de ciseaux pour mettre à la bonne taille les vêtements des contrevenants. Il fallait adopter la mode française, moins dangereuse ! La colère populaire, attisée par une colossale hausse des prix, provoqua le 23 mars 1766 une révolte contre Esquilache, sur quoi Charles III rapporta le décret vestimentaire et lâcha son ministre. *Capa* (le manteau long) et *sombrero* devinrent les symboles de la résistance aux atteintes à la tradition, de la liberté s'opposant aux mesures policières, même si elles étaient d'intérêt public. Ces mesures n'étaient qu'un élément dans la modernisation de la ville de Madrid, comme l'éclairage des rues et le ramassage des ordures, et qu'une petite partie des réformes réalisées ou tentées par le centralisme des Bourbon.

Le centralisme était par lui-même accordé au goût de l'ordre qui caractérisait la pensée des Lumières. C'était une bonne chose que des modernisations éclairées pussent s'appuyer sur une administration à la main ferme. Que le peuple suivît ou non, c'était secondaire dans ces sociétés largement élitaires.

Ce qui s'était passé en Espagne et au Portugal fut distraitement enregistré par le reste de l'Europe, tandis qu'on s'intéressa bien davantage aux réformes effectuées par un Joseph II, lorsqu'il accéléra brutalement la politique de Marie-Thérèse. Il s'agissait de tout un catalogue de réformes générales, tel qu'il existait de fait dans tout État s'inspirant des Lumières : abolition du servage, promotion des manufactures, suppression des douanes intérieures, refonte et modernisation de l'administration.

Ce qui étonna surtout dans le joséphisme, ce fut le radicalisme de la politique religieuse : non seulement les édits de tolérance en faveur des protestants et des Juifs, mais de considérables emprises sur l'organisation de l'Église catholique romaine, qui restait pourtant prédominante dans les pays autrichiens. Il n'était plus nécessaire d'interdire les jésuites, mais on s'en prit aux innombrables couvents. Seuls devaient subsister ceux qui étaient utiles à l'État (comme écoles ou comme exploitations agricoles), les « inutiles » devant être fermés. On voit ici la totale incompréhension qu'éprouvait le rationalisme des Lumières pour la méditation religieuse. Seuls le travail et l'activité étaient reconnus. La question des couvents n'était qu'un aspect des réformes, il fallait appliquer tout le programme du catholicisme éclairé. Il s'agissait tout autant de la libération intérieure de chaque fidèle que de la réforme profonde des structures. Même le pape, venu tout exprès à Vienne, ne put arrêter Joseph II et ses conseillers. Il fallut quelques années avant que les Belges et les Hongrois se révoltent contre les nouvelles dispositions.

Nous prendrons comme exemple de la fermeture d'un couvent la sécularisation de la chartreuse de Valsainte, dans le canton suisse de Fribourg. Cet établissement avait près d'un demi-millénaire, et la république de Fribourg passait pour un pilier du catholicisme suisse. Mais les patriciens de sa capitale étaient tout aussi éclairés que ceux de Milan, de Paris ou de Vienne. Une chartreuse entrait dans la catégorie des couvents inutiles ; des moines réduits au silence étaient des monstres, en un siècle aussi bavard. Valsainte fut fermé en 1778 et ses biens transférés à des institutions ecclésiastiques plus utiles. Mais une révolte populaire éclata alors – provoquée aussi par d'autres revendications contre le patriciat éclairé de la ville –, qui s'étendit à tout le canton et aboutit au siège de la capitale cantonale, laquelle ne put être sauvée que par une aide militaire fournie par la ville voisine de Berne, pourtant protestante. Valsainte n'en resta pas moins fermé, jusqu'à ce que la renaissance catholique dans ce canton provoque, en 1866, sa restitution à l'ordre des chartreux.

Le radicalisme gouvernemental put, au nom des Lumières, s'en prendre non seulement aux convictions religieuses, mais tout aussi bien aux langues parlées. La pédagogie des Lumières lutta partout contre les parlers régionaux ou les langues minoritaires, qu'elle tenta de remplacer par la langue de l'administration centrale. L'idéal d'unification s'alliait en l'occurrence au mépris de l'expression populaire, considérée comme un vestige de barbarie.

En ce domaine comme en d'autres, Joseph II servit de modèle, lorsqu'il imposa l'allemand comme langue officielle dans tout l'Empire. Des langues de civilisation, comme le hongrois ou le tchèque, se virent ainsi repoussées au second rang. Le peuple recevait les ordres émanant de la capitale dans une langue qui lui était étrangère. Les langues minoritaires étaient menacées de disparaître.

Tel était par exemple le cas du rhéto-roman parlé depuis toujours dans la haute vallée de l'Inn. L'administration autrichienne n'avait d'autre souci que d'imposer l'allemand et, de fait, la vallée fut entièrement germanisée au bout de quelques dizaines d'années. Le rhéto-roman ne put se maintenir que dans la partie suisse de la vallée, en Engadine, car là nul centralisme ne déterminait la langue qu'on parlait. C'était chaque communauté qui en décidait en toute liberté, et le rhéto-roman disposa ainsi dans les Grisons de sa culture propre, tant politique que littéraire et religieuse.

La radicalisme des Lumières fit ainsi brutalement le ménage dans les cultures nationales, partout où l'absolutisme administratif s'allia aux Lumières et prêta son bras fort énergique aux principes de raison, de philanthropie, d'ouverture et de discipline – et ce sans tenir compte, en dépit de la philanthropie, des traditions ancestrales : elles n'étaient qu'obscurantisme et barbarie.

Certains tenants des Lumières, comme Isaak Iselin, se sentirent obligés de revendiquer « la tolérance pour la superstition ». Et Condorcet eut cette formule : « L'erreur, tout comme la vérité, a droit à la liberté [5]. »

Le préromantisme comme réaction aux Lumières

Le radicalisme des Lumières ne voyait, dans le monde non encore « éclairé », qu'erreur, superstition, obscurantisme et barbarie. Mais pour beaucoup de gens, il devint peu à peu difficile de ressentir les Lumières comme un soleil bienfaisant. Novalis peut parler de « la lumière dure et froide » du rationalisme, qui veut « supprimer avec une docilité mathématique [...] tout merveilleux et tout mystère [6] ». Une sobriété souvent sans joie s'était partout répandue, le monde était désenchanté. Pour la jeunesse, ce fut peu à peu l'ennui : des Lumières aussi radicales tuaient toute profondeur et ne laissaient que platitude, s'épuisaient dans la simple critique ou le bavardage moralisant, et laissaient en jachère les énergies de l'âme. Après le brutal défrichage philosophique qui avait marqué l'époque de la Raison, voici que se dessina, dans les années soixante et soixante-dix du siècle, un mouvement préromantique caractérisé par un nouvel intérêt, scientifique et parascientifique, pour l'occultisme, l'alchimie et la magie. Chassez le mysticisme, il revient au galop !

La première fausse note se fit entendre assez tôt dans ce pays tellement éclairé, moralisant et équilibré qu'était l'Angleterre. Élève de Locke et lecteur de Platon et des néoplatoniciens, Shaftesbury défend dès 1708 une conception nouvelle de l'enthousiasme pour la nature harmonieuse conforme à l'ordre divin (*Letter Concerning Enthusiasm*). Une génération plus tard, le prêtre anglican Edward Young donne ses fameuses *Nuits*. C'étaient les nuits funèbres (et non plus les claires journées de vivante activité) qui recelaient le mystère de la nature, la grandeur de la divinité, l'amour, la mort et l'immortalité. Ce n'était plus là le langage des triomphalistes des Lumières radicales, mais celui des êtres souffrants. Les *Nuits* de Young éveillèrent surtout un écho en Allemagne, et d'abord par l'intermédiaire de Klopstock, dont le *Messie* fit pleurer toute une génération. Rousseau ajouta sa note de pessimisme hostile à la civilisation : « Tout est bien sortant des mains de l'auteur des choses ; tout dégénère entre les mains de l'homme. » Même la pensée : « De tous les siècles de littérature, il n'y en a point où on lut tant que dans celui-ci, et point où l'on fut moins instruit [7]. » Ce jugement sur la platitude du siècle, Lichtenberg l'aggrava encore en disant : « Toutes ces lectures ne nous ont valu qu'une savante barbarie [8]. » On se trouvait en un siècle énervé.

La jeunesse d'Allemagne jeta sa gourme à partir de 1770, dans le mouvement du *Sturm und Drang*. Il s'agissait d'être aussi sauvage, aussi libre, aussi génial que possible, et non médiocre et gentil comme les vieux des Lumières. On s'enivrait à longueur de clairs de lune, on chantait les jeunes paysannes en imitant les chants populaires anciens. Les drames de chevalerie et de brigands remplaçaient les comédies larmoyantes du rationalisme. On remontait au Moyen Age. C'était la réaction allemande à des Lumières excessivement rationnelles. Elle agit par la suite dans toute l'Europe sous le nom de romantisme. Germaine de Staël s'étonne encore, dans *De l'Allemagne* : « L'esprit de chevalerie règne encore chez les Allemands [...] ils sont incapables de tromper, et leur loyauté se retrouve dans tous les rapports intimes [...] L'Allemagne, si l'on excepte quelques cours avides d'imiter la France, ne fut point atteinte par la fatuité, l'immoralité et l'incrédulité qui, depuis la Régence, avaient altéré le caractère naturel des Français. La féodalité conservait encore chez les Allemands des maximes de chevalerie [9]. » Si excessif que semble être ce jugement, il manifeste bien que l'Allemagne se détourne de cette France tout entière vouée à la Raison. Et voilà qu'on en revenait aux châteaux forts et aux monastères, magnifiant sur le mode nostalgique un Moyen Age qu'on voulait voir avec des yeux romantiques.

Il faut cependant dire que le mouvement romantique ou préromantique n'était pas nécessairement réactionnaire ni hostile aux réformes. Il ne le deviendra – et pour une part seulement – qu'à l'époque de la Restauration, après l'ère napoléonienne. A la fin du XVIIIe siècle, nous trouvons beaucoup de femmes et d'hommes capables de lire aussi bien les *Nuits* de Young que les satires acerbes de Voltaire, en faisant preuve tour à tour d'intelligence lucide ou d'une extrême sensibilité. On pouvait être à la fois éclairé et romantique, et refuser le rationalisme radical aussi bien que le romantisme réactionnaire. Grâce aux Lumières, ce siècle était devenu si ouvert qu'il était réceptif aux suggestions les plus diverses.

La réaction traditionaliste des gouvernements

Les Lumières mirent du mouvement dans l'ordre bien établi des Églises, des monarchies, des ordres. Comme tout mouvement nouveau, celui-ci eut ses ennemis. Mais dans ses débuts et à son apogée, ce fut plutôt un courant à la mode, une possibilité nouvelle accueillie assez favorablement. Il se présentait d'ailleurs plutôt comme théorique et philosophique, et n'ébranlait guère les réalités politiques et sociales. Néanmoins il provoquait bel et bien un malaise dans certains milieux. Déjà les réformistes gravitant autour d'une revue remportant un grand succès comme *Le Patriote* de Hambourg étaient suspects aux yeux de bourgeois conservateurs, qui voyaient là « le funeste collège des patriotes » avec ses sénateurs et ses syndics « possédés par l'esprit de Thomasius et contaminés par la peste indifférentiste »[10]. Le responsable de l'Église de Hambourg n'était pas le seul à être indigné par cet indifférentisme, spécialement en matière de religion.

Le destin de Christian Wolff, philosophe des Lumières devenu fort célèbre, est de ce point de vue exemplaire. Il avait été élu professeur à l'université de Halle en 1707, avec l'appui de Leibniz. Mais, dénoncé comme ennemi de la religion et comme déterministe par des personnalités piétistes, il fut en 1723 révoqué et expulsé par Frédéric-Guillaume Ier de Prusse. L'université calviniste de Marbourg, en Hesse, offrit alors une chaire à ce luthérien, qui put dès lors poursuivre avec succès son enseignement dans ce milieu éclairé. L'un des premiers actes administratifs du jeune Frédéric II fut de le rappeler à Halle.

Tout le monde n'avait pas la chance de trouver comme Wolff une place ailleurs. Ainsi Rousseau, quarante ans plus tard, se voit banni de France après la publication du *Contrat social*, puis expulsé de sa ville de Genève, puis de la principauté de Neuchâtel et de la ville de Berne, avant de trouver enfin asile à Londres.

Dix ans après cette fuite dramatique de Rousseau, l'Europe des Lumières fut frappée de stupeur par le cas de Pablo de Olavide, en Espagne. Intendant de Séville – où il venait de lancer un vaste projet de lotissement –, il fut jeté en prison en 1776 et traduit devant un tribunal de l'Inquisition qui prononça la confiscation de ses biens et le condamna à huit ans de détention dans un monastère. Les chefs d'accusation étaient la possession d'images obscènes (il avait des toiles de Boucher), la présence de livres jansénistes dans sa bibliothèque, son intérêt pour Voltaire et Rousseau et son approbation notoire de la cosmologie de Copernic. Olavide parvint à s'échapper et à gagner la France, où il put rester. Il ne regagna l'Espagne qu'en 1798.

Wolff, Rousseau et Olavide ne sont que trois exemples parmi beaucoup d'autres. Il ne fallait pas se tromper de pays pour enseigner et publier. Des interdictions frappaient naturellement aussi les associations, en particulier les francs-maçons, auxquels seule la Grande-Bretagne permit de se développer librement, tandis que, dans les pays catholiques, ils étaient frappés d'une illégalité de principe par la décision de Rome, leur possibilité d'existence dépendant dès lors de chaque gouvernement. Mais le siècle s'achève sur la dissolution de l'ordre des Illuminés : en 1784-1785, des milieux réactionnaires obtiennent du gouvernement bavarois l'interdiction de cette société secrète, et il s'ensuit même une véritable persécution, entraînant la mise à pied des fonctionnaires membres de l'ordre interdit. On lit dans un décret d'interdiction : « Nous sommes aussi précisément informés, et l'expérience le confirme indubitablement, qu'au cours de leurs réunions ils fomentent contre la religion, l'État et le gouvernement les projets les plus dangereux visant à répandre le plus possible leur abominable système et par là traîner dans la boue en toute occasion principalement notre sainte religion, les rites de l'Église et tout ce qui s'y rapporte, et ce pour une part oralement, pour une autre part, par les pamphlets et libelles clandestinement imprimés et répandus, et s'ils en avaient la possibilité, ils anéantiraient complètement ces biens sacrés, mais de toute façon pour arriver à cette fin et d'autres semblablement découlant de leur principale maxime, ils se permettent tous les moyens. »

L'interdiction fut étendue à toutes les sociétés de lecture bavaroises. Dans un tel contexte, même l'empereur Joseph II se vit contraint de soumettre la franc-maçonnerie à la surveillance de l'État. Le décret du 11 décembre 1785 affirme que cette société, n'étant finalement que « de l'illusionnisme », pourrait fort bien, si elle n'était « tenue en lisière », rapidement « dégénérer en débordements éventuellement préjudiciables à la religion, à l'ordre et aux bonnes mœurs, particulièrement chez les supérieurs et du fait des liens fanatiques mais non réciproques qui les lient à leurs subordonnés, de sorte que pour le moins l'escroquerie n'est pas à exclure [11] ».

Même les princes évêques éclairés de Mayence et de Cologne emboîtèrent le pas, interdisant toutes les sociétés soupçonnées d'être contaminées par les idées des Illuminés. Ces démarches s'inscrivent dans l'atmosphère de réaction générale qui marque ces années, et qui se continuera par l'opposition à l'esprit de la Révolution française. C'est ainsi que furent interdites par exemple les sociétés de lecture de Trèves (1783), Düsseldorf (1794), de Stäfa sur le lac de Zurich (1795) et de Siebenbürgen (Transylvanie) en 1798. Celles de Cologne et d'Erfurt sont mises sous surveillance administrative, respectivement en 1792 et 1795.

On voit que la liberté d'association était loin d'aller de soi. La liberté de la presse, encore moins. Les censures faisaient partout encore partie des appareils étatiques ou ecclésiastiques, toujours à l'exception des Pays-Bas et de l'Angleterre. Néanmoins, en plus d'un endroit, la censure était exercée par des gens éclairés. On pouvait souvent en dire ce qu'écrivait un historien bernois en 1786 : « On peut tout de même écrire chez nous plus librement que jadis. Quelques grands ignorants, grands pourfendeurs des Lumières par conséquent, sont morts. Parmi les personnes qui écrivent, il en est à qui l'on peut difficilement toucher, et qui n'ont pas besoin de gagner ainsi leur pain. [...] Notre censure, qui ne fut jamais bien acerbe, s'endort tout doucement, *requiescat in pace*[12]. » Qu'elle repose en paix... Mais cela ne doit pas faire oublier que les petites gens, et ceux qui devaient vivre de leur plume, pouvaient avoir de sérieuses difficultés avec la censure ou les pressions exercées sur les publications.

Si la liberté de la presse n'allait déjà pas de soi dans les pays protestants et éclairés où « les grands pourfendeurs des Lumières » avaient quitté ce monde, que dire de certains pays catholiques comme l'Espagne !

Que la situation pût être difficile, c'est ce que montre par exemple l'interdiction de la traduction espagnole du célèbre ouvrage de Beccaria sur le droit pénal. Un rapport diplomatique envoyé à Vienne dit : « Le tribunal de l'Inquisition ne se laisse arrêter par rien dans l'exécution de son plan. En dépit de la résistance qu'oppose le Conseil de Castille, défendant divers ouvrages par lui autorisés, le livre du marquis Beccaria *Des délits et des peines* vient d'être, avec beaucoup d'autres, finalement condamné et interdit sous peine des sanctions les plus rigoureuses. L'abbé Alvarez de Caballeria, qui a traduit cet ouvrage en espagnol et l'a longtemps défendu devant la justice et par ses écrits, [...] a jugé plus sage de ne pas attendre l'orage et de se réfugier à Rome[13]. »

Que l'on pût choisir précisément Rome pour échapper à l'Inquisition espagnole montre bien quelle diversité était celle du monde catholique, et combien la situation était complexe en Espagne.

Elle pouvait l'être aussi ailleurs. Certes, on croyait peu à peu vivre dans une Europe éclairée, mais sans cesse on sursautait aux mesures prises par des pouvoirs réactionnaires.

La persistance des procès pour hérésie est illustrée on ne peut plus clairement par la célèbre affaire Calas. Le calviniste Jean Calas fut en 1762 condamné à mort par le parlement de Toulouse pour avoir prétendument assassiné son fils (qui en fait s'était suicidé) afin d'empêcher sa conversion au catholicisme. On avait cru en France que ce genre de procès appartenait au passé. La protestation de Voltaire aboutit effectivement en 1765 à la réhabilitation posthume de Calas par le parlement de Paris.

En 1782 encore, dans le canton protestant de Glaris en Suisse, une servante fut condamnée comme sorcière et exécutée pour avoir prétendument ensorcelé un enfant de ses maîtres.

Deux ans avant, dans la ville également protestante de Zurich, un ecclésiastique éclairé qui devenait gênant, Heinrich Waser, avait été condamné à mort pour haute trahison parce qu'il avait publié à l'étranger des faits qui pouvaient nuire à Zurich, et qu'il n'avait pas restitué aux archives des dossiers confidentiels. L'affaire Waser représenta un cas extrême de justice politique d'inspiration populiste.

Dix ans plus tôt, le Danemark avait connu la terrible affaire qui s'était conclue par l'exécution du Premier ministre Struensee. Ami de la reine Caroline-Mathilde, il était devenu en 1770 Premier ministre d'un roi qui était notoirement faible d'esprit, et il avait aussitôt entamé de grandes réformes dans l'esprit des Lumières : abolition de la torture, liberté de la presse, réforme des finances, abaissement des taxes douanières, suppression des privilèges commerciaux, mesures en faveur de la paysannerie – autant de mesures éclairées, antimercantilistes, voire physiocratiques. Mais elles étaient précipitées et bouleversaient excessivement l'ordre établi. La cour – à savoir la reine mère et la noblesse – provoquèrent la chute de Struensee au bout d'un an et demi seulement de gouvernement. Et comme des motifs personnels entraient aussi en jeu, cette disgrâce d'un ministre trop puissant prit la forme peu banale d'une condamnation à mort.

La disgrâce de ministres trop novateurs faisait partie des épisodes quasi normaux. Pourtant, le renvoi par Louis XVI, en 1776, d'un Turgot jugé trop influencé par les physiocrates fit sensation. Ayant audacieusement décrété la liberté du commerce et de l'industrie, ainsi que l'abolition des privilèges corporatifs, le ministre des Finances succomba, au bout de deux ans à peine, aux attaques conjointes de tous les privilégiés de toutes les classes. La société traditionnelle démontrait ainsi qu'en dépit des Lumières elle était encore là, et bien décidée à empêcher toute réforme en profondeur.

Dans les cas isolés où ce genre de réformes aboutissait et où des changements internes portaient au pouvoir un gouvernement moderne, l'ordre établi recourait à l'intervention militaire. Cela se produisit au moins trois fois dans la deuxième moitié du siècle.

On peut considérer comme l'intervention d'une puissance conservatrice la tentative de la couronne britannique pour réprimer le mouvement de l'indépendance américaine. Avec une armée de mercenaires essentiellement allemands, on voulut ramener à la raison ces colonies qui s'étaient dotées de Constitutions libérales, et l'on se heurta à la résistance acharnée de l'Amérique éclairée. Or il ne faut pas perdre de vue que les loyalistes probritanniques, une fois vaincus, quittèrent l'Amérique et vinrent défendre en Europe la cause du conservatisme.

Un autre conflit entre conservateurs et progressistes se déroulait depuis des dizaines d'années dans la république de Genève. Quand les forces libérales finirent par prendre le pouvoir et se mirent à changer les choses, l'oligarchie genevoise réclama, en 1782, l'aide des puissances protectrices qu'étaient la France, Berne et le Piémont-Sardaigne. Ces trois États accédèrent volontiers à cette requête et, par une intervention militaire, rétablirent le patriciat dans ses droits anciens. Les chefs des novateurs émigrèrent, et certains devaient jouer un rôle non négligeable dans la Révolution française.

De la même façon, cinq ans plus tard, les forces réactionnaires de la république des Pays-Bas se tournèrent vers les gouvernements conservateurs d'Angleterre et de Prusse pour abattre le parti patriotique au pouvoir depuis quelques années. L'intervention des troupes prussiennes et l'appui diplomatique de Londres permirent au parti conservateur de reprendre le pouvoir, et au régime antirépublicain d'Orange de se rétablir.

Ces succès de la réaction semblent enfin trouver leur couronnement dans la réaction cléricale qui se déclencha en Prusse à la mort de Frédéric II. Son successeur, Frédéric-Guillaume II, voulut ruiner toute la politique éclairée du roi philosophe en nommant Johann Christoph Wöllner ministre des Cultes. Par son *édit religieux* de 1788, Wöllner entendait que les trois principales confessions – luthérienne, calviniste et catholique – fussent protégées par des mesures policières contre la « liberté débridée » des Lumières. Mais on put voir alors que ces Lumières étaient déjà trop répandues en Prusse : les résistances furent si fortes qu'au bout de neuf ans le roi se vit contraint de renoncer à cette loi et, du même coup, à Wöllner. L'édit de celui-ci n'en est pas moins le signe que les forces réactionnaires étaient partout à l'œuvre. Le roi et son ministre appartenaient tous deux à l'ordre du Rosaire, ce rassemblement de forces réactionnaires qui voulaient revenir, par-delà les Lumières, à une idéologie autoritaire.

On pourrait citer encore d'autres mesures de répression autoritaire en Europe au cours de la seconde moitié du siècle, qui montreraient comment certains pouvoirs, en divers domaines, se laissèrent alors guider par un esprit hostile aux Lumières. Nombreuses furent les réformes au fond inoffensives et nullement radicales – dans l'administration, l'enseignement, les Églises, l'économie – qui échouèrent contre les conceptions bien ancrées de nobles imbus de leur rang, de fonctionnaires conservateurs, d'ecclésiastiques strictement cléricaux, d'universitaires traditionalistes, d'artisans d'un autre âge et de paysans analphabètes.

CHAPITRE IX

Vers le XIXe siècle

Le nationalisme au lieu du cosmopolitisme ?

Le nationalisme ne devient une réalité politique qu'après le déclenchement de la Révolution française, et l'idée d'un peuple uni en une nation ne prend corps qu'à l'époque romantique, mais les premiers débats sur ces questions datent du XVIIIe siècle et peuvent être considérés comme le contre-courant des Lumières.

L'homme du XVIIIe siècle vivait dans son village, son château, sa ville marchande ou princière ; il se situait dans un certain État et un certain pays, et appartenait donc à un certain peuple. Il était non seulement sujet d'un souverain, mais aussi membre d'une communauté, même si elle était plus imaginaire que réelle. L'individu était inséré par sa naissance dans un vaste ensemble qui pouvait éventuellement transcender les frontières territoriales. Il y avait une Europe des peuples, et non des États. La notion même de « peuple » n'était pas claire, elle s'adressait moins au sens politique qu'à la sensibilité. On avait le sentiment d'avoir sa place douillette dans un lieu ancestral.

Un *Tableau des peuples* [1] datant du milieu du siècle peut nous en apprendre davantage sur ces peuples européens. C'est un texte populaire qui provient de Styrie et restitue les images qui avaient cours alors. Les Espagnols sont orgueilleux, virils, intelligents, sages, généreux. Les Français sont légers, volubiles, inconstants, prudents. Les Italiens sont perfides, jaloux, perspicaces, ils passent leur temps à bavarder. Les Allemands sont francs, spirituels, dépensiers, ils imitent tout, ils passent leur temps à boire. Les Anglais sont bien bâtis, gracieux, avisés, inquiets, ils changent souvent de maître et passent leur temps à travailler... Et cela continue à propos des Suédois, Polonais, Hongrois, Russes, Turcs et Grecs. C'est la vue simpliste des choses qu'on a de Styrie. Pour ces gens simples, il y avait en Europe une dizaine de peuples dont on connaissait les caractères. Ce qui donne, on le voit, une collection de clichés et de préjugés, qui n'avait d'ailleurs pas cours uniquement dans le peuple : Rousseau lui-même écrit par exemple que « l'Anglais a les préjugés de l'orgueil, et le Français ceux de la vanité [2] ».

Les peuples coïncident en partie avec les États, mais non dans le cas des Allemands, des Italiens et d'autres encore. La notion de peuple est plus qu'une variante de la notion d'État, elle a une multitude de sens. En l'occurrence, elle désigne naturellement beaucoup plus que la classe inférieure : elle englobe toutes les classes. Foncièrement, « peuple » désigne un pays, une région qui, dans l'esprit de ses habitants et surtout de leurs voisins, constitue depuis toujours une unité, qui est soumise à un souverain et qui a sa religion à elle. Le peuple des Suédois se définit ainsi par son roi et son luthéranisme, le peuple du Portugal par son roi et son catholicisme, le peuple de Russie par le tsar et le culte orthodoxe, etc. La langue commune semble être un critère secondaire ou qui va de soi. Elle se subdivise en une série de parlers locaux qui, généralement, se comprennent difficilement l'un l'autre. De plus, la cour et la classe supérieure parlent autrement, soit une langue épurée soit le français, tandis qu'universitaires et juristes parlent encore souvent latin. Le royaume de Danemark compte ainsi des sujets parlant danois, bas-allemand, norvégien ou islandais. Jusqu'en plein

XVIIIe siècle, il y avait en la matière coexistence pacifique. Dieu et le roi comprenaient toutes les langues ! On pouvait s'intégrer dans l'État sans langue commune : il suffit de songer à la Suisse, aux nombreuses minorités linguistiques de l'Europe de l'Est, aux Bretons en France, aux Catalans en Espagne.

En ce siècle scientifique, on fut tenté de concevoir l'unité du peuple à partir des conditions naturelles, en particulier le climat. Les religions elles-mêmes paraissaient déterminées par lui. Le comte Zinzendorf, frère morave, estimait que c'était Dieu lui-même qui avait créé les peuples « afin que la vérité et l'amour de Son fils soit accessible aux hommes selon leur sensibilité et selon la température et l'air du pays. A l'air anglais convient précisément la religion anglaise, à l'air espagnol et portugais la religion catholique, à l'air français elle ne convient déjà plus tellement, d'où l'Église gallicane, ce mélange confus de catholicisme et de Réforme [...] En Allemagne, cela convient assez bien au protestantisme, et dans les pays nordiques encore mieux. Voilà pourquoi ces religions sont dans ces pays [3] ».

Quand l'État augmenta son emprise sur les habitants, on commença à s'occuper de plus près de « l'esprit des nations » et du caractère spécifiquement national. Ainsi en France, avec son centralisme croissant. La nation, c'est le peuple constitué par tous les Français qui ont été précisément réunis en un État et sous un roi. On transfère sur les XVIIe et XVIIIe siècles des images médiévales du peuple franc. Tous les Français étaient des fils du pays, protégés par l'administration et l'armée du roi contre les aspirations et la concurrence de l'étranger. Le modèle, c'était en la matière les Anglais, rassemblés depuis plus longtemps en une nation cohérente par leur insularité.

De chaque peuple on attendait désormais qu'il eût une pensée et une sensibilité unitaires. Le postulat qui compte de plus en plus est celui de l'amour de la patrie. Il ne s'agit pas seulement de loyauté envers le roi, mais d'une identification affective avec le pays des ancêtres. Herder résume ainsi cette vue des choses : « Chaque nation possède en elle-même le centre de son bonheur, comme toute sphère a son centre de gravité[4]. » Si la nation avait son centre en elle, il fallait qu'elle eût des qualités très précises et fût différente des autres nations.

Dès lors, la langue devint soudain l'élément constitutif et unificateur, souvent à la place de la religion. Ce fut particulièrement facile pour les Français, chez qui la religion avait été progressivement dévalorisée, tandis que la langue du centre culturel qu'était Paris devenait de plus en plus le moyen d'expression commun. Le royaume de Suède créa tout spécialement son académie pour cultiver la langue nationale. Les Pays-Bas l'avaient précédé, développant une langue écrite unifiée qui faisait d'eux plus qu'une entité confédérale. Il est significatif qu'au début du XIXe siècle, les huguenots d'Allemagne renoncent au français, afin de mieux s'intégrer à la nation allemande. Mais c'est une question qui ne se pose pas qu'aux étrangers. Au cours du XVIIIe siècle, les gens instruits commencent à parler la langue écrite. Si l'on voulait s'élever dans la société, il fallait renoncer au parler local. Ce nationalisme linguistique était surtout le fait des classes supérieures. Les Italiens cultivés étaient par exemple depuis longtemps déjà en possession de ce bien précieux qu'est une langue littéraire, tandis que Lombards et Siciliens du peuple se comprenaient tout aussi peu qu'un Allemand du Sud parlant souabe et un Saxon parlant bas-allemand. Mais la langue nationale était justement un moyen pour le peuple d'échapper à l'exclusion culturelle : c'était là une idée des Lumières.

Par ailleurs, on croyait, avec un enthousiasme romantique, que c'était justement le peuple qui avait en dépôt les trésors de la nation. C'est chez lui que ces trésors étaient mis au jour par les poètes, qui désormais – usant bien sûr de la langue écrite – commençaient à chanter la patrie, son caractère unique et sublime, et son histoire héroïque.

Plus on remontait loin dans le temps, plus c'était authentique. Les Allemands trouvaient leur identité historique chez les Germains tels que les avait décrits Tacite. Pour la Grande-Bretagne et l'Irlande, l'Écossais James Macpherson inventa Ossian et ses chants épiques imités de textes gaéliques. Les peuples nordiques cherchaient leurs héros dans l'*Edda* et les sagas qui ne survivaient qu'en Islande. Odon ou Wotan, Donar, Freja, tout ce panthéon de dieux germaniques resurgissait, comme ressuscitaient aussi Dietrich von Bern, Hildebrand, Siegfried, Brunhilde et Kriemhilde. A côté de la référence commune que constituait la mythologie grecque s'affirmait désormais une antiquité nationale et autonome.

De surcroît, on pouvait à présent mieux saisir, par des méthodes rationnelles nouvelles, ce passé historiquement cernable. Le Danemark fondait ainsi une société royale d'histoire nordique. Ce que Réforme et Contre-Réforme avaient occulté redevenait central. Les rois francs, les Hohenstaufen, les exploits des héros suisses ou bien encore – plus proches – les victoires navales danoises ou hollandaises, les hauts faits des Suédois dans la guerre de Trente Ans. Les Britanniques, quant à eux, pouvaient célébrer leur domination des mers, comme l'exprime le chant « *Rule Britannia, Britannia rules the waves* ».

Bientôt, chaque nation disposa d'une image historique bien structurée qui prétendait être réelle et non légendaire. Il s'agissait toujours de se représenter un peuple magnifique, héroïque, bon et puissant, qui remportait sans cesse la victoire sur des ennemis de moindre valeur. La nation était plus qu'une réalité présente, c'était la communauté des morts et des vivants.

Cette magnification d'une nation dont on projette l'image dans le passé n'a rien à voir, semble-t-il, avec les Lumières. Toutefois, en présentant les ancêtes comme des hommes vertueux, comme des rois justes, des guerriers prêts au sacrifice, des citoyens sans égoïsme, on fournissait à la morale des Lumières ses symboles historiques. Et de plus, cette nation intimement unie par une commune mentalité répondait au désir d'un État fort, capable d'appliquer réellement le programme moderne des Lumières. La nation pour cela était plus efficace que la monarchie.

Mais les idées nationalistes n'étaient-elles pas de fait en contradiction avec le cosmopolitisme qui marquait à l'origine les Lumières ? N'était-ce pas là une rechute dans des siècles comme le XVIe ou le XVIIe, voire dans le Moyen Age finissant ? Est-ce qu'on n'était pas en train de réactiver les épouvantails et les boucs émissaires de jadis ? Les Lumières s'étaient pourtant bien efforcées, sur la base d'un droit naturel unique et d'une philosophie morale valable pour tous les hommes, de donner à ceux-ci une nouvelle base commune. L'humanité avait été censée remplacer la multiplicité des États et de leurs idéologies.

On pouvait sauver le cosmopolitisme à condition d'allier l'amour de la patrie et la notion de « patriotisme » selon les Lumières. Il suffisait pour cela, comme l'avaient fait Montesquieu et d'autres, de bien situer l'être humain dans le cosmos. Le premier cercle où agit l'individu est alors son pays au sens étroit, sa famille, son village, sa ville. Le cadre restreint de cette efficacité patriotique première est tracé par la nation, capable de susciter d'innombrables énergies débordant l'existence individuelle. Mais la nation n'est à son tour qu'une partie de l'humanité dans son ensemble. Une nation n'est crédible que si elle se met au service de l'humanité. Tel est le but que se fixe le patriote éclairé. A preuve, cette réflexion de Rousseau : « Suffit-il qu'un homme bien élevé ne connaisse que ses compatriotes, ou qu'il lui importe de connaître les hommes en général [5] ? » Ou cette autre d'Iselin : « Le vrai patriotisme n'est qu'une émanation du pur amour de l'humanité. Lequel ne s'enferme pas entre les étroites frontières d'un pays ni d'une nation [6]. »

Des Lumières aux révolutions

Dans la seconde moitié du siècle, la possibilité d'une révolution en Europe était dans l'air. L'année de l'indépendance américaine, le guide que nous avons si souvent invoqué et cité pour traverser le siècle, l'Italien Carlantonio Pilati, écrit : « Mais comme toutes les choses de ce monde passent continuellement d'un état à l'autre et qu'après être montées au point de leur perfection elles commencent de déchoir, les étrangers ne sentent que trop que cette révolution est déjà arrivée et même fort avancée en France [7]. »

A vrai dire, on imaginait là un retournement plus ou moins pacifique, dans le style de la « Glorieuse Révolution » anglaise. Une douzaine d'années après cette lettre de Pilati éclata effectivement ce qu'on avait attendu. Les premiers temps de la Révolution française eurent en effet encore ce caractère d'un retournement sans violence, pour s'emballer ensuite à partir de 1792, l'attitude des gouvernements anglais, prussiens et autrichiens n'étant pas pour rien dans l'escalade de la violence. Le débat se réduisit dès lors à celui entre Révolution et Contre-Révolution. Ce clivage concerna tous les États et toutes les classes. Cette polarisation devait ensuite caractériser tout le XIXe siècle et une bonne part du XXe, et en tout état de cause il détermine aujourd'hui encore le jugement que nous portons sur les Lumières dans leur ensemble.

Les conservateurs rendirent les Lumières responsables de la Révolution, au moins dans l'expression radicale qu'elles prirent dans la seconde moitié du siècle. Il est plutôt vraisemblable que la responsabilité de la Révolution incombe aux forces réactionnaires, aux ultraconservateurs perpétuellement attardés et timorés qui refusèrent de se rendre compte à temps qu'il fallait enfin s'attaquer à des réformes en profondeur. Ce sont eux qui ont poussé les réformateurs éclairés à se radicaliser. Car la patience de ces réformateurs était à bout, et pas seulement en France.

Un exemple révélateur de la puissance de la Contre-Révolution et de sa tactique nous est fourni par la polarisation du monde catholique. Lorsque ce pays catholique qu'était la France se mit, au plus fort de la Révolution jacobine, à persécuter les prêtres et finalement à supprimer tout à fait Église et religion, ces excès purent être globalement mis sur le compte des Lumières. Lesquelles se perpétuèrent néanmoins pendant quelques décennies. Mais les jésuites étaient de nouveau là. Leur dissolution n'avait été que transitoire. Après 1773, ils s'étaient rassemblés de nouveau, en particulier dans les confréries du Sacré-Cœur, et ils furent amenés en plus d'un endroit, faute d'enseignants, à prendre en charge les écoles en qualité de simples prêtres. L'ordre interdit survivait ainsi clandestinement. Il fallut moins de trente ans pour qu'il soit rétabli en Russie (1801), puis à Naples (1804) ; enfin, le pape Pie VII le rétablit en 1814 pour toute la chrétienté, dans sa constitution ancienne et inchangée. Dès lors, le travail de restauration s'engagea partout, avec un désir inassouvi de vengeance contre les Lumières sous toutes leurs formes, et en particulier contre les Lumières catholiques !

Il devait bien y avoir au XIXe siècle un catholicisme libéral, poursuivant minoritairement l'œuvre des Lumières, mais avec beaucoup plus de dureté et d'intransigeance que le protestantisme libéral (qui de son côté était majoritaire) et que les ecclésiastiques humanistes du XVIIIe siècle. Il a fallu attendre Vatican II pour que l'Église finisse par retrouver une attitude plus naturelle envers les Lumières et envers ses composantes catholiques.

D'un autre côté, dans les petits États européens (Scandinavie, Belgique, Pays-Bas, Suisse), les expériences imposées au début du siècle par la confrontation entre Révolution française et contre-révolution anglaise et autrichienne purent être élaborées en réalités politiques au moment de la révolution européenne de 1848 et produisirent dans tous les domaines des réformes éclairées et – même en monarchie – des structures démocratiques.

C'en était apparemment fini des Lumières, lorsque les convulsions de la Révolution accouchèrent de l'impérialisme napoléonien et lorsque, en 1815, le congrès de Vienne marqua la restauration de l'Europe prérévolutionnaire. Mais il y avait tout de même beaucoup de choses qui étaient irréversibles. Conservateurs intelligents et réformistes modérés considéraient comme allant de soi la tolérance religieuse, les droits de l'homme, l'émancipation des individus et la pensée critique. Sur d'autres principes, en revanche, il avait fallu battre en retraite : le culte absolu de la raison, ou la foi naïve en un progrès indéfini.

Deux guerres mondiales, le fascisme, le nazisme, le stalinisme ont enfin provoqué de pénibles réveils. En dépit de tels revers, l'espoir a persisté. Et lorsqu'il y a espoir, c'est toujours par référence aux Lumières du XVIIIe siècle, à ce monde d'ancêtres dont nous possédons encore les portraits et dont nous pouvons reprendre les livres. Elle n'est pas si lointaine, cette époque où naquirent tant d'espoirs. Les Lumières demeurent « un élément dynamique du monde moderne et une incitation à l'humanité dans les époques sombres [8] ».

Au fond, le mouvement des Lumières avait trop demandé à l'humanité. Cette lumière nouvelle et forte était éblouissante et fit souvent une irruption brutale et inopinée dans les ténèbres du baroque. Une élite d'intellectuels et d'aristocrates crurent avec quelque naïveté qu'il suffirait d'en appeler à la Raison pour que l'humanité prenne goût à de profitables découvertes. Il y eut certes des pays et des régions où ce message fut généralement reçu, si bien que sans rupture brutale on put y préparer et y appliquer les réformes nécessaires en particulier dans le domaine social ; mais ailleurs la tâche se révéla trop rude, alors que dans son impatience l'élite éclairée se rendait trop peu compte des résistances qu'elle suscitait. On n'en reste pas moins impressionné, aujourd'hui encore, par la somme d'intelligence qui éclate en ce siècle, et sans l'action de laquelle l'existence humaine aurait pu continuer à végéter dans un demi-sommeil et – disons-le – dans l'hébétude. Que le mouvement recelât des risques d'excès, beaucoup le perçurent à l'époque, et pas seulement le Swift de *Gulliver* ou le Voltaire de *Candide*. Mais tous deux, avec beaucoup d'autres, ont ouvert de nouveaux horizons, ont ouvert notre monde à la liberté toujours à conquérir et sans cesse à protéger des revers et des rechutes. Même un Lavater, si proche du spiritualisme religieux, lorsqu'il est confronté au néo-piétisme allemand, fait une réserve révélatrice : « Sans doute leurs intentions sont-elles bonnes, mais il leur manque la lumière, et la connaissance qui cherche librement [9]. »

Cette « connaissance qui cherche librement » était bien la tâche première que s'était fixée le mouvement des Lumières, une tâche dont devait profiter l'humanité entière. C'est dans cet esprit que Montesquieu conclut son autobiographie par une brève analyse des rapports entre le moi, la famille, la nation et l'humanité, en deux phrases qui sont une profession de foi morale dans l'esprit des Lumières : « Si je savais quelque chose qui me fût utile, et qui fût préjudiciable à ma famille, je la rejetterais de mon esprit. Si je savais quelque chose utile à ma famille, et qui ne le fût pas à ma patrie, je chercherais à l'oublier. Si je savais quelque chose utile à ma patrie, et qui fût préjudiciable à l'Europe, ou bien qui fût utile à l'Europe et préjudiciable au Genre humain, je la regarderais comme un crime [10]. »

Notes

La plupart des notes ci-dessous renvoient à des ouvrages dont on trouvera les références complètes dans la Bibliographie (p. 299 à 303).

1. L'époque

1. U. Im Hof, *Enlightenment - Lumières - Illuminismo - Aufklärung*, p. 119-121.
2. B. Willey, *The Eighteen Century Background*, p. 5.
3. H.J. Lope, «Das kulturelle Leben in Madrid», p. 38.
4. Montesquieu, «Caractère de», in *Pensées et Fragments inédits de Montesquieu*, Bordeaux, 1899, t. 1, p. 7-9.
5. R. Vierhaus, «Aufklärung als Prozess», p. 6.

2. La société en transformation

1. U. Im Hof, *Das gesellige Jahrhundert*, p. 17-68.
2. C.A. Pilati, *Voyages en différents pays de l'Europe*, t. 1, p. 62.
3. Goethe, *Venezianische Epigramme* (1790).
4. G. Maugras, *Le Duc et la Duchesse de Choiseul*, Paris, 1903, p. 108-109.
5. H.J. Lope, *op. cit.*, p. 36.
6. G. Maugras, *op. cit.*, p. 106.
7. C.A. Pilati, *op. cit.*, t. 1, p. 2.
8. *Ibid.*
9. Voltaire, *Le Siècle de Louis XIV*, p. 1048.
10. V. Braunbehrends, *Mozart in Wien*, p. 12.
11. U. Im Hof, *Das gesellige...*, *op. cit.*, p. 38.
12. *Ibid.*, p. 68.

3. L'Europe et ses États

1. W. Altwegg (éd.), *J.P. Hebels Werke*, t. 2, Zurich, 1943, p. 80-81.
2. H. Davenson, *Le Livre des chansons*, Neuchâtel, Cahiers du Rhône, 1943.

3. C.A. Pilati, *op. cit.*, t. 1, préface.
4. « Politisches Barometer », libelle de 1785, *in* W. Killy (éd.) *Zeichen der Zeit, Ein deutsches Lesebuch*, t. 1, Francfort/Hambourg, 1962, p. 25.
5. C.A. Pilati, *op. cit.*, t. 1, p. 201.
6. *Ibid.*, p. 45.
7. *Ibid.*, p. 74.
8. P. Coulmas, *Weltbürger, Geschichte einer Menschensehnsucht*, Hambourg, Rowohlt, 1990, cit. par U. Bitterli, « Zur Geschichte des Weltbürgertums », *Schweizerische Monatshefte*, sept. 1990, p. 786.
9. P. Ochs, *Geschichte der Stadt und Landschaft Basel*, Bâle, 1822, p. 6.

4. Les supports des Lumières

1. U. Im Hof, *Das gesellige...*, *op. cit.*, p. 216-225.
2. *The Spectator*, n° 68, 18 mai 1711.
3. H.J. Lope, *op. cit.*, p. 38.
4. H.H. Müller, *Akademie und Wirtschaft im 18. Jahrhundert*, Berlin, 1975.
5. U. Dierse, « Philosophie » (à propos des salons), p. 826-831.
6. H.E. Bödeker, « Aufklärung als Kommunikationsprozess », p. 93-94.
7. Braunbehrens, *op. cit.*, p. 167.
8. O. Dann, *Lesegesellschaften und bürgerliche Emanzipation. Ein europäischer Vergleich*, Verlag C.H. Beck, Munich, 1981.
9. J. Dierauer, *Die toggenburgische Moralische Gesellschaft*, St-Gall, Historischer Verein des Kantons St. Gallen, 1913.
10. U. Im Hof, *Das gesellige...*, *op. cit.*, p. 134-157.
11. *The Royal Dublin Society*, 1731-1981, J. Meenan/D. Clarke (éd.), Dublin, 1981.
12. R.E. Schofield, *The Lunar Society of Birmingham*, Oxford, 1963.
13. R.J. Shafer, *The Economic Societies in the Spanish World.*
14. N. Chomel/de la Mare, *Dictionnaire économique*, 1767, p. 11.
15. J. Meyer, *La Noblesse bretonne au XVIIIe siècle*, Paris, 1966, p. 576-585.
16. K. Guggisberg/H. Wahlen, *Kundige Aussaat, köstliche Frucht. Zweihundert Jahre Ökonomische und Gemeinnützige Gesellschaft des Kanton Bern, 1759-1959*, Berne, 1958.
17. Zinzendorf, *Studienreise durch die Schweiz, 1764*, Basler Zeitschrift für Geschichte und Altertumskworde, Bâle, 1936, p. 303.
18. U. Im Hof, *Das gesellige...*, *op. cit.*, p. 164-166 et p. 249.
19. L. von Köchel, *Chronologisch-thematisches Verzeichnis sämtlicher Tonwerke Amadeus Mozart*, Wiesbaden, 1965-1967, p. 724-726.
20. *Die Basler Christentumsgesellschaft*, éd. par M. Brecht, *Pietismus und Neuzeit*, 7, Göttingen, 1982.
21. U. Im Hof/F. de Capitani, *Die Helvetische Gesellschaft.*
22. *The Spectator complete in one volume*, Londres, 1832, p. 882-897.
23. C.A. Pilati, *op. cit.*, t. II, p. 327.
24. Von Greyerz, *Nation*, 1953, p. 24.

5. Utopie et réforme

1. J. Huizinga, *Naturbild und Geschichtsbild im 18. Jahrhundert*, *in* Parerga, Bâle, 1945, p. 160 ; U. Im Hof, *Das gesellige...*, *op. cit.*, p. 75-102.
2. U. Im Hof, *Das gesellige...*, *op. cit.*, p. 245.
3. F.Ph. Gugger (Chorherr) in Solothurn (Suisse), cit. *in* U. Im Hof/ F. de Capitani, *op. cit.*, t. 1, p. 145.
4. I. Kant, « Was ist Aufklärung », *Berlinische Monatszeitschrift*, déc. 1783.
5. M. Vorhees, *The History of Phi Beta Kappa*, Washington, The United Chapters of Phi Beta Kappa, 1946.
6. S. Werenfels, *Opuscula theologica, philosophica et philologica*, Bâle, 1782, 2-II, p. 376.
7. A. Lindt, « Pietismus und Ökumene », p. 146, p. 152 et p. 158.
8. G.E. Lessing, *Erziehung des Menschengeschlechtes*, § 81-91, Lessings Werke, Rille (éd.), vol. 8, p. 611 *sq*.
9. J. Barbeyrac (éd.), *De Juri Belli ac Pacis de Grotius*, 1729, préface, p. XXXIV.
10. C.A. Pilati, *op. cit.*, t. I, p. 302, t. II, p. 37.
11. E. et R. Badinter, *Condorcet (1743-1794)*, p. 19.
12. Voltaire, *Traité sur la tolérance*, Lausanne, Guilde du livre, 1959, p. 152-153.
13. Fénelon, *Les Aventures de Télémaque*, livre X, p. 165.
14. F. Venturi, *Settecento riformatore da muratori a Beccaria*, Turin, 1969, p. 709.
15. P. Hazard, *La Crise de la conscience européenne*, t. II, p. 66-67.
16. J. Locke, *Two Treatises of Government*, art. 89 et art. 95.
17. C.A. Pilati, *op. cit.*, t. I, p. 77, p. 82 et p. 83.
18. Voltaire, *Le Siècle de Louis XIV*, *op. cit.*, p. 610-611.
19. P. Hersche, « Die französischen Physiokraten - Vorläufer der Grünen oder Bahnbrecher des Agrobusiness ? », *Zeitschrift für Agrargeschichte und Agrosoziologie*, n° 38 (1990), p. 147-148.
20. U. Im Hof, *Das gesellige...*, *op. cit.*, p. 94.
21. *Ibid.*, p. 96-102.
22. Montesquieu, *op. cit.*, p. 7.
23. J.W. Goethe, *Maximen und Reflexionen*, in *Über allen Gipfeln, Goethes Gedichte*, neu aus gegeten von Ernst Hartung, Langewiesche-Brandt, Munich, 1908, p. 140.
24. U. Im Hof, *Das gesellige...*, *op. cit.*, p. 102.
25. A. Staehelin, *Geschichte der Universität Basel, 1632-1818*, Bâle, 1957, p. 437.
26. H. Böhning, « Vielfalt der literarischen Formen, Alltag und "Volk", in der Publizität von Gebrauchsliteratur der deutschen Aufklärung », *Weimarer Beiträge* 11, 1990, p. 1754, 1758-1759, 1759-1760, 1763.
27. H.E. Bödeker, « Die Religiosität der Gebildeten », p. 114 *sq*.

28. F. Kopitzsch, « Die Hamburgische Gesellschaft... », p. 98.
29. U. Bitterli, *Alte Welt*, p. 132.
30. *Abhandlungen und Beobachtungen der ökonomischen Gesellschaft zu Bern*, 3e année, Berne, 1762, Préface, p. XXVII-XXVIII.
31. F. Kopitzsch, *op. cit.*, p. 193.
32. *Ibid.*, p. 72 *sq.*
33. U. Im Hof, *Das gesellige...*, *op. cit.*, p. 159.

6. *L'ouverture sur le vaste monde*

1. U. Bitterli, *op. cit.*, p. 130, p. 190, p. 167, p. 193 et p. 177.
2. P. Hazard, *op. cit.*, t. I, p. 17-18.
3. A. Lindt, *op. cit.*, p. 154.
4. Buffon, *Histoire naturelle*, 1756, vol. 6 (Introduction).
5. A.v. Haller, recension « Sammlung neuer und merkwürdiger Reisen zu Wasser und zu Lande », 1750, in *Göttinger Gelehrte Anzeigen*, 1755 (non paginé).

7. *L'émancipation : l'abolition des contraintes anciennes*

1. G. Forster (1792), cité par Vierhaus, *op. cit.*, p. 10.
2. Voltaire, « Jeannot et Colin », *in* Voltaire, *Romans et Contes*, éd. par F. Deloffre et J. Van den Heuvel, Paris, 1979, p. 274.
3. R.J. Shafer, *op. cit.*, p. 88 *sq.*
4. C.A. Pilati, *op. cit.*, t. II, p. 98-99.
5. Grieve, *Die Juden*, Grundzüge ihren Geschichte, Wissenschaftliche Buchgesellschaft, Darmstadt, 1980, p. 141.
6. *Ibid.*, p. 150.
7. U. Im Hof, *Das gesellige...*, *op. cit.*, p. 49.
8. G. Burnet, *Some letters containing an Account (...) of Switzerland, Italy and Some Parts of Germany*, Londres, 1724, p. 21 et p. 51.
9. H.J. Lope, *op. cit.*, p. 48.
10. B. Schnegg, « Weiblicher Geist und Moral », *Zeitschrift Reformatio*, 1er février 1990, p. 72.
11. *Ibid.*, p. 74.
12. E. et R. Badinter, *op. cit.*, p. 296.

8. *La radicalisation des Lumières et son rejet*

1. R. Van Dülmen, *Der Geheimbund der Illuminaten*, p. 41, p. 34-35 et p. 212.
2. H. Stuke, « Aufklärung », p. 274-275.
3. H.J. Lope, *op. cit.*, p. 38.

4. Ziechmann, *Panorama der Friderícianischen Zeit*, p. 834-835.
5. E. et R. Badinter, *op. cit.*, p. 85.
6. U. Im Hof, *Enlightenment - Lumières...*, *op. cit.*, p. 116 et p. 131.
7. Rousseau, *Émile*, p. 145.
8. Cité par Vierhaus, « Leseerfahrungen-Lebenserfahrungen », *Euphorion* 81, 1987, p. 13.
9. G. de Staël-Holstein, *De l'Allemagne*, 1810-1814, p. 48 et p. 43.
10. Kopitzsch, *op. cit.*, p. 74.
11. Van Dülmen, *op. cit.*, p. 93.
12. H. von Greyerz, *Nation und Geschichte im bernischen Denken*, Berne, Verlag H. Lang & Cie, 1953.
13. H.J. Lope, *op. cit.*, p. 42.

9. Vers le XIXe siècle

1. « Völkertafel » (Styrie), Osterreichisches Museum für Völkerkunde, Vienne (sans date).
2. Rousseau, *op. cit.*, p. 828.
3. A. Lindt, *op. cit.*, p. 157.
4. U. Bitterli, *op. cit.*, p. 197.
5. Rousseau, *op. cit.*, p. 827.
6. Isaak Iselin, cit. par U. Im Hof/F. de Capitani, *op. cit.*, p. 213.
7. C.A. Pilati, *op. cit.*, t. II, p. 330-331.
8. R. Vierhaus, *op. cit.*, p. 7.
9. A. Lindt, « 200 Jahre Christentumsgesellschaft in Basel », *Basler Stadtbuch 1980*, p. 146.
10. Montesquieu, « Caractère de », *op. cit.*, p. 15.

Chronologie

1685 Révocation de l'édit de Nantes. Persécution des huguenots.
1688 « Révolution Glorieuse » en Grande-Bretagne.
1689-1725 Règne du tsar Pierre le Grand.
1690 Locke : *Two Treatises on Government.*
1695-1697 Bayle : *Dictionnaire historique et critique.*
1701-1714 Guerre de Succession d'Espagne.
1709-1712 Steele et Addison : *The Tatler, The Spectator.*
1712-1725 Wolff : *Deutsche Schriften.*
1713 Abbé de Saint-Pierre : *Projet de paix perpétuelle.*
1719 Defoe : *Robinson Crusoé.*
1725 Von Muralt : *Lettres sur les Anglais et les Français.*
1726 Swift : *Gulliver's Travels.*
1733 Pope : *Essay on Man.*
1740-1780 Règne de l'impératrice Marie-Thérèse d'Autriche.
1740-1786 Règne de Frédéric le Grand en Prusse.
1742 Hume : *Essays.*
1748 La Mettrie : *L'Homme-machine.*
1748 Montesquieu : *De l'esprit des lois.*
1751-1780 Diderot et d'Alembert : *Encyclopédie.*
1756 Voltaire : *Essai sur les mœurs et l'esprit des nations.*
1756-1763 Guerre de Sept Ans.
1762 Rousseau : *Le Contrat social.*
1762-1796 Règne de la tsarine Catherine de Russie.
1764 Beccaria : *Dei delitti e delle pene.*

1769 Brevet de la machine à vapeur de James Watt.

1774 Goethe : *Les Souffrances du jeune Werther.*

1775-1783 Guerre d'indépendance des colonies d'Amérique du Nord.

1776 Smith : *Wealth of Nations.*

1780-1790 L'empereur Joseph II d'Autriche règne seul.

1781 Kant : *Critique de la raison pure.*

1789 Début de la Révolution française.

Bibliographie

Le présent ouvrage s'appuie en partie sur le livre du même auteur, intitulé *Das gesellige Jahrhundert, Gesellschaft und Gesellschaften im Zeitalter der Aufklärung* (Le siècle sociable. Société et sociétés à l'époque des Lumières), dont on trouvera les références ci-dessous, comme on trouvera également les références des ouvrages évoqués dans le texte et les notes des pages 291 à 295.

Baczko, B., *Rousseau, solitude et communauté* (traduit du polonais), Paris/La Haye, Mouton 1974.

Badinter, E., et Badinter, R., *Condorcet (1743-1794), un intellectuel en politique*, Paris, Fayard, 1988.

Balacs, E., *et al.* (éd.), *Beförderer der Aufklärung in Mittel- und Osteuropa*, Berlin, 1979.

Berlin, I., *Wider das Geläufige. Aufsätze sur Ideengeschichte*, Henry Hardy, Francfort-sur-le-Main, Europ. Verl. Anst., 1982, trad. fr. *A contre-courant. Essai sur l'histoire des idées*, Albin Michel, 1988.

Bitterli, U., *Alte Welt - neue Welt. Formen des europäisch-überseeischen kulturkontakts vom 15. bis zum 18. Jahrhundert*, Munich, C.H. Beck, 1986.

Bödeker, H.E., « Aufklärung als Kommunikationsprozess », in *Aufklärung*, n° 2, 1987.

—, « Die Religiosität der Gebildeten », in *Wolfenbütteler Studien*, 1988.

Böning, H., *Die Genese der Volksaufklärung und ihre Entwicklung bis 1780*, Stuttgart/Bad Cannstatt, Frommann-Holzboog, 1990.

Borghero, C., *La Polemica sul lusso nel settecento francese*, Turin, Einaudi, 1973.

Braunbehrends, V., *Mozart in Wien*, Munich, Piper, 1986/2.

Brunner, O., *Adeliges Landleben und europäischer Geist*, Salzbourg, O. Müller, 1959.

Bury, J.B., *The Idea of Progress : An Inquiry into its Origin and Growth* (1920), New York, Dover Publ., 1987.

Cassirer, E., *Die Philosophie der Aufklärung*, Tübingen, J.C.B. Mohr, 1932.

Chartier, R., *Les Origines culturelles de la Révolution française*, Paris, Le Seuil, 1990.

Chaunu, P., *La Civilisation de l'Europe des Lumières*, Paris, Arthaud, 1971.
Crampe-Casnabet, M., *Condorcet, lecteur des Lumières*, Paris, PUF, 1985.
Cripel, P., et Gilain, Ch., (dir.), *Condorcet mathématicien, économiste, philosophe, homme politique*, colloque international, Paris, Minerve, 1989.
Dann, O., et Dinwiddy, J., *Nationalism and the Age of the French Revolution*, Londres, The Hambledon Press, 1988.
Darnton, R., *The Business of Enlightenment : a Publishing History of the Encyclopédie, 1775-1800*, Cambridge, Mass./Londres, Belknap Press, 1979 ; trad. fr. : *L'Aventure de l'Encyclopédie : un best-seller au siècle des Lumières*, Paris, Acad. Perrin, 1982, et Paris, Le Seuil, coll. « Points Histoire », 1992.
Daz, F., *Voltaire storico*, Turin, Einaudi, 1958.
Dellsperger, R., « Frauenemanzipation im Pietismus », in *Zwischen Macht und Dienst. Beiträge zur Geschichte und Gegenwart von Frauen im kirchlichen Leben der Schweiz*, Berne, 1991.
Deutsch, O.E., (éd.), « Bericht des Grafen Karl von Zinzendorf über seine handelspolitische Studienreise durch die Schweiz 1764 », in *Baseler Zeitschrift für Geschichte und Altertumskunde*, n° 35, 1936.
Dierse, U., « Philosophie, Institutionelle Formen », in *Historisches Wörterbuch der Philosophie*, Bâle, Schwabe, 1989.
Duchet, M., *Anthropologie et Histoire au siècle des Lumières*, Paris, Maspero, 1971.
Ehrard, J., *L'Idée de nature en France dans la première moitié du XVIIIe siècle*, 2 vol., Paris, SEVPEN, 1963.
—, *La Politique de Montesquieu*, Paris, A. Colin, 1965.
Erne, E., *Die schweizerischen Sozietäten, Lexikalische Darstellung der Reformgesellschaften des 18. Jahrhundert in der Schweiz*, Zurich, Chronos, 1988.
Fabre, J., *Stanislas-Auguste Poniatowski et l'Europe des Lumières*, Paris, Belles Lettres, 1952.
Fénelon, *Les Aventures de Télémaque, fils d'Ulysse*, Toulouse, Gaude, 1804.
François, E., (dir.), *Sociabilité et Société bourgeoisie en France, en Allemagne et en Suisse (1750-1850)*, Paris, Recherche sur les civilisations, travaux et mémoires de la Mission historique française en Allemagne, 1987.
Frankel, C., *The Faith of Reason : The Idea of Progress in the French Enlightenment*, New York, Kings Crown Press, 1948.
Furet, F., *Livre et Société dans la France du XVIIIe siècle*, 2 vol., Paris/La Haye, Mouton, 1975.
Gay, P., *The Enlightenment*, New York, Knopf, 1967-1969 ; vol. 1 : *The Rise of Modern Paganism*, 1967 ; vol. 2 : *The Science of Freedom*, 1969.
Gershoy, L., *From Despotism to Revolution 1763-1789*, New York/Londres, Harper, 1944 ; trad. fr. *L'Europe des princes éclairés*, Paris, Fayard, 1966.
Godechot, J., *La Contre-Révolution, doctrine et action, 1789-1804*, Paris, PUF, 1967.
Goulemot, J.-M., et Launay, M., *Le Siècle des Lumières*, Paris, Le Seuil, 1968.
Granger, G.-G., *La Mathématique sociale du marquis de Condorcet*, Paris, PUF, 1956 et Odile Jacob, 1989.

Hall, A.R., *The Scientific Revolution 1500-1800. The Formation of the Modern Scientific Attitude*, Londres, Longman, Green, 1954.

Hammerstein, N., *Aufklärung und katholisches Reich, Untersuchungen zur Universitätsreform und Politik katholischer Territorien des Heiligen Römischen Reichs deutscher Nation im 18. Jahrhundert*, Berlin, Duncker und Humblot, 1977.

Hampson, N., *The Enlightenment. An interpretation*, vol. 4, in Pelican History of European Thought, 1966.

Hazard, P., *La Crise de la conscience européenne (1680-1715)*, 3 vol., Paris, Boivin, 1935.

—, *La Pensée européenne au XVIIIe siècle de Montesquieu à Lessing*, 3 vol., Paris, Boivin, 1946.

Hoffman, P., *La Femme dans la pensée des Lumières*, Paris, Ophrys, 1977.

Im Hof, U., *Das gesellige Jahrhundert. Gesellschaft und Gesellschaften im Zeitalter der Aufklärung*, Munich, C.H. Beck, 1982.

—, *Enlightenment - Lumières - Illuminismo - Aufklärung - Die Ausbreitung eines besseren Lichts im Zeitalter der Vernunft, in* M. Svilar, « *Und es ward Licht* ». *Zur Kulturgeschichte des Lichts*, université de Berne, Kulturgeschichtliche Vorlesungen 1982-1983, Berne, P. Lang, 1983.

—, et de Capitani, F., *Die Helvetische Gesellschaft. Spätaufklärung und Vorrevolution in der Schweiz*, Frauenfeld/Stuttgart, Huber, 1983.

Jacob, M.C., *The Radical Enlightenment. Pantheists, Freemasons and Republicans*, Londres, Allen & Unwin, 1981.

Janson, T., « The Age of Associations. Principles and Forms of Organisation between Corporation and Mass Organisation. A Comparative Nordic Survey from a Swedish Viewpoint », in *Scand. J. History*, n° 13.

Kaufmann, E., *Architecture in the Age of Reason. Baroque and Post-Baroque in England, Italy and France*, Cambridge, Harvard University Press, 1955.

Kopitzsch, F., « Die Hamburgische Gesellschaft zur Beförderung der Künste und nützlichen Gewerbe (Patriotische Gesellschaft von 1765) im Zeitalter der Aufklärung. Ein Überblick », in *Wolfenbütteler Forschungen*, n° 8, Munich, Kraus International Publications, 1980.

—, *Aufklärung, Absolutismus und Bürgertum in Deutschland*, Munich, Nymphenburger Verlagsbuchhandlung, 1976.

Laufer, R., *Style rococo, style des Lumières*, Paris, José Corti, 1963.

Lindt, A., « Pietismus und Ökumene », in *Pietismus und moderne Welt*, n° 12, 1974.

Lope, H.J., « Das kulturelle Leben in Madrid zur Zeit Karls III. (1759-1788) im Spiegel österreichischer Gesandtenberichte », in *Spanisches Kulturinstitut in der Residenz*, n° 8, Munich, 1987.

Lough, J., *The Contributors of Encyclopédie*, Londres, Grant and Culter, 1973.

Mauzi, R., *L'Idée de bonheur dans la littérature et la Pensée française au XVIIIe siècle*, Paris, A. Colin, 1965.

Meylan, Ph., *Jean Barbeyrac (1674-1744) et les Débuts de l'enseignement du droit dans l'ancienne Académie de Lausanne. Contribution à l'histoire du droit naturel*, Lausanne, Rouge, 1937.

Montesquieu, « Caractère de », in *Pensées et Fragments inédits de Montesquieu*, Bordeaux, 1899.
Moravia, S., *Il tramonto dell'Illuminismo. Filosofia e politica nella società à francese 1770-1810*, Bari, Laterza, 1968.
Pilati, C.A., *Voyages en différents pays de l'Europe en 1774, 1775 et 1776 ou Lettres écrites de l'Allemagne, de la Suisse, de l'Italie, de Sicile et de Paris*, 2 vol., 1778.
Pomeau R., *La Religion de Voltaire*, Paris, Nizet, 1956.
—, *Politique de Voltaire*, Paris, A. Colin, 1963.
—, *L'Europe des Lumières. Cosmopolitisme et unité européenne au XVIIIe siècle*, Paris, Stock, 1966.
Proust, J., *Diderot et l'Encyclopédie*, Paris, A. Colin, 1963.
Reinalter, H., (éd.), *Freimaurer und Geheimbünde im 18. Jahrhundert in Mitteleuropa*, Francfort-sur-le-Main, Suhrkamp, 1983.
Roche, D., *Le Siècle des Lumières en province. Académies et académiciens provinciaux, 1680-1789*, 2 vol., Paris/La Haye, Mouton, 1978.
Roger, J., *Buffon : un philosophe au Jardin du Roi*, Paris, Fayard, 1989.
—, *Les Sciences de la vie dans la pensée française au XVIIIe siècle. La génération des animaux de Descartes à l'Encyclopédie*, Paris, A. Colin, 1963.
Rousseau, J.-J., *Émile ou de l'éducation*, in *Œuvres complètes*, éd. par B. Gagnebin et M. Raymond, Paris, Gallimard, 1969.
Rykwert, J., *The First Moderns. The Architects of the 18th Century*, Cambridge, Mass./Londres, MIT Pr., 1980 ; trad. fr. *Les Premiers Modernes, Les architectes du XVIIIe siècle*, Paris, F. Hazan, 1991.
Sarrailh, J., *L'Espagne éclairée de la seconde moitié du XVIIIe siècle*, Paris, Imprimerie nationale, 1954.
Shackleton, R., *Montesquieu. A Critical Biography*, Londres, Oxford University Press, 1961.
Shafer, R.J., *The Economic Societies in the Spanish World (1763-1821)*, Syracuse, Syracuse Univers. Press, 1958.
—, *The Spectator* (série complète en un volume), Londres, 1832.
Starobinski, J., *Jean-Jacques Rousseau. La transparence et l'obstacle*, Paris, Gallimard, 1976.
—, *L'Invention de la liberté*, Paris, Skira, coll. « Arts, Idées, Histoire », 1987.
Stuke, H., « Aufklärung », in : *Geschichtliche Grundbegriffe. Historisches Lexikon zur politisch-sozialen Sprache in Deutschland*, vol. 1, Stuttgart, 1972.
Trevor-Roper, H.R., *Religion, Reformation und sozialer Umbruch*, Francfort-sur-le-Main, Propyläen, 1970 ; trad. fr. *De la Réforme aux Lumières*, Paris, Gallimard, 1972.
Van Dülmen, R., *Der Geheimbund der Illuminaten. Darstellung, Analyse, Dokumentation*, Stuttgart/Bad Cannstatt, Frommann-Holzboog, 1975.
—, *Die Gesellschaft der Aufklärer. Zur bürgerlichen Emanzipation und aufklärerischen Kultur in Deutschland*, Francfort-sur-le-Main, Fischer, 1986.
Venturi, F., *Settecento riformatore*, 5 vol., Turin, Einaudi, 1969-1990.
—, *Utopia e Riforma nell'Illuminismo*, Turin, Einaudi, 1970.
Vierhaus, R., (éd.), « Aufklärung als Prozess », in *Aufklärung*, n° 2, 1987.

—, « Deutsche patriotische und gemeinnützige Gesellschaften », in Wolfenbütteler Forschungen, n° 8, Munich, Kraus International Publications, 1980.

Voltaire, *Le Siècle de Louis XIV*, in *Voltaire, œuvres historiques*, éd. par R. Pomeau, Paris, Gallimard, 1957.

Vyverberg, H., *Historical Pessimism in the French Enlightenment*, 1958.

Willey, B., *The Eighteenth Century Background. Studies on the Idea of Nature in the Thought of the Period*, Londres, Chatto and Windus, 1950.

Ziechmann, J., *Panorama der Fridericianischen Zeit : Friedrich der Grosse und seine Epoche - ein Handbuch*, Brême, Ziechmann, 1985.

Zurbuchen, S., *Naturrecht und natürliche Religion. Zur Geschichte des Toleranzbegriffs von Samuel Pufendorf bis Jean-Jacques Rousseau*, Wurtzbourg, Königshausen und Neumann, 1991.

Index des noms de lieux et de personnes

Table

COMPOSITION : CHARENTE-PHOTOGRAVURE À L'ISLE-D'ESPAGNAC
IMPRESSION : NORMANDIE ROTO IMPRESSION S.A. À LONRAI (61250)
DÉPÔT LÉGAL : MARS 1993. N° 12593 (I3-0270).